HELMUT JENKIS

Die Wirtschaftsprüfer im Konflikt zwischen Prüfung und Beratung

Schriften zum Genossenschaftswesen und zur Öffentlichen Wirtschaft

Herausgegeben von

Prof. Dr. W. W. Engelhardt, Köln und Prof. Dr. Th. Thiemeyer, Bochum

Band 25

Die Wirtschaftsprüfer im Konflikt zwischen Prüfung und Beratung

Ursprung, Entwicklung, Probleme

Von

Prof. Dr. Helmut Jenkis

Duncker & Humblot · Berlin

CIP-Titelaufnahme der Deutschen Bibliothek

Jenkis, Helmut W.:
Die Wirtschaftsprüfer im Konflikt zwischen Prüfung und Beratung: Ursprung, Entwicklung, Probleme / von Helmut Jenkis. — Berlin: Duncker u. Humblot, 1989
(Schriften zum Genossenschaftswesen und zur Öffentlichen Wirtschaft; Bd. 25)
ISBN 3-428-06599-9
NE: GT

Satz: Hagedornsatz, Berlin 46
Druck: Werner Hildebrand, Berlin 65
Printed in Germany

ISSN 0720-6925
ISBN 3-428-06599-9

Vorwort

Die Wirtschaftsprüfer nehmen in der Wirtschaft eine bedeutende Stellung ein: Sie beeinflussen insbesondere die großen Unternehmen, ohne selbst unternehmerisch aktiv zu sein.

Bis in die jüngste Vergangenheit hinein sind sie kaum in Erscheinung getreten. Es bildete sich ein Nimbus heraus, der von den Wirtschaftsprüfern selbst gepflegt wurde. Strukturwandel und unternehmerische Fehlentscheidungen führten zu spektakulären Zusammenbrüchen, die nicht nur Banken, sondern auch zahlreiche kleine Sparer, Kapitalanleger oder Kunden schädigten. In diesem Zusammenhang wurde nicht nur nach den Fehlern bei der Geschäftsführung und den Aufsichtsräten gefragt, sondern auch danach, warum die Wirtschaftsprüfer nicht die Risiken rechtzeitig erkannt und vor den sich abzeichnenden Gefahren gewarnt haben. Für die Wirtschaftsprüfer selbst unerwartet wurden sie in das Licht der Öffentlichkeit gerückt. Galten sie bisher als die im Hintergrund unabhängig und sachverständig wirkenden Prüfer und Berater, so wurden sie nunmehr nicht nur einer lebhaften, sondern zum Teil auch ungerechtfertigten Kritik unterzogen. In der Wirtschaftspresse wurde das Schlagwort geprägt, daß dem Bestätigungsvermerk die Pleite folgte.

Zum Prüfungswesen im allgemeinen und zum Beruf des Wirtschaftsprüfers im besonderen gibt es zahlreiche Einzeluntersuchungen. So weit wir sehen können, fehlt es aber an einem umfassenden Überblick über den Ursprung, die Entwicklung und nicht zuletzt über die Leistungen sowie Grenzen dieses für die Wirtschaft und Öffentlichkeit so wichtigen Berufsstandes. Hierbei wird auch nicht zwischen der genossenschaftlichen und aktienrechtlichen Prüfung und gleichfalls nicht zwischen der Pflichtprüfung, der Beratung und der Interessenvertretung unterschieden. Diesen Fragen soll in dieser Untersuchung nachgegangen werden.

Es erscheint angebracht, auf einige Grenzen dieser Untersuchung hinzuweisen: Sie ist ohne Auftrag entstanden und verfolgt nicht das Ziel, die ‚Zunft' der Wirtschaftsprüfer nur zu kritisieren, sondern will dazu beitragen, die bisherige Entwicklung aufzuzeigen, Stärken und Schwächen herauszuarbeiten, um auf dieser Grundlage Vorschläge für eine Fortentwicklung des Berufsstandes und der Gesetzgebung zu machen. Es ist zu erwarten, daß — je nach dem eigenen Standort — einzelne Ausführungen oder Vorschläge begrüßt bzw. kritisiert werden, d.h., Zustimmung und Ablehnung werden geäußert werden. Wenn durch diese Untersuchung eine kontroverse Diskussion eingeleitet und nach einem Klärungsprozeß die bestmöglichen Lösungen in die Tat umgesetzt werden würden, dann hätte auch die Kritik an dieser Arbeit ihren Sinn. Daß eine solche

Diskussion auch im Hinblick auf den sich abzeichnenden gemeinsamen Markt ab 1992 notwendig ist, sei nur am Rande hingewiesen.

Den Herausgebern der Schriften zum Genossenschaftswesen und zur öffentlichen Wirtschaft, den Professoren Dr. Werner W. Engelhardt (Universität zu Köln) und Dr. Theo Thiemeyer (Ruhr-Universität Bochum) danke ich dafür, daß sie auch diese Untersuchung in ihre Schriftenreihe aufgenommen haben. Der Verlag Duncker & Humblot hat die Herausgabe in bewährter Form betreut, auch hierfür sei gedankt. Zu danken habe ich auch Wirtschaftsprüfern, die das Manuskript gelesen und sich hierzu kritisch geäußert haben. Sämtliche Fehler und Unzulänglichkeiten gehen aber zu meinen Lasten.

Die Bearbeitung dieses Themas hat nicht nur eine lange Zeit, sondern auch Opfer im privaten Bereich erfordert. Mein Dank gilt daher meiner Frau, die nicht nur Verständnis entgegengebracht, sondern auch Hilfe geleistet hat.

Wenn durch diese Untersuchung eine Diskussion eingeleitet und am Ende dieser Diskussion eine Fortentwicklung des Berufsstandes der Wirtschaftsprüfer stehen sollte, dann hätten sich die Mühen gelohnt. Nicht Zustimmung, sondern Anstoß zur Fortentwicklung ist Ziel dieser Arbeit.

Hannover-Garbsen, 1. Juli 1988 Helmut Jenkis

Inhaltsverzeichnis

I. Die Problemstellung

Die Wirtschaftsprüfer, die ein hohes Ansehen genießen, sind erst in jüngster Zeit in das Licht der Öffentlichkeit getreten, da geprüfte und testierte Unternehmen zusammengebrochen sind:

Der Zusammenbruch der Herstatt-Bank und der einer Reihe von anderen, durch Wirtschaftsprüfer geprüften Unternehmen hat das Vertrauen in diesen Berufsstand erschüttert.[1] Zwar fühlen sich die Wirtschaftsprüfer als Garanten sowohl der Investoren als auch der Kreditgeber, aber die Praktiker haben Zweifel an der Aussagefähigkeit der Prüfungsberichte. „Sie betreiben ihr Geschäft, als sei es kein Geschäft: ‚mit dem sittlichen Ernst eines echten Arztes und Anwaltes im Dienste der Wirtschaft' — so WP Otto Bredt schon vor einigen Jahren."[2] Dagegen werden sie in den Betrieben ‚Hakelmacher' genannt: „Sie haken sorgsam ab, was ihnen mehr oder minder ehrenhaft ergraute Buchhalter und Vorstände zukommen lassen, dann fertigen sie ihren Prüfungsbericht auf der soliden Grundlage des sogenannten Schnippelexemplars vom vorigen Jahr."[3]

Das Aktienrecht — inzwischen durch das Bilanzrichtlinien-Gesetz ergänzt bzw. teilweise ersetzt — sieht lediglich eine auf den Bilanzstichtag bezogene Abschlußprüfung, nicht aber eine solche der Geschäftsführung vor; der Bestätigungsvermerk bezieht sich nur auf die Rechnungslegung, nicht aber auf die wirtschaftliche Lage des Unternehmens. „Diese Formel freilich ist so bieder wie in der Sache absurd. Denn wesentlich ist nicht, ‚ob die Bilanz bücherlich korrekt gezogen ist', wie der Deutsche Juristentag anmerkte, ‚sondern ob die Bilanz-Ansätze richtig sind'. Im Ernstfall freilich bedeutet das Testat gar nichts. Dann nämlich, wenn nur die Addition falscher Zahlen geprüft wurde."[4]

Auf Grund dieser und anderer Kritiken hat der Vorstandsvorsitzende des Instituts der Wirtschaftsprüfer (IdW), Hans Luik[5], auf einer Fachtagung dieses Instituts am 7. Oktober 1983 in Stuttgart darauf hingewiesen, daß die Aufgabe des Abschlußprüfers falsch verstanden wird, da der Vorwurf erhoben wird, „nach dem Testat kam die Pleite"[6]. Hinter diesem Vorwurf steht die Tendenz, die

---

[1] Siehe den Bericht: Mehr geplant als geprüft, in: Der Spiegel, Heft 11 vom 10. März 1975, S. 54-65. (Bei einem Spiegel-Bericht muß man zwischen der Aufmachung und dem Inhalt unterscheiden. Das gilt auch für diesen Bericht.)

[2] Ebenda, S. 57.

[3] Ebend, S. 60.

[4] Ebenda, S. 60.

[5] Hans Luik: Die Aufgabe des Abschlußprüfers wird falsch verstanden, in: FAZ, Blick durch die Wirtschaft vom 13. Oktober 1983 (Teil II: Ebenda, 20. Oktober 1983).

Verantwortung von der Geschäftsleitung und den aufsichtsführenden Organen auf den Abschlußprüfer zu verlagern oder ihn zumindest mit in die Verantwortung hineinzuziehen. Hier klafft eine Lücke zwischen dem gesetzlichen Auftrag und der Erwartung in der Öffentlichkeit; denn:

> „Durch den Bestätigungsvermerk wird verantwortlich die Gesetz- und Ordnungsmäßigkeit des Jahresabschlusses, der zugrundeliegenden Buchführung und des Geschäftsberichts bestätigt. Mit der Erteilung des Bestätigungsvermerks wird jedoch *keine* Beurteilung der wirtschaftlichen Lage oder der Bonität des Unternehmens zum Ausdruck gebracht. Ist die wirtschaftliche Lage eines geprüften Unternehmens gefährdet, so berechtigt dies *nicht*, den Bestätigungsvermerk einzuschränken oder zu versagen, wenn die Bewertung diesen Voraussetzungen entspricht und im Geschäftsbericht die Lage der Gesellschaft zutreffend dargestellt ist. Wie Kollege Forster[7] einmal formuliert hat, trifft das Testat keine Aussage darüber, ob die Bilanzen gut oder schlecht sind, sondern ob sie richtig oder falsch sind."[8]

Auch wenn diese Einlassung formal zutreffend ist, so ist doch unverkennbar, daß in jüngster Zeit national und international geprüfte Unternehmen zusammengebrochen sind, so daß das Image der Wirtschaftsprüfer gelitten hat. Dieses gilt sowohl für die Pflichtmitglieder der genossenschaftlichen und wohnungswirtschaftlichen Prüfungsverbände als auch für die (freien) Wirtschaftsprüfer und Wirtschaftsprüfungsgesellschaften, die als Abschlußprüfer gewählt werden, d.h., in beiden Bereichen sind Zusammenbrüche oder Fehlleistungen aufgetreten, die auch den Prüfern angelastet werden. Bevor der Ursprung und die Entwicklung der Pflichtprüfung dargestellt werden, sollen die Probleme in diesen beiden Prüfungsbereichen skizziert werden.

1. Die Probleme bei den genossenschaftlichen und wohnungswirtschaftlichen Prüfungsverbänden

Innerhalb der Genossenschaftsbewegung vollzieht sich ein Strukturwandel, der in der Öffentlichkeit kaum beachtet wird. Dagegen finden spektakuläre ‚Schieflagen' — insbesondere von Volksbanken — eine große Beachtung und es wird die Frage aufgeworfen, wie es zu diesen negativen Erscheinungen kommen konnte, da sämtliche Genossenschaften auf Grund des Genossenschaftsgesetzes Pflichtmitglieder von (regionalen) Prüfungsverbänden sind und der Pflichtprüfung unterliegen.

Bevor dem Ursprung, der Entwicklung und der gegenseitigen Problematik der genossenschaftlichen Pflichtprüfung nachgegangen wird, soll der genossenschaftliche Konzentrationsprozeß statistisch angedeutet werden.

---

[6] Siehe den Bericht: Nach dem Testat die Pleite? — Institut der Wirtschaftsprüfer diskutiert den Lagebericht, in: Frankfurter Allgemeine Zeitung vom 4. Februar 1987.

[7] Karl-Heinz Forster: Werden Bilanzen richtig geprüft?, in: Münchener Merkur vom 12./13. Mai 1979, S. 6.

[8] Luik, Ausgabe vom 13. Oktober 1983 (Hervorhebungen erfolgten durch uns, Jk.).

Entwicklung der Genossenschaftsunternehmen von 1960 bis 1986[9]

Genossenschaftsart	1960	1970	1980	1985	1986
1. Genossenschaftsbanken	11676	7114	4267	3693	3619
2. Ländliche Waren-, Verwertungs- und Dienstleistungsgenossenschaften	12025	8838	5227	4307	4204
3. Gewerbliche Waren- und Dienstleistungsgenossenschaften	1447	1064	804	782	762
4. Verkehrsgenossenschaften	72	64	71	75	76
5. coop-Gruppe	272	139	94	38	34
6. Wohnungsbaugenossenschaften[a)]	1653	1395	1217	1183	1182
Insgesamt	27145	18614	11680	10078	9877

[a)] Auf Grund des WGG (Wohnungsgemeinnützigkeitsgesetz) vom 29. Februar 1940, RGBl. I, S. 437, unterliegen auch diejenigen Kapitalgesellschaften und Wohnungsunternehmen in anderer Rechtsform, die als gemeinnützige Wohnungsunternehmen anerkannt sind, der Pflichtmitgliedschaft und der Pflichtprüfung durch die genossenschaftlichen Prüfungsverbände, die gemäß § 14 WGG als gemeinnützigkeitsrechtliche Prüfungsverbände anerkannt sind.

Der stärkste Konzentrationsprozeß erfolgte zwischen 1960 und 1980 und betraf insbesondere die Genossenschaftsbanken sowie die ländlichen Waren-, Verwertungs- und Dienstleistungsgenossenschaften. Gleichzeitig ist aber die Zahl der Mitglieder von 9,812 Mill. (1960) auf 14,600 Mill. (1986) gestiegen[10]. Die Abnahme der Zahl der Genossenschaften und die gleichzeitige Zunahme der Mitglieder führte zum Teil zu einer beachtlichen Erhöhung des durchschnittlichen Mitgliederbestandes je Primärgenossenschaft. So zum Beispiel stieg er bei den Kreditgenossenschaften von 3,855 Mill. (1960) auf 10,677 Mill. (1986) und ging im gleichen Zeitraum bei den Konsumgenossenschaften von 2,585 Mill. auf 0,650 Mill. zurück.

Insbesondere bei den Genossenschaftsbanken (dieser Sektor setzt sich aus den Volks- und Raiffeisenbanken, den Spardabanken, den Post-, Spar- und Darlehnsvereinen, den Beamtenbanken sowie den genossenschaftlichen Teilzahlungsbanken zusammen) sind erhebliche Verluste eingetreten:[11] Insbesondere die Vorgänge bei der Volksbank Oberhausen, der Hammer Spar- und Darlehnskasse und der Bayerischen Raiffeisen-Zentralbank AG (BRZ) in München haben für Schlagzeilen gesorgt. Allein die Sanierung der Volksbank Oberhausen soll rund 144 und die der Hammer Spar- und Darlehnkasse[12] weitere rund

[9] Entnommen aus DG-Bank: Die Genossenschaften in der Bundesrepublik Deutschland 1987 — Statistik, Frankfurt 1987, S. 7.

[10] Ebenda, S. 8.

[11] Peter Roller: Nackenschläge für die Volksbanken — Spektakuläre Schieflagen durch falsch verstandenen Ehrgeiz, in: Hannoversche Allgemeine Zeitung vom 8. September 1984.

100 Mill. DM gekostet haben. Weitere ‚Schieflagen' wiesen die Volksbank Alzenau (1981 = rund 100 Mill. DM), die Volksbank Dreieich (1975 = rund 70 Mill. DM), die Volksbank Geseke (1981 = 76 Mill. DM), die Raiffeisenbank von 1880 in Köln-Longerich (1982 = gut 500 Mill. DM) auf. „Nicht nur die absoluten Zahlen sind oftmals erschreckend hoch, sie verzerren sich ins Gigantische, wenn sie in Relation zur jeweiligen Bilanzsumme gesehen werden. Würde die Bilanzsumme der Volksbank Oberhausen von rund 600 Mill. DM und ihre Verluste auf die Maßstäbe der Deutschen Bank vergrößert, dann ergäbe sich ein Wertberichtigungsbedarf von sage und schreibe rund 43 Milliarden DM" (so Peter Roller).

Für diese Verluste gibt es mehrere Ursachen: Trotz der erfolgten Fusionen gibt es noch immer Genossenschaftsbanken, die zu klein sind, um im härter gewordenen Wettbewerb zu bestehen. Die Jagd nach dem Wachstum hat zu Krediten an Firmen mit zweifelhafter Bonität — insbesondere an ‚Baulöwen' — verleitet; Beispiel hierfür sind die Volksbank Oberhausen und die Bayerische Raiffeisen-Zentralbank in München. Zwar ist der Sicherungsfonds des Bundesverbandes Deutscher Volksbanken und Raiffeisenbanken eingesprungen, dieser sah sich aber gezwungen, auf Grund dieser Vorgänge eine Reform der Sicherungseinrichtungen vorzunehmen.

Ein anderes Beispiel ist die Unternehmensgruppe Neue Heimat, die gleichfalls der verbandlichen Pflichtprüfung unterliegt: Die Neue Heimat hat nicht die Rechtsform einer Genossenschaft, muß aber gemäß § 14 WGG (Wohnungsgemeinnützigkeitsgesetz vom 29. Februar 1940, RGBl. I, S. 437) einem Prüfungsverband von Wohnungsunternehmen angehören, der den Vorschriften des Genossenschaftsgesetzes entspricht. Gemäß § 26 Abs. 4 WGG finden auf die Prüfungen die Vorschriften des Genossenschaftsgesetzes bei Genossenschaften unmittelbar, bei anderen Wohnungsunternehmen — in der Rechtsform der Kapitalgesellschaft — sinngemäß Anwendung. Das bedeutet, daß die NH (Neue Heimat) nicht die Möglichkeit der freien Prüferwahl hat, sondern von dem gemäß WGG zugelassenen Verband geprüft wird. Es gilt das Regionalprinzip, d. h., es prüft der Verband, in dem die einzelne NH-Gesellschaft ihren Sitz hat.

Diese Vorgänge haben nicht nur große Aufmerksamkeit in der Öffentlichkeit erlangt, sondern auch dazu geführt, daß sowohl in der Freien und Hansestadt Hamburg[13] als auch im Deutschen Bundestag[14] Parlamentarische Untersu-

---

[12] Nach Erich Erlenbach (Volksbanken im Gegenwind, in: Frankfurter Allgemeine Zeitung vom 23. November 1985) mußten für die Sanierung der Hammer Spar- und Darlehnskasse fast eine halbe Milliarde DM bereitgestellt werden.

[13] Bürgerschaft der Freien und Hansestadt Hamburg: Bericht des Parlamentarischen Untersuchungsausschusses zur Überprüfung der Aufsichtstätigkeit der Behörden gegenüber der Geschäftstätigkeit der Unternehmensgruppe Neue Heimat vom 7. Mai 1986, Drucksache 11/5900 (künftig: PUA-Hamburg; PUA = Parlamentarischer Untersuchungsausschuß).

chungsausschüsse eingesetzt wurden. Diese Untersuchungsausschüsse haben sich auch mit der Ausübung der Prüfungspflicht der Verbände befaßt:

Der PUA-Hamburg weist auf die Doppelnatur der genossenschaftlichen und wohnungswirtschaftlichen Prüfungsverbände hin[15] und stellt unter anderem fest[16], daß „der für genossenschaftliche Prüfungsverbände schon im Gesetz im Verfolg des Prinzips der genossenschaftlichen Selbstverantwortung angelegte Dualismus von Prüfungstätigkeit einerseits und Interessenvertretung andererseits in der Praxis strikte Vorkehrungen (erfordert), daß daraus keine nachhaltigen Beeinträchtigungen der Prüfungstätigkeit entstehen.“[17] Der PUA-Hamburg weist darauf hin, daß in diesem Falle beim Prüfer der Konzernspitze der NH in Hamburg eine offenkundige Durchbrechung des Prinzips der Trennung von Prüfung und Interessentätigkeit vorlag und ferner das Indiz für die finanzielle Abhängigkeit vom größten Mitgliedsunternehmen vorhanden war.[18] Der PUA-Hamburg empfahl:

„Im Recht der Prüfungsverbände ist durch die Gesetzesnovellierung sicherzustellen, daß die in der Satzung vorgesehene Trennung der beiden Betätigungsbereiche des Verbandes auch in der Praxis eingehalten werden.“[19] Der PUA-Bonn ist gleichfalls auf die Doppelrolle als Prüfungs- und Interessenverband eingegangen[20] und hat in seinen Empfehlungen[21] die Ansicht vertreten, „gesetzliche Organisationsregelungen für die Prüfungsverbände vorzusehen, die eine Interessenkollision zwischen Prüfungswesen und Verbandsinteressenvertretung ausschließen“.[22] Bereits diese wenigen Zitate weisen darauf hin, daß die Doppelnatur der genossenschaftlichen Prüfungsverbände — Prüfungs- und Interessenverband zugleich — eine zentrale Rolle für die Kritik spielt.

Die Schieflagen im genossenschaftlichen Bankensektor haben den Ruf nach externer Prüfung verstärkt[23]. Das Vorstandsmitglied der WGZ (Westdeutsche Genossenschafts-Zentralbank eG), Georg Unckell, hat hierzu angemerkt:[24]

---

[14] Deutscher Bundestag: Beschlußempfehlung und Bericht des 3. Untersuchungsausschusses ‚NEUE HEIMAT‘ nach Artikel 44 des Grundgesetzes vom 7. Januar 1987, Drucksache 10/6779 (künftig: PUA-Bonn).

[15] PUA-Hamburg, S. 85ff.

[16] Auf diese Doppelnatur werden wir weiter unten ausführlich eingehen.

[17] PUA-Hamburg, S. 107 (Ziff. 5.9.2).

[18] Ebenda, S. 108.

[19] Ebenda, S. 109 (Ziff. 510).

[20] PUA-Bonn, S. 173 (Ziff. 302).

[21] Ebenda, S. 199ff. (Ziff. 339ff.).

[22] Ebenda, S. 205 (Ziff. 362).

[23] Siehe das Interview: Risiken minimieren, in: Wirtschaftswoche, Heft 46 vom 8. November 1985, S. 226 und 228.

[24] Ebenda, S. 228.

„Ich habe Verständnis dafür, daß nach den Gründen gefagt wird, die zu solchen Risiken und Ausfällen geführt haben. Ich habe weniger Verständnis dafür, daß man die Ursachen in erster Linie bei den Prüfern sieht, denn die Risiken werden doch nicht von den Prüfern, sondern von den geprüften Instituten verursacht. Trotzdem können die Risiken minimiert werden, wenn sorgsam, gründlich und nach anerkannten Methoden geprüft wird." Aus diesem Grunde hat die WGZ neben die Verbandsprüfung einen Prüfungsauftrag an eine große Wirtschaftsprüfungsgesellschaft erteilt, um festzustellen,[25] „daß bei uns alle Maßstäbe modener Wirtschaftsprüfung angelegt werden". Gleichzeitig soll sich herausstellen, ob die Maßstäbe der verschärften genossenschaftlichen Pflichtprüfung dem Niveau der allgemeinen (freien) Wirtschaftsprüfer entsprechen; denn: „Von fast allen unserer immerhin 666 Mitgliedsbanken in Rheinland und Westfalen hören wir Klagen, daß sie viel zu scharf geprüft würden. Die Prüfungsverbände haben schon aus den bitteren Erfahrungen gelernt und wollen jetzt durch externe Wirtschaftsprüfer herausfinden, ob ihre Maßstäbe jetzt richtig, schon zu streng oder noch immer nicht scharf genug sind." Es ist die Frage, wer die Prüfer prüft.[26]

2. Der Imageverlust der Wirtschaftsprüfer

Nicht nur die genossenschaftlichen Verbände und deren (Wirtschafts-)Prüfer, sondern auch die (freien) Wirtschaftsprüfer und Wirtschaftsprüfungsgesellschaften haben in den letzten Jahren an Image verloren, da geprüfte und mit dem uneingeschränkten Testat versehene Jahresabschlüsse sich als trügerisch erwiesen. Zwar ist der Bestätigungsvermerk nur eine ‚Formalbestätigung', dennoch wird ihm in der Öffentlichkeit ein höherer Stellenwert eingeräumt. „Angesichts der Erwartungshaltung der Öffentlichkeit könnten sich die Wirtschaftsprüfer nicht einfach auf die Position zurückziehen, sie hätten die Übereinstimmung von Wirklichkeit und Jahresabschluß festgestellt und per Testat bestätigt, die harten Worte an das Unternehmen stünden im Prüfungsbericht an den Aufsichtsrat."[27] Im Zusammenhang mit dem Zusammenbruch der Herstatt-Bank bemerkt Kruk[28]: „Zwischen der beruhigenden Feststellung des Wirtschaftsprüfers, alles sei in Ordnung, und der totalen Pleite liegen genau 107 Tage, eine fatal kurze Zeitspanne. Muß da nicht die Frage laut werden, welchen Sinn die Tätigkeit eines Abschlußprüfers hat, wenn die Prüfung Gläubiger und Aktionäre nicht vor derartigen Verlusten zu schützen vermag? Schließlich wurde die Prüfung der Jahresabschlüsse 1931 gerade deshalb eingeführt (und der Berufsstand der

---

[25] Ebenda, S. 228.

[26] Siehe hierzu den Bericht: Genossenschaftsbanken: Wer prüft die Prüfer?, in: Wirtschaftswoche, Heft 31 vom 24. Juli 1987, S. 71-74.

[27] So Josef Hess: Wirtschaftsprüfer — Die Verantwortung ist groß, in: Handelsblatt vom 11. Oktober 1983.

[28] Max Kruk: Die Verantwortung des Wirtschaftsprüfers, in: Frankfurter Allgemeine Zeitung vom 22. Oktober 1974.

Wirtschaftsprüfer damals zu diesem Zweck geschaffen), um Zusammenbrüche, wie sie sich in den turbulenten zwanziger Jahren ereignet hatten (Ivar Kreuger, Lahusen, Katzenellenbogen) für alle Zeit auszuschließen." Die Wirtschaftsprüfer als neutrale, unabhängige und sachverständige Personen haben große Rechte; denn sie besitzen den freien Zugang zu allen Büchern und Schriften, sie können Auskünfte vom Vorstand fordern und auch das Geheimste bleibt ihnen nicht verborgen. Um so größer ist der Schock, wenn dann ein Zusammenbruch erfolgt: „Man zweifelt den Sachverstand der Prüfer an, manchmal auch ihr Pflichtbewußtsein, ihre Integrität, ihre Unabhängigkeit. Ob solcher Vorwürfe geht jedesmal ein Erschrecken durch die Reihen der Wirtschaftsprüfer. ... Aber ein Schock kann heilsam sein, vorausgesetzt, er führt zur Selbstbesinnung" (so Max Kruk).

Der Zusammenbruch der Herstatt-Bank ist keineswegs der einzige Fall, der das Image der Wirtschaftsprüfer angekratzt hat. Die Zeitschrift Capital[29] hat spektakuläre Pleiten aufgelistet, die noch kurz vor dem Zusammenbruch das uneingeschränkte Testat des Abschlußprüfers erhalten hatten. Mit vollem Testat gingen in die Pleite:[30]

Pelikan: Die Wirtschaftsprüfer Professor Hans Luik und Herbert Gauß von der Schwäbische Treuhand-AG (Schitag) testierten am 15. Mai 1981 die Bilanz 1980 der Pelikan AG. Eigenkapitalausweis: gut 100 Millionen Mark. Am 18. Februar 1982 mußte der Vorstand des Büroartikelherstellers Vergleich anmelden. Durch Zinsstundungen büßten Gläubigerbanken rund 45 Millionen Mark ein, die Hälfte des Eigenkapitals der Pelikan AG. Die Eigentümer verloren 90 Prozent des Eigenkapitals. *AEG-Telefunken:* Die Wirtschaftsprüfer Heinrich Hamann und Klaus Neukirchen von der Deutsche Warentreuhand- und Kontinental Treuhand-AG testierten am 19. April 1982 den Jahresabschluß 1981 des Elektrokonzerns. Als Eigenkapital erschienen noch 783 Millionen Mark. Am 9. August 1982 meldete die AEG Vergleich an. Die Gläubiger haben — Zinsverluste nicht mitgerechnet — rund 3,4 Milliarden Mark verloren, mehr als viermal soviel, wie als Eigenkapital ausgewiesen wurde. *Deutsche Anlagen-Leasing:* Die Wirtschaftsprüfer Dr. Günter Schwarz und Dr. Dieter Ruthenbeck von der Karoli-Wirtschaftsprüfungsgesellschaft mbH testierten am 22. Juli 1982 den Jahresabschluß 1981 der Deutsche Anlagen-Leasing GmbH (DAL). Als Eigenkapital erschienen noch 135 Millionen Mark. Ein gutes Jahr später mußten die Eigentümer Garantieerklärungen in Höhe von über 700 Millionen Mark abgeben, um die Löcher in den Bilanzen 1982 und 1983 zu stopfen und den Konkurs zu verhindern. Das war mehr als fünfmal soviel wie das Eigenkapital der DAL. *Reifen-Hesse:* Die Prüfer S. Herbert Rausch und Hubert Schiffers von der Korschenbroicher Rausch & Schiffers GmbH testierten am 30. und 31. Mai 1983 die Einzelbeschlüsse 1982 der Firmengruppe Reifen-Hesse. Der auf ihren Angaben basierende Konzernabschluß wies bei einem Eigenkapital von elf Millionen Mark 7,5 Millionen Mark aus. Am 19. Januar 1984 stellte die Westdeutsche Landesbank (WestLB) als Hauptgläubiger Konkursantrag. Die Gläubiger verloren rund 100 Millionen Mark, das war neunmal soviel wie das Kapital der Hesse-Firmen. *Bankhaus*

[29] Albrecht Schirmacher: Was Wirtschaftsprüfer noch wert sind: Freistempler, in: Capital, Heft 5 vom 27. April 1984, S. 240f.

[30] Ebenda, S. 240.

Schröder, Münchmeyer, Hengst & Co.: Die Wirtschaftsprüfer Dr. Eberhard Spieth und Dieter Krumb von der Treuhand-Vereinigung AG testierten am 21. Februar 1983 den Jahresabschluß 1982 des Bankhauses Schröder, Münchmeyer, Hengst & Co KG (SMH-Bank). Eigenkapitalsausweis: 110 Millionen Mark. Nur gut acht Monate später, am 1. November 1983, erklärte sich das Institut für zahlungsunfähig, wurde aber von einem Bankenkonsortium aufgefangen. Die Gläubiger verloren über 800 Millionen Mark, rund siebenmal soviel wie das zuletzt ausgewiesene Eigenkapital. *IBH Holding:* Die Wirtschaftsprüfer Reiner Wetzel und Peter Lust von der Treuhand-Vereinigung AG testierten am 6. August 1982 den Jahresabschluß 1981 der IBH Holding AG. Als Eigenkapital erschienen noch 170 Millionen Mark. Am 4. November 1983, also ein gutes Jahr später, meldete der IBH-Vorstand Vergleich an. Die Gläubiger der Holding verloren rund 600 Millionen Mark, das war mehr als 3,5mal soviel wie das Eigenkapital. *Wibau:* Die Wirtschaftsprüfer Herbert Troup und Rolf Poppe von der Deutsche Allgemeine Treuhand AG (Datag) testierten am 25. März 1983 die Bilanz 1982 der Wibau AG. Eigenkapitalausweis: 103 Millionen Mark. Am 1. Dezember 1983 ging die Wibau AG in Konkurs. Die Gläubiger verloren rund 200 Millionen Mark, doppelt soviel, wie zuletzt als Eigenkapital ausgewiesen worden war.

Diese Vorgänge haben das Image der Wirtschaftsprüfer beeinträchtigt. Vor allem Kreditinstitute haben hieraus Konsequenzen gezogen, indem sie bei Kreditvergaben den hausinternen Bonitätsprüfungen den Vorrang geben. Schirmacher[31] zitiert in diesem Zusammenhang Karl-Heinz Forster: „Wir können uns nicht mehr länger damit herausreden, daß wir nur das nachvollziehen, was die Buchhalter der Unternehmen vorexerzieren." Wolfgang Dieter Budde, Vorstand der Treuhand-Vereinigung AG — der Pflichtprüfer der SMH-Bank und der IBH-Holding war — sieht in der Jahresabschlußprüfung kein geeignetes Instrument gegen Mißmanagement und Pleite; denn: „Wir bescheinigen mit dem Testat nichts anderes als eine rechts- und ordnungsgemäße Rechnungslegung."[32] Dieser Imageverlust ist nicht nur auf die deutschen Wirtschaftsprüfer begrenzt, sondern auch in den Vereinigten Staaten vorhanden[33]:

Den Wirtschaftsprüfern in den USA „wird Unfähigkeit, mangelnde Sorgfalt, Fahrlässigkeit, in einigen Fällen sogar Betrug vorgeworden. ... Nahezu alle bekannten Wirtschaftsprüfungsunternehmen in den Vereinigten Staaten sind in den vergangenen Monaten in Prozesse verstrickt worden. ... In den meisten Fällen haben die Prüfer maroden Unternehmen, darunter zahlreichen Banken, noch kurz vor dem Zusammenbruch uneingeschränkte Testate erteilt" (so Jens Friedemann). Für die prozeßfreudigen amerikanischen Rechtsanwälte — die erfolgsabhängige Honorare erhalten — hat sich ein lukratives Betätigungsfeld eröffnet: Bei Arthur Andersen — der größten Wirtschaftsprüfungsgesellschaft der Welt — sollen sich die Schadensersatzforderungen auf mehrere hundert

---

[31] Ebenda, S. 241.

[32] Ebenda, S. 242.

[33] Siehe hierzu den Bericht von Jens Friedemann: Prüfer, Pflichten und Prozesse — Schatten in Amerika, in: Frankfurter Allgemeine Zeitung vom 30. Juli 1985.

Millionen Dollar belaufen. Peat, Marwick, Mitchell — die zweitgrößte Wirtschaftsprüfungsgesellschaft — sieht sich Entschädigungsforderungen von 400 Millionen Dollar gegenüber. „... alles, was in der Prüferbranche Rang und Namen hat, ist mit Schadensersatzforderungen überzogen, die in einem Fall sogar eine Milliarde erreichen.... Immerhin haben die ‚Großen Acht', die acht führenden Wirtschaftsprüfungsgesellschaften, in den vergangenen Jahren rund 180 Millionen Dollar an Entschädigungen gezahlt; 137 Millionen Dollar davon allein Arthur Andersen" (Jens Friedemann).

Dieser unvollständige Überblick über die bei den genossenschaftlichen Prüfungsverbänden einerseits und bei den (freien) Wirtschaftsprüfern bzw. Wirtschaftsprüfungsgesellschaften andererseits aufgetretenen ‚Schieflagen' ist Anlaß, der Frage nach dem Ursprung, der Entwicklung und der Problematik des Prüfungswesens in diesen Bereichen nachzugehen, zumal auch Wettbewerbsbeziehungen zwischen diesen beiden Gruppen bestehen.

Erster Teil

Das genossenschaftliche Prüfungswesen

Sämtliche Genossenschaften und gemeinnützigen Wohnungsunternehmen — auch in anderer Rechtsform als der Genossenschaft — haben einem Prüfungsverband anzugehören, der die Pflicht-(Jahresabschluß-)prüfung durchzuführen hat. Wie noch darzulegen sein wird, ist diese genossenschaftliche Prüfung umfassender als die aktienrechtliche, da sie auch die Ordnungsmäßigkeit der Geschäftsführung beinhaltet. Daher ist die Frage naheliegend, wie es dennoch zu diesen ‚Schieflagen' kommen konnte. Die Beantwortung dieser Frage ist nicht generell möglich — es müßten Details der betreffenden Unternehmen und auch deren Prüfungsberichte bekannt sein —, daher sollen allgemeine Überlegungen zur Genossenschaftsprüfung angestellt werden, zumal Wilhelm Jäger[34] (Akademischer Direktor am Institut für Genossenschaftswesen der Westfälischen Wilhelms-Universität in Münster/Westf.) die These vertritt, daß die Fachkompetenz der genossenschaftlichen Verbandsprüfung sinke.[35]

Sofern wir die genossenschaftliche Literatur richtig überblicken, hat sich diese nur in sehr begrenztem Umfange mit den Prüfungsverbänden befaßt. In diesem Zusammenhang sind insbesondere die kleine Schrift von Henzler[36] und die Habilitationsschrift von Stupka[37] zu nennen. In jüngster Zeit ist in Österreich ein Sammelband zur Genossenschaftsrevision erschienen.[38]

Es kommt Jäger das Verdienst zu, daß er — unabhängig von den aktuellen Problemen der Genossenschaften — sich mit dem genossenschaftlichen Prü-

[34] Wilhelm Jäger: Genossenschaftsdemokratie und Prüfungsverband. Zur Frage der Funktion und Unabhängigkeit der Geschäftsführungsprüfung, in: Zeitschrift für das gesamte Genossenschaftswesen (ZfgG), Heft 1 (1985), S. 21-29. Derselbe: Genossenschaftsdemokratie und Prüfungsverband. Zur Frage der Funktion und Unabhängigkeit der Geschäftsführungsprüfung. Arbeitspapier des Instituts für Genossenschaftswesen der Westfälischen Wilhelms-Universität, Nr. 3, Oktober 1984, Münster/Westf. (Maschinenschrift, 19. Seiten). Es wird aus der zuerst genannten Stelle zitiert.

[35] Siehe hierzu unsere Stellungnahme: Sinkt die Fachkompetenz der Verbandsprüfung? — Kritische Anmerkungen zu den Thesen von Wilhelm Jäger, in: Gemeinnütziges Wohnungswesen, Heft 5 (1987), S. 211-220.

[36] Reinhold Henzler: Prüfungsverbände, Hamburg 1956.

[37] Johannes Stupka: Objekte und Leistungen der genossenschaftlichen Verbandsprüfung, Veröffentlichungen der Akademie für Wirtschaft und Politik in Hamburg, Tübingen 1962.

[38] Mario Patera (Herausgeber): Perspektiven der Genossenschaftsrevision (Festschrift für Prof. Dr. Wilhelm Weber), Wiener Studien des Forschungsinstituts für Genossenschaftswesen, N.F., Bd. 5, Wien 1986.

fungswesen befaßt hat. Wir werden seine Ausführungen zum Anlaß nehmen, um einmal seine Thesen zu skizzieren und zum anderen um dann zu prüfen, ob diese realitätsnah sind.[39] Zugleich sollen seine kritischen Ausführungen dazu dienen, die Entwicklung des genossenschaftlichen Prüfungswesens und die gegenwärtige Kritik zu skizzieren.

II. Ursprung und Entwicklung der genossenschaftlichen Pflichtprüfung

Das genossenschaftliche Prüfungswesen ist wesentlich älter als die aktienrechtliche Pflichtprüfung; denn es wurde bereits 1889 in das Genossenschaftsgesetz aufgenommen, während die Pflichtprüfung der Aktiengesellschaften erst 1931 eingeführt wurde.

Nach Jäger belegt die Geschichte der deutschen Genossenschaftsbewegung eindringlich, daß aus den Genossenschaften selbst das Bedürfnis nach Prüfungseinrichtungen kam.[1] Dieses ist aber nur bedingt richtig.

1. Der Ursprung der genossenschaftlichen Prüfung

Bereits im Jahre 1864 wurde von Verbandsdirektor Schenck im Verband der Erwerbs- und Wirtschaftsgenossenschaften vom Mittelrhein die Forderung erhoben, dafür Sorge zu tragen, daß der Verband jeder Zeit in der Lage sei, den Genossenschaften (Vereinen) auf deren Verlangen einen sachkundigen Revisor zur Verfügung zu stellen. Aber hiervon wurde wenig Gebrauch gemacht. „Auf dem Genossenschaftstag zu Bremen (1874) erklärte sich Schulze-(Delitzsch) *gegen* eine Beschickung der Vereine durch Kontrollbeamte der Unterverbände, dagegen riet er den Verbandsdirektoren, wenn sich ein Verein freiwillig an sie wende, weil ihm seine Bücher in Unordnung gekommen seien, ihm dann nach Kräften durch eine Revision zu helfen. ... Die Einrichtung bürgerte sich aber nur langsam ein."[2]

Die Aufnahme der Pflichtprüfung in das Genossenschaftsgesetz von 1889 erfolgte weniger aus freiwilligen Stücken als aus der Einsicht, daß eine staatliche oder kommunale Aufsicht bzw. Kontrolle für die Genossenschaften drohte:[3]

---

[39] Aus Gründen der Vereinfachung erfolgt bei den Zitaten die Seitenangabe aus Jägers Aufsatz, der in der Zeitschrift für das gesamte Genossenschaftswesen erschienen ist, im Text.

[1] Parisius/Crüger: Das Reichsgesetz, betreffend die Erwerbs- und Wirtschaftsgenossenschaften (Kommentar), 11. Aufl., Berlin—Leipzig 1928, S. 26ff. bzw. S. 278ff.

[2] Ebenda, S. 26 (Hervorhebung erfolgte durch uns, Jk.).

[3] Siehe hierzu Reinhold Zirwas/Paul Buchholz: Das genossenschaftliche Prüfungswesen — Grundzüge des genossenschaftlichen Prüfungs- und Berufsrechts, in: Der Wirtschaftsprüfer, N.F., Heft 3, Berlin 1938, S. 2f.

Bei der Vielzahl der genossenschaftlichen Neugründungen und der oft mangelhaften Sachkenntnis der Vorstandsmitglieder blieben Fehlentwicklungen und Mißerfolge nicht aus. Die nach 1864 vereinzelt eingestellten *genossenschaftlichen Wanderlehrer* — Vorläufer der genossenschaftlichen Prüfungsverbände — reichten nicht aus, um diese Mängel zu beheben. In der Öffentlichkeit wurde in den Jahren um 1875 eine sehr weitgehende Kontrolle durch die Staats- und Kommunalbehörden gefordert. Im April 1881 hatte der konservative Abgeordnete Ackermann im Reichstag den Auftrag eingebracht, „zu untersuchen, ob es sich nicht empfehle, der Kommunalbehörde ein gewisses Aufsichtsrecht, insbesondere auch das Recht der Bestellung von Revisoren, welche nicht Mitglieder der Genossenschaften sein dürfen, einzuräumen".[4] Um einen solchen Eingriff abzuwehren, änderte Schulze-Delitzsch seine ablehnende Ansicht, indem er auf dem allgemeinen Vereinstag in Kassel 1881 den Beschluß fassen ließ, „daß es Pflicht der Unterverbände sei, für die Einrichtung regelmäßig wiederkehrender Revisionen der einzelnen Vereine Sorge zu tragen. Nunmehr war das Signal für die Unterverbände gegeben, die Prüfung tatsächlich einzuführen."[5] Zunächst war es den Genossenschaften freigestellt, ob sie sich der Prüfung unterwerfen wollten; erst in den folgenden Jahren wurden sie verpflichtet, sich alle drei Jahre prüfen zu lassen.

Schulze-Delitzsch sah in der weiteren Ausbildung der Verbandsrevisoren ein Mittel, staatliche Eingriffe von den Genossenschaften abzuwenden; denn er „war in den letzten Lebensjahren von banger Sorge erfüllt, die staatsozialistischen Bestrebungen könnten zu schwerer Beeinträchtigung der ‚Schöpfungen der Selbsthilfe' führen, die er ‚zur gesunden, wirtschaftlichen, politischen und humanen Entwicklung des Vaterlandes für unentbehrlich' erklärte".[6] Er forderte, daß das Genossenschaftsgesetz sich darauf zu beschränken hätte, daß überhaupt Revisionen periodisch stattfänden und hierüber Anzeigen an die Gerichte erstattet wurden. Mit diesen Auffassungen hat Schulze-Delitzsch die spätere Fassung des Genossenschaftsgesetzes maßgeblich beeinflußt, obwohl er auf Grund seines Todes im Jahre 1883 nicht mehr an der Gestaltung des Gesetzes mitarbeiten konnte. Die Bestimmungen über das Revisionswesen kamen im Genossenschaftsgesetz als Kompromiß der Vorschläge von Schultze-Delitzsch, der Regierungsvorlage und der Abänderung im Parlament zustande.

„So ist das genossenschaftliche Prüfungswesen entstanden, teils aus einem Bedürfnis der Vereine, teils aus Furcht vor einer behördlichen Aufsicht."[7] Jägers Aussage, daß „die Geschichte der deutschen Genossenschaftsbewegung eindringlich (belegt), daß aus den Genossenschaften selbst das Bedürfnis nach

---

[4] Zitiert nach Reinhold Letschert: Die genossenschaftliche Pflichtprüfung, 5. Aufl., Wiesbaden-Bieberich 1951, S. 16. Siehe ferner: Schulze-Delitzsch, Material zur Revision des Genossenschafts-Gesetzes, Leipzig 1883, S. 58.

[5] Ebenda, S. 16 (Ohne Hervorhebungen im Original, Jk.).

[6] Parisius/Crüger, S. 278.

[7] Letschert, S. 17.

Prüfungseinrichtungen kam, was zur Entstehung der Verbände führte" (S. 24), ist somit nur bedingt richtig.

2. Der Sachverstand der Revisoren

Jäger weist darauf hin, daß die Revisoren zwei Bedingungen erfüllen mußten: „Sie hatten ‚sachverständig' zu sein und durften ‚nicht der Genossenschaft angehören', sie mußten also unabhängige Fachleute sein" (S. 24).

Im Kommentar Parisius / Crüger[8] wird zum Sachverstand angemerkt: „Sachverständig ist derjenige Revisor, der genossenschaftlich und kaufmännisch *wenigstens rechnerisch* geschult ist. Kaufmännische Vorbildung ist nicht, wie Richter S. 212 annimmt, erforderlich." Die Kommentatoren sind an gleicher Stelle der Auffassung, daß sich allgemeine Bedingungen für die Sachkundigkeit nicht aufstellen lassen, weil die Genossenschaften sehr verschiedenartig sind. Bemerkenswert ist, daß diese Kommentierung noch im Jahre 1928 erfolgte.

Demgegenüber weisen Zirwas und Buchholz[9] (im Jahre 1938) darauf hin, daß zwar über den Begriff ‚sachverständig" die Meinungen auseinandergingen, daß aber wegen der Ausdehnung des Geschäftsbetriebes „eine gediegene kaufmännische Vorbildung und eingehende Kenntnisse der Betriebswirtschaftslehre unerläßlich (ist), um den Revisor in die Lage zu versetzen, der Genossenschaft wirklich beratend zur Seite zu stehen. ... Heute (1938, Jk.) dürfte Einigkeit darüber bestehen, daß zur Ausübung des Amtes des Genossenschaftsprüfers eine gründliche Vorbildung in der allgemeinen Betriebswirtschaftslehre neben der genossenschaftlichen Erfahrung unerläßliche Voraussetzung ist." Man kann die Vermutung äußern, daß diese Forderung auch eine Folge der Zusammenbrüche in der Wirtschaftskrise war. Zu dieser Entwicklung der Qualifikation der Verbandsprüfer haben auch die Schulungseinrichtungen der genossenschaftlichen Verbände wesentlich beigetragen.

Zirwas / Buchholz[10] weisen darauf hin, daß im ursprünglichen, dem Reichstag vorgelegten Gesetzesentwurf nur die Worte ‚durch einen Revisor' vorgesehen waren. Erst im Verlaufe der Verhandlungen wurden die Worte ‚der Genossenschaft nicht angehörenden, sachverständigen' hinzugefügt. „Die Forderung, daß der Revisor der Genossenschaft nicht angehören dürfe, war bereits von Schulze vertreten worden und *verstand sich von selbst*, gab zu Auslegungszweifeln aber insoweit Anlaß, als in späterer Übung sich die Verbände des öfteren ehrenamtlicher Prüfer aus den Kreisen tüchtiger Genossenschaftsvorstände bedienten. Diese gehörten zwar der zu prüfenden Genossenschaft nicht an und erfüllten auch zweifellos die Forderung nach Sachverständigkeit. Materiell

[8] Parisius/Crüger, S. 284, Anmerkung 8 zu § 53 (Hervorhebung abweichend vom Original, Jk.).

[9] Zirwas/Buchholz, S. 17 (Ohne Hervorhebung im Original, Jk.).

[10] Ebenda, S. 16.

gesehen dürfte sich aber das Kollegialitätsgefühl dieser ehrenamtlichen Prüfer mit den Vorständen der zu prüfenden Genossenschaften bisweilen hindernd bemerkbar gemacht und zur Folge gehabt haben, daß die Dinge einseitig gesehen wurden, weswegen einige Verbände die Ausführung der Prüfung durch solche den Kreisen anderer Genossenschaften entnommenen Prüfer abgelehnt haben."[11]

Diese Zitate belegen, daß Jägers Auffassung über den Sachverstand und die Unabhängigkeit der Verbandsprüfer zumindest bis zur Genossenschaftsnovelle vom 30. Oktober 1934 zu euphemistisch ist: Es ist unbestritten, daß die Pflichtprüfung erstmals mit dem Genossenschaftsgesetz bereits 1889, bei den Aktiengesellschaften dagegen erst 1931 durch die Wirtschaftsprüfer eingeführt wurde. Ohne Zweifel haben die genossenschaftlichen Prüfungsverbände sich um die Aus- und Weiterbildung der Prüfer verdient gemacht, aber ohne Zweifel hatten diese keine Kenntnisse, die mit den heutigen Prüfern vergleichbar sind. Die Zusammenbrüche während der Weltwirtschaftskrise haben nicht nur den Berufsstand der Wirtschaftsprüfer hervorgebracht, sondern auch zur Reorganisation des genossenschaftlichen Prüfungswesens durch die Genossenschaftsnovelle vom 30. Oktober 1934 — regional abgegrenzte Prüfungsverbände, Pflichtmitgliedschaft in und Pflichtprüfung durch die Verbände — geführt. Die Qualifikation der Verbandsprüfung wurde 1934 auch dadurch sichergestellt, indem das Genossenschaftsgesetz nunmehr für jeden Prüfungsverband die Anstellung eines Wirtschaftsprüfers vorschrieb[12] (§ 63b Abs. 5 GenG).

Von Jäger wird überhaupt nicht erwähnt, daß es bis 1934 die sogenannten ‚wilden' Genossenschaften gab, die keinem Verband angehörten, und daß für diese Genossenschaften der Revisor durch das Gericht bestellt wurde (§ 61 Abs. 1 GenG a. F.). „Zeigten sich bereits in der Sachverständigkeit der von den Verbänden bestellten Revisoren Mängel, die erst durch planmäßige Heranziehung und Fortbildung des Revisorenstandes beseitigt werden konnten, so paarte sich bei den von den Gerichten bestellten Prüfern oft zum Teil Unkenntnis in betriebswirtschaftlichen Dingen und genossenschaftlichen Eigenarten."[13]

Angesichts dieser Belege muß man an Jäger die Frage richten, worauf sich seine folgende Feststellung stützt: „Dem ehrenamtlichen Vorstand war sie (die Verbandsprüfung, Jk.) in aller Regel von vornherein fachlich überlegen, ein Grund, weshalb sie gerade benötigt wurde. Sie hatte zugleich aber auch gegenüber dem Geschäftsführer einen Vorsprung; die Prüfer verfügten wegen ihrer planmäßigen Ausbildung über ein ungleich höheres Fachwissen und wegen ihrer Erfahrungen aus dem Betriebsvergleich über bessere Informationen" (S. 24f.).

[11] Ebenda, S. 16f. (Hervorhebung erfolgte durch uns, Jk.).

[12] Ebenda, S. 18.

[13] Ebenda, S. 17f.

Pauschalurteile sind auch und gerade deshalb problematisch, weil kein empirisches Material über den Sachverstand der Prüfer und der Vorstandsmitglieder bis 1934 vorliegt. Dennoch sind Zweifel an Jägers optimistischer Beurteilung der Verbandsprüfung angebracht. Auf alle Fälle wird man die Qualifikation der Prüfer des Jahres 1900 oder 1930 nicht mit der des Jahres 1985 vergleichen können. Unseres Wissens war die Zeit nach der Genossenschaftsnovelle vom 30. Oktober 1934 bis zum Kriegsausbruch zu kurz, um einen grundlegenden Wandel durchzuführen; dieser erfolgte erst nach 1950.

3. Sinkt die Autorität und die Sachkompetenz der Prüfer?

Jäger stellt fest, „daß die externe Prüfungsinstanz als fachliche wie auch als hoheitliche Autorität empfunden wurde" (S. 24). Da die von ihm begrüßte Trennung zwischen dem ehrenamtlichen Vorstand und dem hauptamtlichen Geschäftsführer (Manager) aufgehoben wurde — die Manager werden nunmehr in den Vorstand berufen —, ist die Sachkompetenz des Manager-Vorstandes professionalisiert worden.[14] Die Qualifikation und die gesetzlich gesicherte Autonomie dieses Manager-Vorstandes begründen ein neues Selbstbewußtsein, das zwangsläufig die Autorität des Verbandes mindert. Da auch der Manager breit geschult ist, sich in der Hierarchie des Unternehmens Freiraum für Weiterbildung und Transparenz schaffen und die Informationskapazität und den Apparat der Genossenschaft, ggf. auch beauftragte externe Beratungsinstanzen, einsetzen kann, wird er zusehends dem Verbandsprüfer überlegen.

Unseres Erachtens setzt Jäger in unzulässiger Weise Autoritätsabbau mit Verlust der Sachkompetenz der Prüfungsverbände und der Verbandsprüfer gleich.

a) Der Autoritätsabbau — keine spezifische genossenschaftliche Erscheinung

Jäger spricht von der ‚*hoheitlichen* Autorität', ohne diesen Begriff zu erläutern. Es erscheint wünschenswert, hierauf kursorisch einzugehen:[15]

In der Politik und Soziologie ist die ‚Autorität' eine zentrale historische Kategorie, sie ist ein Fundamentalbegriff der römischen Staatspraxis und der katholischen Kirche: In der römischen Republik ist auctoritas mehr als ein Ratschlag und weniger als ein Befehl, ein Ratschlag, dessen Befolgung man sich füglich nicht entziehen konnte. „Cicero fordert, daß die Magistrate, die

---

[14] Jäger geht von einem speziellen genossenschaftlichen Organigramm — Trennung von ehrenamtlichem Vorstand und hauptamtlicher Geschäftsführung — aus. Siehe hierzu vom Verfasser: Das genossenschaftliche Organigramm — ein realistisches Konzept? — Anmerkungen zu Wilhelm Jägers Thesen, in: Zeitschrift für das gesamte Genossenschaftswesen, Bd. 37 (1987), Heft 4, S. 272-289.

[15] Siehe hierzu Theodor Eschenburg: Artikel ‚Autorität', in: Meyers Enzyklopädisches Lexikon, Bd. 3, Mannheim—Wien—Zürich 1971, S. 217-222.

handelnde Regierung genügend Amtsgewalt *(potestas)*, der Senat genügend *auctoritas* und das Volk genügend Freiheiten hätten. *Ex auctoritate senatus,* aufgrund einer Ermächtigung des Senates, wurde zu einer politischen Formel. *Potestas* war rechtlich zugeteilte Macht, die letztlich mit Gewalt sich Geltung zu schaffen vermochte. Autorität hingegen mußte erworben werden. Sie wurde durch den bevollmächtigt und anerkannt, auf den sie wirkte."[16] Diese Grundbedeutung erhielt den Begriff ‚Autorität' zwischen dem 5. und 2. Jahrhundert v. Chr. in Rom.

Unter ‚Autorität' (von Auctoritas = Ansehen, Einfluß, Geltung, Machtvollkommenheit, Vorbild, Würde) versteht man „das Ansehen oder die Geltung von Personen oder überpersönlichen und unpersönlichen Wertträgern (Gruppen, Symbolen, Bräuchen, Institutionen etc.) in den Augen anderer Personen oder Gruppen. Die Geltung liegt begründet in dem hohen sozialen Rang oder in einer starken und wirksamen Wertüberlegenheit, die sozialen Einfluß auf Gruppenmitglieder gewinnt, häufig in Form der ‚inneren Macht' (Wieser, Vierkandt)."[17]

Ohne auf die Entwicklung des Autoritätsbegriffes einzugehen[18], sei angemerkt, daß die Aufklärung religiöse oder religiös begründete Autorität in Frage stellte, unzulängliche und mißbrauchte Autorität sollte abgebaut werden, d.h., es setzte eine Säkularisierung des Autoritätsbegriffes ein, die Autorität wurde von der Vernunft abgeleitet.

Nach Marx und Engels ließ sich alle Autorität auf Eigentum und dieses auf Gewalt und Betrug zurückführen; dagegen bejahte Engels die Autorität des Kollektivs. Im kommunistischen System ist die Partei die Quelle aller Autorität, denn die jeweilige Parteispitze ist die alleinige Auslegungsinstanz für das Dogma. Nach dem Ersten Weltkrieg nannten sich die Gegner der Demokratie auf der Rechten autoritär, da die Demokratie nicht in der Lage sei, Autorität hervorzubringen. Hitler nutzte die Weltwirtschaftskrise und die noch lebendige Erinnerung an die Monarchie sowie das Verlangen nach dem starken, über die Interessen erhabenen Mann aus; es war eine ‚unheimlich verbreitete Autoritätsbrunst'.[19]

Nach dem Zweiten Weltkrieg wurde der Begriff der *funktionalen Autorität* stärker herausgearbeitet: Sie fußt auf dem überlegenen Sachverstand, sie wird daher auch als Expertenautorität, Sachautorität oder Fachautorität bezeichnet. Diese Form der Autorität ist von der gesellschaftlichen Wertschätzung, besonders Wissen und Können abhängig. Diese funktionale Autorität ist von der *formalen (zugeordneten) Autorität* zu unterscheiden, die sich aus dem Amt herleitet. Der Legitimitätsbeweis der Autorität kann sich somit aus der

---

[16] Ebenda, S. 217 (Hervorhebungen im Original, Jk.).

[17] So Wilhelm Bernsdorf: Artikel ‚Autorität', in: Wörterbuch der Soziologie, herausgegeben von W. Bernsdorf, Stuttgart 1969, S. 73-77, zitiert S. 73f.

[18] Eschenburg, S. 217ff.

[19] Ebenda, S. 221.

Sachkunde oder dem hohen sozialen Rang eines Autoritätsträgers ableiten. Jäger macht diese Unterscheidung nicht. Da er von der ,hoheitlichen Autorität' spricht, kann man nur vermuten, daß ihm ein Autoritätsbegriff vorschwebt, in der Macht durch freiwilligen Gehorsam gerechtfertigt wird.[20]

Aus devoter Autoritätsgläubigkeit wurde Autoritätsangst und schließlich Autoritätsfeindschaft:

Man kann als zutreffend unterstellen, daß nicht nur um die Jahrhundertwende, sondern auch nach dem Zweiten Weltkrieg die Prüfer ein hohes Ansehen und damit auch eine Autorität genossen. Diese *,Autoritätsgläubigkeit'* war aber keineswegs typisch für die Prüfer, sondern symptomatisch für die ganze Gesellschaft: Gleichgültig, ob es sich um den Lehrer, den Professor, den Richter oder den Beamten schlechthin handelte, ihm wurden Vertrauen und Respekt selbst dann entgegengebracht, wenn seine Aussagen oder Feststellungen unrichtig waren. Bis in die 50er Jahre hinein kam weder ein Schüler noch ein Vater — von ganz seltenen Ausnahmen abgesehen — auf den Gedanken, eine vom Lehrer gegebene Zensur zu kritisieren oder diese sogar gerichtlich nachprüfen zu lassen. Nahezu alle Mitglieder der Gesellschaft gingen von der Sachkompetenz und der (hoheitlichen) Autorität eines Amtsträgers aus. In ihrer extremen Form führt dieses zum (preußischen) Kadavergehorsam, der in der jüngsten deutschen Geschichte mißbraucht wurde. Die Wirkung einer Offiziersuniform auf die autoritätsgläubigen Bürger hat der Schuster Wilhelm Vogt als ,Hauptmann von Köpenick' am 16. Oktober 1906 unter Beweis gestellt (in Zuckmayers gleichnamigem Schauspiel soll sogar Kaiser Wilhelm II. hierüber gelacht haben).

Diese gesellschaftliche devote Verehrung der Autorität hat sich in den 60er Jahren grundlegend gewandelt:

Mit der Studentenrevolte von 1968 ist der Respekt vor der Autorität des Lehrers, Professors, Richters, Polizisten oder Ministers abgebaut oder sogar vernichtet worden. Wurde noch in den 20er Jahren ein Minister mit ,Exzellenz' und in den 50er Jahren mit ,Herr Minister' angeredet, so gebraucht man heute nur noch seinen Namen; die Universitätsrektoren waren noch in den 50er Jahren ,Magnifizenz', heute wird von den Studenten nur noch der Name genannt und manchmal sogar die Anrede ,Herr' fortgelassen. Die einen sehen in diesem Autoritätsabbau — Folge der antiautoritären Erziehung — einen Demokratisierungsprozeß, die anderen hingegen einen *Autoritätsverfall,* der für die gesamte Gesellschaft negativ beurteilt wird.

In diese gesellschaftliche Entwicklung sind auch die Prüfungsverbände und deren Verbandsprüfer einbezogen, d.h., sie haben nicht mehr die ,hoheitliche

---

[20] Wolfgang Schluchter (in: Aspekte bürokratischer Herrschaft — Studien zur Interpretation der fortschreitenden Industriegesellschaft, List Taschenbücher der Wissenschaft, Bd. 1601, München 1972, S. 145ff.) unterscheidet einerseits zwischen der professionellen oder Sachautorität und andererseits der bürokratischen oder Amtsautorität.

Autorität' des Jahres 1900, 1925 oder 1950, sondern sie haben ihre Sachkompetenz in zum Teil lebhaften oder sogar heftigen Diskussionen mit den Mitarbeitern der zu prüfenden Unternehmen unter Beweis zu stellen. An die Stelle der Autoritätsgläubigkeit ist die Diskussion, der Zweifel und die Kritik getreten; dieses gilt für nahezu alle gesellschaftlichen Bereiche (die Ärzte nehmen noch immer eine besondere Vertrauensstellung ein), von der die Prüfer nicht ausgenommen sind.

b) Die spezialisierte Sachkompetenz

Wir haben gesehen, daß im Kommentar zum Genossenschaftsgesetz Parisius und Crüger noch im Jahre 1928 hinsichtlich des Sachverstandes des Prüfers gefordert haben, daß dieser ‚kaufmännisch wenigstens rechnerisch geschult' sein soll. Zehn Jahre später haben Zirwas und Buchholz bereits betriebswirtschaftliche Kenntnisse gefordert. Vergleicht man diese Anforderungen mit denen des Jahres 1985, so wird man unschwer erkennen, daß ein Prüfer von vor rund 50 Jahren den heutigen Anforderungen nicht mehr gerecht werden würde. Dieses gilt aber nicht nur für das (genossenschaftliche) Prüfungswesen:

Die ersten Handelshochschulen wurden erst 1898 in Leipzig und Aachen sowie die Exportakademie in Wien gegründet, 1901 und 1906 folgten Berlin, Köln und Frankfurt. Im Mittelpunkt der ersten Handelshochschulen standen die ‚Kontorwissenschaften', d.h., Buchführung, kaufmännisches Rechnen, kaufmännischer Schriftverkehr und Kontorarbeiten; Fächer, die heute zum Propädeutikum gehören und nicht mehr Bestandteil des eigentlichen Studiums der Betriebswirtschaftslehre sind.[21] Erst 1923 wurde der akademische Grad ‚Diplom-Kaufmann' geschaffen. Im Bundesgebiet und West-Berlin gab es 1955 (einschließlich der Extraordinariate) nur 46 betriebswirtschaftliche Lehrstühle, 1943 30 und 1923 nur 14.[22]

Wahrscheinlich gab es 1985 in Nordrhein-Westfalen mehr Betriebswirtschaftslehre-Ordinarien als im gesamten Bundesgebiet 1955. Vor etwa 15 Jahren war der Begriff ‚Informatik' noch nahezu unbekannt, heute gibt es ganze Fakultäten. Die Abteilung ‚Informatik' der Universität Dortmund begann mit 66 Studenten 1972/73 ihre Lehrtätigkeit, im Sommersemester 1987 studierten 1 973 Studenten dieses Fach (aber nur 1 928 Wirtschafts- und Sozialwissenschaften). Diese wenigen Zahlen dokumentieren die Explosion der Wissenschaften und deren Spezialisierungen. An die Stelle des ‚all-round' Diplom-Kaufmannes des Jahres 1925 oder 1950 ist der betriebswirtschaftliche Spezialist des Jahres 1985 getreten.

---

[21] Siehe hierzu den Artikel von Rudolf Seyffert: Betriebswirtschaftslehre, Geschichte der..., in: Handwörterbuch der Betriebswirtschaft, 3. Aufl., Suttgart 1956, Sp. 995-1011, insbesondere Sp. 1006ff.

[22] Ebenda, Sp. 1011.

Diese Entwicklung ist auch nicht am Berufsfeld des (Wirtschafts-)Prüfers und des Steuerberaters vorbeigegangen:

Es genügt heute nicht mehr, daß der Prüfer ‚wenigstens rechnerisch geschult' sein muß. Auch wenn die Ausbildung[23] eines Verbandsprüfers in den einzelnen Verbänden unterschiedlich gestaltet ist, so kann man doch davon ausgehen, daß ein junger Diplom-Kaufmann — der sich bereits während seines Studiums spezialisiert hat — drei bis vier Jahre als Assistent arbeitet, weitere drei bis vier Jahre als ‚Jung-Prüfer' tätig ist, um erst dann selbständig größere Unternehmen prüfen und hierüber berichten zu können. Trotz dieser Vor- und Ausbildung ist aber nicht auszuschließen, daß die Prüfer Vorstandsmitgliedern und /oder Mitarbeitern der zu prüfenden Genossenschaften gegenüberstehen, die auf ihrem Spezialgebiet — es seien nur EDV-Systeme genannt — den Prüfern gleichwertig oder sogar überlegen sind. Dieses gilt aber nicht nur für die genossenschaftlichen, sondern auch für den gesamten wirtschaftsprüfenden Beruf. Auch außerhalb der prüfenden Berufe sind diese Erscheinungen festzustellen. So zum Beispiel kann man erleben, daß ein junger Schüler oder Student seinem Lehrer oder Professor hinsichtlich des Computerwissens überlegen ist. Hinzu kommt, wie dargelegt, der Autoritätsabbau.

Aus dieser — keineswegs auf die genossenschaftlichen Prüfungsverbände begrenzten — Erscheinung zu schließen, daß die gestiegene Qualifikation der Managervorstände „zwangsläufig die Autorität des Verbandes mindert" und sie „zusehends dem Verbandsprüfer überlegen" sind (S. 26), ist nicht nur voreilig, sondern auch empirisch nicht belegt. Die Erfahrung lehrt vielmehr, daß auf einem fachlich wesentlich höheren Niveau als vor 100 oder 50 Jahren die Prüfer ihre Sachkompetenz in einer zum Teil harten Auseinandersetzung beweisen müssen, um in einer antiautoritären Gesellschaft ihre fachliche Autorität zu begründen. Empirische Untersuchungen sollten vorgefaßten, historisch (nicht belegten) Meinungen vorausgehen, um zu realitätsnahen Aussagen zu gelangen.

4. Die gesetzliche Forderung nach Qualifikation und Qualität der genossenschaftlichen Pflichtprüfung

Jäger weist auf die Geschichte der genossenschaftlichen Prüfung hin, die aus der freiwilligen Beratung entstanden ist und bereits in das Genossenschaftsgesetz von 1889 als Pflichteinrichtung — lange vor der aktienrechtlichen Pflichtprüfung — aufgenommen wurde. Er hat es aber versäumt, die Rechtsentwicklung darzustellen, die diese Pflichtprüfung nicht nur gefordert, sondern auch qualitativ gefördert hat. Hierbei sind die Vorschriften des Genossenschaftsgesetzes von 1889, 1934, 1974 und 1986 zu unterscheiden.

---

[23] Jürgen Schultzke: Was werden? — Der lange Weg ins Berufsleben, in: Frankfurter Allgemeine Zeitung vom 4. Juni 1984.

a) Die genossenschaftliche Pflichtprüfung von 1889 als Grundlage

Wir haben gesehen, daß die genossenschaftliche Pflichtprüfung aus der Beratung durch die sich freiwillig bildenden Genossenschaftsverbände entstanden ist, die bereits Prüfungen ohne eine gesetzliche Grundlage durchführten. Um einer drohenden Staats- oder Kommunalaufsicht zu entgehen, stimmten die ‚Genossenschaftsväter‘ der Aufnahme einer Bestimmung in das Genossenschaftsgesetz von 1889 zu, die die Pflichtprüfung begründete. Dieses ist ohne Zweifel eine Leistung, und zwar sowohl des Gesetzgebers als auch der Genossenschaften bzw. der Verbände, denn die aktienrechtliche Pflichtprüfung wurde erst 1931 eingeführt.

§ 53 GenG von 1889 lautete wie folgt:
„Die Einrichtungen der Genossenschaft und die Geschäftsführung derselben in allen Zweigen der Verwaltung sind mindestens in jedem zweiten Jahre der Prüfung durch einen der Genossenschaft nicht angehörigen, sachverständigen Revisor zu unterwerfen."

Hierauf nimmt Jäger Bezug, wenn er von ‚sachverständig‘ und von der Genossenschaft ‚unabhängig‘ spricht. Jäger erwähnt nicht, daß gemäß § 64 GenG 1889 der Reichskanzler ermächtigt war, „allgemeine Anweisungen zu erlassen, nach welchen die Revisionsberichte anzufertigen sind." Von dieser Ermächtigung wurde kein Gebrauch gemacht.[24] Auf Grund des Ermächtigungsgesetzes vom 8. Dezember 1923 (RGBl. I, S. 1179) wurde am 27. Dezember 1923 eine Verordnung über die Revision der eingetragenen Genossenschaften erlassen (RGBl. I, S. 1252), durch die die Reichsregierung in Artikel II ermächtigt wurde, „mit Zustimmung des Reichsrats weitere Bestimmungen über die Revision der eingetragenen Genossenschaft zu treffen." Hiervon hat die Reichsregierung gleichfalls keinen Gebrauch gemacht.

b) Die Fortentwicklung der Prüfung durch die Genossenschaftsreform 1934

Die Vorschriften des Genossenschaftsgesetzes von 1889 haben sich für die kleineren und mittleren Genossenschaften vor 1914 und auch zum Teil nach dem Ersten Weltkrieg bewährt. Auf Grund der wachsenden Zahl und der zunehmenden Größe der Genossenschaften entstanden Wirtschaftsgebilde, deren ordnungsmäßige Prüfung neue Maßstäbe verlangte. „Vielfach hat der Ausbau des Revisionswesens mit der Größe und Zahl der Genossenschaften nicht Schritt gehalten, teils weil man die Kosten scheute, teils weil man auch den Wert der Prüfung für das exakte Funktionieren des genossenschaftlichen Wirtschaftsapparates unterschätzte. So zeigten sich namentlich in der Nachkriegszeit (nach 1918, Jk.) des öfteren in den Einrichtungen für das *genossenschaftliche Prüfungswesen Mängel* sowohl in organisatorischer Hinsicht als auch hinsicht-

[24] So Parisius/Crüger, S. 304f.

lich der Besetzung mit geeigneten Persönlichkeiten."[25] Bei diesen Richtungskämpfen innerhalb des Genossenschaftswesens wehrte man sich gegen gesetzliche Machtmittel des Prüfungsverbandes, „weil man hierin eine untragbare Verschiebung der Verantwortung von der Genossenschaft auf den Verband und einen Angriff auf die Selbständigkeit der Genossenschaft sah."[26] Die *Weltwirtschaftskrise* führte zu Zusammenbrüchen von Genossenschaften[27], so daß in den Jahren 1929 und 1930 mit Mitteln der Reichsregierung eine Rationalisierung des ländlichen Genossenschaftswesens den Anstoß gab, eine Neuregelung der Gesetzesbestimmungen über die Genossenschaftsprüfung vorzubereiten. Ein weiterer Anstoß zur Intensivierung der Prüfung ging von der Hergabe öffentlicher Mittel (Hauszinssteuer-Ära) an gemeinnützige Wohnungsunternehmen aus:[28] Die Gemeinnützigkeitsverordnung vom 1. Dezember 1930 (RGBl. I, S. 593) brachte für *alle* gemeinnützigen Wohnungsunternehmen den Verbandszwang, die Verpflichtung zur jährlichen Prüfung und die Pflicht, Beanstandungen, die der Prüfungsbericht enthält, zu beseitigen, andernfalls die Gemeinnützigkeit aberkannt werden konnte.

Am 21. Oktober 1932 wurde die Erste Verordnung des Reichspräsidenten für die Deutsche Zentralgenossenschaftskasse und das genossenschaftliche Revisionswesen veröffentlicht (RGBl. I, S. 503). Das dritte Kapitel[29] enthält „Bestimmungen über Revisionen, Bilanzen und Musterstatut der Genossenschaften". Im Interesse der Gesunderhaltung des Genossenschaftswesens, einer wirksamen Revision und um eine sachgemäße Aufstellung des Jahresabschlusses sicherzustellen, wurde die Reichsregierung ermächtigt, in Änderung und Ergänzung des Genossenschaftsgesetzes „die Befähigung zur Ausübung der Revisionstätigkeit von besonderen Voraussetzungen abhängig zu machen" (so Ziff. 4). Nur hinsichtlich der Ziff. 8 der Ermächtigung (Vorschriften über die Bilanz und die Gewinn- und Verlustrechung sowie über den Geschäftsbericht) hat die Reichsregierung durch die Verordnung über die Bilanzierung von Genossenschaften vom 30. Mai 1933 Gebrauch gemacht.

Bevor eine allgemeine, die Prüfung des Genossenschaftswesens betreffende Gesetzesreform erfolgte, wurden die landwirtschaftlichen Genossenschaften durch die Zweite Verordnung über den vorläufigen Aufbau des Reichsnährstandes vom 13. Januar 1934 der Prüfung durch einen Revisionsverband unterworfen. Mit dem Gesetz über Beaufsichtigung und Anerkennung gemeinnütziger Wohnungsunternehmen vom 26. März 1934 (RGBl. I, S. 246) wurde die

---

[25] Zirwas/Buchholz, S. 25 (Hervorhebung erfolgte durch uns, Jk.).

[26] Letschert, S. 19 (Ohne Hervorhebungen im Original, Jk.).

[27] Gemäß § 61 GenG von 1889 mußten sich nicht sämtliche Genossenschaften einem Revisionsverband anschließen (diese wurden die ‚wilden' Genossenschaften genannt). Für diese wurde der Prüfer durch das Gericht bestellt. In der Weltwirtschaftskrise sind insbesondere die ‚wilden' Genossenschaften zusammengebrochen.

[28] Henzler, S. 5f.

[29] Abgedruckt bei Zirwas/Buchholz, S. 27.

Aufsicht über die gemeinnützigen Wohnungsunternehmen und ihre Prüfung erneut verschärft. „Diese Bestimmungen zeigen, daß besonders frühzeitig im Bereich gemeinnütziger Wohnungsunternehmen als Folge des Zusammenhangs von öffentlichen Mitteln und öffentlichem Einfluß die Aufsicht mittels der zugelassenen Prüfungsverbände verstärkt und die Selbstverwaltung eingeschränkt worden ist.“[30]

Die schon lange erörterte, das *gesamte* Genossenschaftswesen erfassende Neuregelung des Prüfungswesens brachte das Gesetz zur Änderung des Genossenschaftsgesetzes vom 30. Oktober 1934 (RGBl. I, S. 1077):[31]

> *§ 53 Abs. 1 GenG 1934:*
> „Zwecks Feststellung der wirtschaftlichen Verhältnisse und der Ordnungsmäßigkeit der Geschäftsführung sind die Einrichtungen, die Vermögenslage sowie die Geschäftsführung der Genossenschaft mindestens in jedem zweiten Jahr zu prüfen. Bei Genossenschaften, deren Bilanzsumme einschließlich der Verbindlichkeiten aus der Begebung von Wechseln und Schecks, aus Bürgschaften, Wechsel- und Scheckbürgschaften sowie aus Garantieverträgen den Betrag von 350000 Reichsmark (nunmehr zwei Millionen Deutsche Mark, Jk.) erreicht oder übersteigt, muß die Prüfung mindestens einmal jährlich stattfinden.“

Erst durch die Genossenschaftsnovelle von 1934 ist eine *umfassende* Pflichtprüfung für die Genossenschaften (auch für die als gemeinnützig anerkannten Unternehmen in anderer Rechtsform gemäß § 26 WGG) eingeführt worden, die auch die Ordnungsmäßigkeit der Geschäftsführung beinhaltet.

Der bisherige § 63 GenG wurde durch die Genossenschaftsnovelle 1934 in die §§ 63a bzw. 63d erweitert und aufgegliedert. Für die Fortentwicklung der Qualität der Verbandsprüfung ist § 63b Abs. 5 GenG 1934 entscheidend:

> *§ 63b Abs. 5 GenG 1934:*
> „(5) Zur Unterstützung des Verbandsvorstandes bei der Ausübung der Prüfungstätigkeit, insbesondere bei der Überwachung der Prüfer und der Überprüfung der Prüfungsberichte, muß mindestens ein Prüfer angestellt werden, der als genossenschaftlicher Wirtschaftsprüfer öffentlich bestellt ist. Von der Anstellung kann abgesehen werden, wenn ein Mitglied des Verbandsvorstandes als genossenschaftlicher Wirtschaftsprüfer öffentlich bestellt ist.“

Die *Genossenschaftsnovelle von 1934* kann als die *‚große Wende‘* im Genossenschaftswesen im allgemeinen und im genossenschaftlichen Prüfungswesen im besonderen angesehen werden: Durch diese Novelle wurde die gesetzliche Forderung erhoben, daß in jedem genossenschaftlichen Prüfungsverband

[30] Henzler, S. 6 — Wir sind der Auffassung, daß durch eine Verschärfung der Aufsicht und Prüfung die Selbstverwaltung nicht eingeschränkt, sondern die betriebswirtschaftlichen Grundlagen der gemeinnützigen Wohnungsunternehmen verbessert und damit abgesichert wurden.

[31] Siehe hierzu Heinz Diewitz: Die Prüfung der eingetragenen Erwerbs- und Wirtschaftsgenossenschaften nach dem Reichsgesetz vom 30. 10. 1934 (RGBl. I, S. 1077), Leipziger Dissertation, Dresden 1935.

mindestens ein Wirtschaftsprüfer tätig sein muß, zugleich wurde der ‚genossenschaftliche Wirtschaftsprüfer' kreiert. Dieser Typus des Wirtschaftsprüfers hatte eine wechselvolle Geschichte.

c) Der Wirtschaftsprüfer im Genossenschaftswesen

Die genossenschaftliche Verbandsprüfung wurde 1889 eingeführt, ohne daß es bereits das Institut des Wirtschaftsprüfers gab:[32]

Die Bestellung von Bücherrevisoren ging Ende des 19. Jahrhunderts zunächst auf die Magistratsbehörden und dann auf die Handelskammern über. Insbesondere für Kapital- und Kreditgeber (Banken) entstand ein dringender Bedarf an vertrauenswürdigen, unabhängigen und qualifizierten Sachverständigen des Rechnungswesens zur Prüfung von Unternehmen. Der Stand der Bücherrevisoren wurde in § 36 GewO durch das Gesetz betreffend die Änderung der Gewerbeordnung vom 30. Juni 1900 (RGBl. S. 321) aufgenommen. Maßgebender Grund für diese gesetzliche Regelung war die Tatsache, „daß sich an großen Plätzen für die Prüfungen der Jahresbilanzen der Aktiengesellschaften (§ 266 HGB) und auch sonst ein Mangel an kaufmännisch gebildeten, mit der doppelten Buchführung vertrauten und unabhängigen Bücherrevisoren fühlbar gemacht hatte".[33] Eine Ähnlichkeit mit dem Genossenschaftsgesetz von 1889 ist unverkennbar.

Nach dem Ersten Weltkrieg ergingen in den Ländern des Deutschen Reiches weitere Verordnungen und Erlasse hinsichtlich der Bestellung der vereidigten Bücherrevisoren (ab 1943: *vereidigte Buchprüfer*). Voraussetzung für die öffentliche Bestellung waren persönliche Eignung, besondere Sachkenntnis, Unabhängigkeit, Verschwiegenheitspflicht und das Recht zur Siegelführung. Der Berufsstand fand erstmals seine gesetzliche Grundlage 1931: Als Folge des Zusammenbruchs großer Unternehmen wurde die gesetzliche Abschlußprüfung für Aktiengesellschaften für notwendig erachtet. In der Verordnung des Reichspräsidenten über Aktienrecht, Bankenaufsicht und über eine Steueramnestie vom 19. September 1931 (RGBl. I,S. 493) und der Ersten Verordnung zur Durchführung der aktienrechtlichen Vorschriften des Reichspräsidenten über Aktienrecht, Bankenaufsicht und über eine Steueramnestie vom 15. Dezember 1931 (RGBl. I, S. 760) wurden die gesetzlichen Grundlagen für den Berufsstand der Wirtschaftsprüfer geschaffen. Durch die Anlage zur Ersten Durchführungsverordnung vom 15. Dezember 1931 (RGBl. I, S. 761) wurden die Grundsätze für das Prüfungs- und Bestellungsverfahren der *Wirtschaftsprüfer* erlassen. Auf Grund von Ländervereinbarungen wurde beim Deutschen Industrie- und Handelstag eine ‚Hauptstelle für den öffentlich bestellten

[32] Siehe zur geschichtlichen Entwicklung Karl-Heinz Gerhard: Wirtschaftsprüferordnung, Textausgabe mit Auszügen aus der Begründung und kurzen Anmerkungen, Köln—Berlin—Bonn—München 1961, S. 11-16.

[33] Ebenda, S. 12.

Wirtschaftsprüfer (Hauptstelle)' gebildet. Durch die Verordnung über den Zusammenschluß auf dem Gebiet des wirtschaftlichen Prüfungs- und Treuhandwesens vom 23. März 1943 (RGBl. I, S. 157) wurde die ‚Hauptstelle für das Wirtschaftstreuhandwesen' errichtet. Nach 1945 entstanden in den einzelnen Ländern unterschiedliche gesetzliche Regelungen. Nach langwierigen parlamentarischen Beratungen wurde das ‚Gesetz über eine Berufsordnung der Wirtschaftsprüfer (Wirtschaftsprüferordnung)' vom 14. Juli 1961 (BGBl. I, S. 1049) ein einheitliches Berufsrecht geschaffen. Nunmehr gilt die WPO (Wirtschaftsprüferordnung) i. d. F. der Bekanntmachung der Neufassung vom 5. November 1975 (BGBl. I, S. 2803), zuletzt geändert durch Artikel 6 des Ersten Rechtsbereinigungsgesetzes vom 24. April 1986 (BGBl. I, S. 560).

Diese knappe Skizze macht deutlich, daß das Berufsbild der Wirtschaftsprüfer erst in den 30er Jahren entstanden ist, die genossenschaftliche Pflichtprüfung aber bereits in den 80er Jahren des letzten Jahrhunderts ihren Ursprung hat. *Der Wirtschaftsprüfer im Genossenschaftswesen* wurde durch die Genossenschaftsnovelle vom 30. Oktober 1934 eingeführt.[34]

Die Genossenschaftsnovelle 1934 forderte, daß in jedem Prüfungsverband ein genossenschaftlicher Wirtschaftsprüfer angestellt werden muß. § 63b Abs. 5 GenG lautete: „Zur Unterstützung des Verbandsvorstandes bei der Ausübung der Prüfungstätigkeit, insbesondere bei der Überwachung der Prüfer und der Prüfungsberichte *muß* mindestens ein Prüfer angestellt werden, der als genossenschaftlicher Wirtschaftsprüfer öffentlich bestellt ist." Diese Gesetzesvorschrift wurde durch die Verordnung über öffentlich bestellte Wirtschaftsprüfer im Genossenschaftswesen vom 7. Juli 1936 ergänzt.[35] Allerdings traten auf Grund der Verordnung über das Inkrafttreten des Gesetzes zur Änderung des Genossenschaftsgesetzes vom 4. Dezember 1934 (RGBl. I, S. 1227) § 55 Abs. 2, § 56 Abs. 2, Satz 2 und § 63b Abs. 5 GenG noch *nicht* in Kraft.

Mit der gesetzlichen Forderung, einen genossenschaftlichen Wirtschaftsprüfer bei den Prüfungsverbänden einzustellen, sollte das genossenschaftliche Prüfungswesen qualitativ fortentwickelt und an die modernen Erfordernisse angepaßt werden:

„Eine erfolgreiche Verbandsprüfung konnte jedoch nur dann durchgeführt und weiter ausgebaut werden, wenn mit dieser Aufgabe qualifizierte Männer mit genauer Kenntnis der genossenschaftlichen Verhältnisse betraut wurden. Die ständige Sorge der Verbände war daher auf die eingehende praktische und wissenschaftliche Ausbildung der von ihnen bestellten Revisoren gerichtet sowie darauf, daß diese im Verhältnis zu den Genossenschaften selbständig und unabhängig ihre Tätigkeit ausübten."[36]

---

[34] Siehe hierzu Alice Riebandt-Korfmacher: Der Wirtschaftsprüfer im Genossenschaftswesen, in: Gemeinnütziges Wohnungswesen, Heft 8 (1952), S. 433-437.

[35] Abgedruckt bei Zirwas/Buchholz, S. 154-166.

[36] Riebandt-Korfmacher, S. 433.

Mit dem Institut eines genossenschaftlichen Wirtschaftsprüfers wurde in doppelter Hinsicht das Prüfungswesen weiterentwickelt: Einmal sollte hierdurch die Prüfungsqualität erhöht werden, zum anderen wurde — erst- und einmalig — anerkannt, daß das Genossenschaftswesen eine Besonderheit darstellt, so daß ein speziell ausgebildeter Wirtschaftsprüfer als erforderlich erachtet wird. Bis in die Gegenwart hinein hat es trotz der inzwischen eingetretenen Spezialisierungen keine weiteren ‚Spezial'-Wirtschaftsprüfer gegeben.[37]

Durch die Verordnung über öffentlich bestellte Wirtschaftsprüfer im Genossenschaftswesen am 7. Juli 1936 (RGBl. I, S. 599) wurde das Zulassungs- und Prüfungsverfahren, die persönlichen und fachlichen Voraussetzungen sowie die Übergangsregelungen geklärt, wonach auch bewährte Angehörige des genossenschaftlichen Prüfungswesens als Wirtschaftsprüfer bestellt werden konnten. Infolge des Ausbruchs des Zweiten Weltkrieges hat sich diese Verordnung nicht mehr auswirken können, da der § 63b Abs. 5 GenG auf Grund der Verordnung über das Inkrafttreten des Gesetzes zur Änderung des Genossenschaftsgesetzes vom 4. Dezember 1934 nicht in Kraft trat.

Auf Grund des Gesetzes über genossenschaftliche Vereinigungen vom 23. August 1948 (WiGBl. 1948, S. 83) konnten sich Genossenschaften im Vereinigten Wirtschaftsgebiet (jetzt: Bundesgebiet) entweder für einen wirtschaftlichen Geschäftsbetrieb oder für die Feststellung der wirtschaftlichen Verhältnisse und der Ordnungsmäßigkeit der Geschäftsführung ihrer Mitglieder und deren Förderung und Beratung zusammenschließen, d.h., Verbände bilden.[38] Die Verordnung über öffentlich bestellte Wirtschaftsprüfer im Genossenschaftswesen vom 7. Juli 1936 „ist seit 1945 nicht mehr anwendbar, da die zu ihrer Durchführung erforderlichen Stellen nicht mehr vorhanden sind. Ein entsprechendes Bundesgesetz ist in Vorbereitung".[39]

Mit großer Sorge haben die genossenschaftlichen Prüfungsverbände die Entwicklung nach 1945 verfolgt: Eine Möglichkeit, genossenschaftliche Wirtschaftsprüfer neu zu bestellen, gab es nicht. Zwar gab es in den Ländern Regelungen über die Zulassung und Prüfung von ‚allgemeinen' Wirtschaftsprüfern, die aber nicht den Erfordernissen des § 63b Abs. 5 GenG entsprachen. „Da die genossenschaftliche Prüfung über die formelle Prüfung des Jahresabschlusses hinausgeht und sich auf die materielle Prüfung der wirtschaftlichen Verhältnisse und der Ordnungsmäßigkeit der Geschäftsführung der eingetragenen Genossenschaften[40] erstreckt, erfordert sie besondere Erfahrungen und

[37] Weiter unten werden wir den Vorschlag machen, daß auch bei den Wirtschaftsprüfern — wie bei den Ärzten — Spezialisierungen erfolgen sollten.

[38] Auf das Bundesgebiet erstreckt durch die Verordnung vom 13. Dezember 1949 (BGBl. 1950, S. 2).

[39] Siehe: Wirtschaftsprüfer-Jahrbuch, Ausgabe 1951, herausgegeben vom Institut der Wirtschaftsprüfer, Düsseldorf, o.J., S. 181.

Vertrautheit mit dem Recht, der Tätigkeit und der Organisation der Genossenschaften."[41]

Mehr als fünf Jahre haben die genossenschaftlichen Spitzenverbände um das Gesetz über den Wirtschaftsprüfer im Genossenschaftswesen gerungen. Schließlich ist es am 17. Juli 1952 (BGBl. I, S. 385) verkündet worden:

Dieses Gesetz schaffte eine einheitliche Regelung für das Zulassungs- und Prüfungsverfahren sowie für die Ermächtigung zur Bestellung von öffentlichen Wirtschaftsprüfern. Im großen und ganzen schließt das Gesetz von 1952 an die Verordnung von 1936 an, d. h., daß der *genossenschaftliche Wirtschaftsprüfer* im Sinne des Genossenschaftsgesetzes von 1934 immer zugleich die allgemeine Qualifikation eines (allgemeinen) Wirtschaftsprüfers besitzt und darüber hinaus kraft ausdrücklicher Feststellung oder Anerkennung die besondere Eignung zur Prüfung von Genossenschaften hat. Nach der Begründung zum Regierungsentwurf sollte hierdurch vermieden werden, „daß ein eigener und abgeschlossener Berufsstand der nach diesem Gesetz bestellten und ermächtigten Wirtschaftsprüfer" entsteht. Daher sollte — abweichend von der Verordnung vom 7. Juli 1936 — die Prüfung und Zulassung nicht durch besondere Ausschüsse erfolgen. „Auch diese Bestimmung zielt auf eine möglichst einheitliche Behandlung von genossenschaftlichen Wirtschaftsprüfern und allgemeinen Wirtschaftsprüfern ab. Sie entspricht der Tendenz, nach der das Gesetz vom 17. Juli 1952 lediglich eine *Übergangsregelung* bis zum Erlaß eines Gesetzes über das gesamte Wirtschaftsprüferwesen darstellen soll."[42]

Wie bereits im Zusammenhang mit der Entwicklung des Rechts für die (allgemeinen) Wirtschaftsprüfer dargelegt, schuf die WPO vom 24. Juli 1961 ein einheitliches Bundesrecht, das in den §§ 25 und 26 auch die Wirtschaftsprüfer im Genossenschaftswesen behandelt.

Gemäß § 25 WPO sind diejenigen Wirtschaftsprüfer zur Prüfung von Genossenschaften zugelassen, die auf Grund der Verordnung vom 7. Juli 1936, der Wirtschaftsprüferordnung des Landes Rheinland-Pfalz vom 21. März 1950 sowie des Gesetzes vom 17. Juli 1952 als Wirtschaftsprüfer öffentlich bestellt oder zur Prüfung von Genossenschaften besonders ermächtigt wurden. Wichtig ist die Bestimmung in Ziff. 5, daß nach der WPO 1961 als Wirtschaftsprüfer zur Prüfung von Genossenschaften zugelassen ist, wer nach diesem Gesetz als Wirtschaftsprüfer bestellt oder zur Prüfung von Genossenschaften besonders ermächtigt worden ist. Damit wird nicht mehr ein besonderer Nachweis einer genossenschaftlichen Prüfungstätigkeit für die nach der WPO 1961 bestellten Wirtschaftsprüfer gefordert. Das schließt jedoch nicht aus, daß bei der

---

[40] Gemäß § 26 WGG gilt dieses auch für Unternehmen anderer Rechtsform, sofern sie als gemeinnützige Wohnungsunternehmen anerkannt sind.

[41] Zitiert nach Riebandt-Korfmacher, S. 434.

[42] Riebandt-Korfmacher, S. 435 (Hervorhebung erfolgte durch uns, Jk.).

Zulassung zum WP-Examen Bewerber den Antrag stellen können, besonders auf dem Gebiet des genossenschaftlichen Prüfungswesens geprüft zu werden.

Hier wird deutlich, daß die mit der Genossenschaftsnovelle 1934 eingeleitete Entwicklung des speziellen ‚genossenschaftlichen‘ Wirtschaftsprüfers mit der des ‚allgemeinen‘ Wirtschaftsprüfers vereinigt wurde, d. h., daß das divergierende Berufsrecht vereinheitlich worden ist. Den letzten Schritt hat § 139, Ziff. 12, WPO 1961 vollzogen, indem das Gesetz über Wirtschaftsprüfer im Genossenschaftswesen vom 17. Juli 1952 aufgehoben wurde. Damit war die für das genossenschaftliche Prüfungswesen eingeleitete Sonderstellung der Wirtschaftsprüfer versandet. Es liegt die Vermutung nahe, daß die ‚allgemeinen‘ Wirtschaftsprüfer sich gegen diese Spezialisierungstendenz wandten, da möglicherweise die Gefahr bestand, daß weite Spezial-Wirtschaftsprüfer denkbar gewesen wären. Angesichts der eingangs zitierten Fehlleistungen sowie angesichts des Tatbestandes, daß zum Beispiel bei den Ärzten Fachärzte die Regel sind, erhebt sich die Frage, ob man auch in Zukunft den All-Round-Wirtschaftsprüfer beibehalten kann.

Faktisch gibt es nicht mehr den Wirtschaftsprüfer im Genossenschaftswesen.

5. Die Fortentwicklung der gesetzlichen Anforderungen an das genossenschaftliche Prüfungswesen

Im Zusammenhang mit der Skizzierung der Entwicklung und der Kodifizierung des Wirtschaftsprüferberufes bzw. des Wirtschaftsprüfers im Genossenschaftswesen haben wir gesehen, daß die Gesetzgebung im Zweiten Weltkrieg zum Teil stagnierte und nach 1945 auseinanderlief. Nicht nur hinsichtlich der einheitlichen gesetzlichen Grundlagen für die Wirtschaftsprüfer und die vereidigten Buchprüfer, sondern auch hinsichtlich einer Reform des Genossenschaftsgesetzes (und damit auch des genossenschaftlichen Prüfungswesens) gab es umfangreiche und langwierige Beratungen nicht nur in Fachkreisen, sondern auch im Parlament. Eine Fortentwicklung der gesetzlichen Anforderungen an das genossenschaftliche Prüfungswesen brachten die Genossenschaftsnovelle vom 9. Oktober 1973 (in Kraft ab 1. Januar 1974) und schließlich das Bilanzrichtlinien-Gesetz.

a) Die Präzisierung durch die Genossenschaftsnovelle 1974

Der Deutsche Bundestag ersuchte am 19. Juni 1954 die Bundesregierung, das geltende Genossenschaftsrecht zu überprüfen und dem Bundestag einen Gesetzentwurf bis zum 30. Juni 1956 vorzulegen. Diesem Ersuchen hat sich der Bundesrat durch seine Entschließung vom 2. Juli 1955 angeschlossen. Daraufhin hat der Bundesminister der Justiz Sachverständige berufen, die sich mit der Problematik der Reform des Genossenschaftsgesetzes befaßten; die Ergebnisse sind in drei Bänden zusammengefaßt worden.[43] Zu der geplanten ‚großen' Genossenschaftsreform ist es aber nicht gekommen.

Nach Auswertung dieser Beratungsergebnisse erstellte der Bundesminister der Justiz einen *Referenten-Entwurf eines Genossenschaftsgesetzes*, der am 28. Februar 1962 vorgelegt wurde. Dieser Referenten-Entwurf sah nicht nur eine umfassende Neu-Kodifikation des Genossenschaftsrechts vor, sondern enthielt auch einschneidende Änderungen gegenüber dem geltenden Recht. Die genossenschaftlichen Spitzenverbände lehnten diesen Entwurf mit einer eingehenden Begründung am 29. März 1963 ab; denn sie befürchteten eine empfindliche Störung und Schwächung der organisch gewachsenen und bewährten Genossenschaftsorganisation.

Die wirtschaftliche Entwicklung brachte nicht nur neue Probleme, sondern auch neue Erkenntnisse:

Den Anstoß zu den Reformüberlegungen im Jahre 1954 gaben Wettbewerbsfragen — insbesondere im Handel —, die inzwischen aber an Gewicht verloren hatten. Dagegen machten sich organisationsrechtliche Bindungen und Beschränkungen bemerkbar, die eine Anpassung an die wirtschaftliche Entwicklung erschwerten, d. h., daß ein Spannungsverhältnis zwischen dem Förderungsauftrag der Genossenschaften als Personenvereinigung einerseits und der unternehmerischen Tätigkeit andererseits vorlag. Die im Freien Ausschuß[44] zusammengeschlossenen genossenschaftlichen Spitzenverbände entwickelten Vorschläge, die darauf abzielten, die Genossenschaften an die Erfordernisse moderner Wirtschafts- und Unternehmensführung anzupassen. Unter Verzicht auf eine ‚große' Reform wurde das Genossenschaftsgesetz durch das ‚Gesetz zur Änderung des Gesetzes betreffend die Erwerbs- und Wirtschaftsgenossenschaften' vom 9. Oktober 1973 (BGBl. I, S. 1451) novelliert, das am 1. Januar 1974 in Kraft trat (daher von uns *‚Genossenschaftsnovelle 1974'* genannt).

In diesem Zusammenhang sollen uns nur die die Prüfung betreffenden Gesetzesänderungen interessieren:

Der durch die Genossenschaftsnovelle 1934 geänderte § 53 GenG blieb substanziell unverändert; lediglich die Bilanzsumme, ab der jährlich zu prüfen

[43] Bundesminister der Justiz (Herausgeber): Zur Reform des Genossenschaftssektors — Referate und Materialien, Bonn: Bd. I 1956; Bd. II 1958; Bd. III 1959 (im dritten Band werden die Prüfungsverbände behandelt).

[44] Der ‚Freie Ausschuß der Genossenschaftsverbände' ist eine genossenschaftliche Gesamtorganisation, dem der Deutsche Genossenschafts- und Raiffeisenverband e. V. in Bonn (DGRV), der Revisionsverband Deutscher Konsumgenossenschaften e. V. in Hamburg und der Gesamtverband gemeinnütziger Wohnungsunternehmen e. V. in Köln angehören. Der Freie Ausschuß arbeitet ohne Satzung und Geschäftsordnung und ist keine juristische Person. Seine Aufgabe besteht in der Wahrnehmung der genossenschaftlichen Gesamtinteressen gegenüber der Öffentlichkeit und dem Gesetzgeber.

Siehe Reinhard Schultz/Jürgen Zerche: Genossenschaftslehre, Sammlung Göschen 2007, 2. Aufl., Berlin—New York 1983, S. 75f.

ist, wurde von 350000 auf eine Million DM erhöht (inzwischen ist durch das Bilanzrichtlinien-Gesetz eine Erhöhung auf zwei Mill. DM erfolgt). Im Abs. 2 wurde nicht einmal die Bezeichnung der ‚Reichsminister der Justiz' geändert.

In § 56 GenG wurde Abs. 2, Satz 1 geändert:

(1) § 56 Abs. 2, Satz 1 a.F. 1934:

(2) „Ist ein Vorstandsmitglied oder ein Liquidator der Genossenschaft zugleich Vorstandsmitglied des zuständigen Verbandes oder besteht die Genossenschaft ganz oder überwiegend aus eingetragenen Genossenschaften, so darf die Genossenschaft nicht durch einen vom Verband angestellten Prüfer geprüft werden."

(2) § 56 Abs. 2, Satz 1 n.F. 1974:

(2) „Das Prüfungsrecht des Verbandes ruht, wenn ein Mitglied seines Vorstandes oder ein besonderer Vertreter des Verbandes (§ 30 des Bürgerlichen Gesetzbuchs) Mitglied des Vorstands oder des Aufsichtsrats, Liquidator oder Angestellter der zu prüfenden Genossenschaft ist oder in der Zeit, auf die sich die Prüfung erstreckt, oder in den vorangegangenen beiden Geschäftsjahren gewesen ist."

Gemäß Verordnung vom 4. Dezember 1934 (RGBl. I, S. 1227) ist der folgende § 56 Abs. 2 Satz 2 *nicht* in Kraft getreten.

„Der Verband hat in diesem Fall die Genossenschaft nach der Entscheidung des Spitzenverbandes durch einen öffentlich bestellten genossenschaftlichen Wirtschaftsprüfer oder durch eine Prüfungsgesellschaft prüfen zu lassen, von deren Inhabern, Vorstandsmitgliedern oder Geschäftsführern mindestens einer als genossenschaftlicher Wirtschaftsprüfer öffentlich bestellt ist."

Durch die Neufassung dieser Bestimmung ist grundsätzlich keine neue materielle Regelung, sondern lediglich eine Präzisierung eingetreten, um die Interessenkollision zwischen dem Verband und der zu prüfenden Genossenschaft zu vermeiden.

§ 62 Abs. 2 GenG — Ersatzpflicht für fahrlässige Handlungen des Verbandes und seiner Prüfer — ist von 25000 Reichsmark auf zweihunderttausend DM erhöht worden, an die Stelle ‚grober Fahrlässigkeit' ist nunmehr die Fahrlässigkeit getreten.

Die knappe Formulierung des § 63 GenG 1934 („Das Prüfungsrecht wird dem Verband durch die Reichsregierung verliehen") lautet auf Grund der Genossenschaftsreform 1974 wie folgt:

§ 63 GenG n.F. 1974:

„Das Prüfungsrecht wird dem Verband durch die zuständige oberste Landesbehörde verliehen, in deren Gebiet der Verband seinen Sitz hat. Erstreckt sich der Bezirk des Verbandes über das Gebiet eines Landes hinaus, so erfolgt die Beliehung im Benehmen mit den beteiligten Ländern."

In *§ 63a Abs. 3 GenG* ist die Verleihung des Prüfungsrechts von der Erfüllung von Auflagen — insbesondere die Versicherung gegen Schadenersatzansprüche — gegenüber 1934 präzisiert worden. Es handelt sich nicht um eine wesentliche Vorschrift.

Dagegen ist die Neufassung des *Absatz 5 des § 63b GenG* für das genossenschaftliche Prüfungswesen von erheblicher Bedeutung:

Wir haben bereits darauf hingewiesen, daß durch die Genossenschaftsreform 1934 bestimmt wurde, daß zur Unterstützung des Verbandsvorstandes und bei der Ausübung der Prüfungstätigkeit mindestens ein genossenschaftlicher Wirtschaftsprüfer angestellt werden mußte. Auf Grund der Verordnung vom 4. Dezember 1934 (RGBl. I, S. 1227) traten aber §§ 55 Abs. 2 GenG und § 56 Abs. 2 Satz 2 GenG 1934 nicht in Kraft; in beiden Fällen wird der genossenschaftliche Wirtschaftsprüfer genannt. M. a. W.: Der Gesetzgeber von 1934 hat eine qualitative Anhebung der genossenschaftlichen Verbandsprüfung anvisiert, diese aber aus praktischen Gründen nicht realisiert. Dennoch bleibt dieser ‚qualitative Sprung' bemerkenswert.

Diesen Schritt hat der Gesetzgeber 1974 — allerdings versehen mit einer Ausnahmeregelung — vollzogen, denn § 63b Abs. 5 GenG 1974 lautet nunmehr wie folgt:

§ 63b Abs. 5 GenG 1974:

„(5) Dem Vorstand des Prüfungsverbandes *soll* mindestens ein Wirtschaftsprüfer angehören. Gehört dem Vorstand kein Wirtschaftsprüfer an, so *muß* der Prüfungsverband einen Wirtschaftsprüfer als seinen besonderen Vertreter (§ 30 Bürgerlichen Gesetzbuchs) bestellen. Die für die Verleihung des Prüfungsrechts zuständige Behörde kann den Prüfungsverband bei Vorliegen besonderer Umstände von der Einhaltung der Sätze 1 und 2 befreien, jedoch höchstens für die Dauer eines Jahres. In Ausnahmefällen darf sie auch eine Befreiung auf längere Dauer gewähren, wenn und solange nach Art und Umfang des Geschäftsbetriebes der Mitglieder des Prüfungsverbandes eine Prüfung durch Wirtschaftsprüfer nicht erforderlich ist."

Ein Vergleich der Fassung 1934 mit der von 1974 zeigt, daß man ursprünglich eine *Muß*-Bestimmung erließ,[45] diese aber nicht in Kraft setzte; 1974 eine *Soll*-Vorschrift für den Verbandsvorstand vorsah, dagegen eine Muß-Vorschrift für den besonderen Vertreter gemäß § 30 BGB aufnahm, allerdings mit der Maßgabe, daß Ausnahmeregelungen zugelassen werden können. Entscheidend bleibt, daß sich der Gesetzgeber seit Anfang der 30er Jahre um eine *Verbesserung der Qualifikation der genossenschaftlichen Verbandsprüfung* bemüht hat. Die ‚forsche Gangart' des Dritten Reiches wurde in der parlamentarischen Demokratie flexibler gestaltet, ohne das Ziel aus den Augen zu verlieren. Es kann die Vermutung geäußert werden, daß die Vorstellungen der Prüfungsverbände den Gesetzgeber zu einer weicheren und langsameren Gangart veranlaßten. Dennoch blieb und bleibt das Bestreben des Gesetzesgebers, über eine Anwendung der Qualifikation der Prüfer die Qualität der genossenschaftlichen Verbandsprüfung zu verbessern.

---

[45] Hier könnte man vermuten, daß es sich um eine typische Bestimmung des Dritten Reiches handelte, die — unabhängig von den Gegebenheiten — eine Muß-Bestimmung in die Genossenschaftsnovelle aufnahm.

Auch die weiten Neuregelungen des Jahres 1974 brachten keine substantiellen Änderungen, wohl aber Präzisierungen:

In *§ 64 GenG 1974* wurde das Prüfungsrecht der für den Verband zuständigen obersten Landesbehörde konkretisiert und diese ermächtigt, Auflagen zu machen. Auch die Entziehung des Prüfungsrechts (§ 64a GenG) wurde durch die Genossenschaftsnovelle 1974 präzisiert und an die föderale Struktur der Bundesrepublik Deutschland angepaßt.

Zusammenfassend können wir feststellen, daß die Genossenschaftsnovelle 1974 die Gesetzgebung des Jahres 1934 im Prinzip bestätigte (auch dieses ist ein Indiz dafür, daß es sich nicht um NS-Recht handelte), diese präzisierte, an die föderale Struktur der Bundesrepublik Deutschland anpaßte und den eingeschlagenen Weg hinsichtlich der Qualifikation der Verbands-(Wirtschafts-)prüfer in flexibler Form fortsetzte. Den vorerst letzten Schritt hat das Bilanzrichtlinien-Gesetz gemacht.

b) Die Weiterentwicklung der Verbandsprüfung durch das Bilanzrichtlinien-Gesetz

Die jüngste Entwicklung des Bilanz- und Prüfungsrechts ging nicht von nationalen (deutschen) Überlegungen aus, sondern wurde durch die Rechtsangleichung in der Europäischen Gemeinschaft entscheidend beeinflußt:[46]

Auf Grund der Vierten EG-Richtlinie vom 25. Juli 1978 wurde eine Änderung der geltenden Rechnungslegungsvorschriften für die AG, KGaA und GmbH zwingend notwendig. Die Europäische Gemeinschaft auferlegte den Mitgliedstaaten die Verpflichtung, ihr nationales Recht bis zum 1. August 1980 an die ‚Bilanzrichtlinie' anzupassen. Diese Frist wurde überzogen, denn es wurde auch die Siebte EG-Richtlinie über die Konzernrechnungslegung vom 13. Juni 1983 sowie Achte EG-Richtlinie über die Abschlußprüfungsqualifikation vom 10. April 1984 berücksichtigt und in das deutsche Recht durch das *Bilanzrichtlinien-Gesetz vom 19. Dezember 1985* (BGBl. I, S. 2355) umgesetzt, das am 1. Januar 1986 in Kraft getreten ist.

Das Bilanzrichtlinien-Gesetz ist ein sogenanntes ‚Artikel-Gesetz', d.h., in 10 Artikeln werden einzelne Gesetze geändert: In Artikel 4 das Genossenschaftsgesetz und in Artikel 10 unter anderem das Wohnungsgemeinnützigkeitsgesetz. Außerdem ist das Einführungsgesetz zum HGB (EinfG z. HGB) zu beachten[47]. In diesem Zusammenhang sollen nur die Änderungen berücksichtigt werden, die das Prüfungswesen gemäß Genossenschafts- und Wohnungsgemeinnützigkeitsgesetz berühren:

---

[46] Siehe hierzu Werner Kresse/Lieselotte Kotsch-Fasshauer/Norbert Leuz: Neues Bilanzieren, Prüfen und Buchen nach dem Bilanzrichtlinien-Gesetz, Stuttgart—Bad Wörishofen 1986, S. 21ff.

[47] Institut der Wirtschaftsprüfer (Herausgeber): Wirtschaftsgesetze nach Änderung durch das Bilanzrichtlinien-Gesetz, Düsseldorf 1986.

Die folgende Zusammenstellung gibt einen Überblick über die durch das Bilanzrichtlinien-Gesetz eingetretenen Änderungen im Genossenschaftsgesetz.[48]

Überblickt man die Änderungen, die das Bilanzrichtlinien-Gesetz hinsichtlich der Prüfung und der Prüfungsverbände (§ 53 bis 64c GenG) gebracht hat, so stellt man fest, daß die 1934 durch die Genossenschaftsnovelle eingeführte Struktur des Gesetzestextes nicht verändert wurde. Die 1974 durchgeführte Novellierung wurde ergänzt (zum Beispiel Erhöhung der Bilanzsumme von eine auf zwei Mill. DM) oder an die neue Rechtslage auf Grund des Bilanzrichtlinien-Gesetzes angepaßt (die überholte Verweisung auf den Reichswirtschaftsminister wurde gestrichen). In § 56 GenG ist das Ruhen des Prüfungsrechts gegenüber 1974 erweitert und präzisiert worden; in § 58 (Prüfungsbericht) wird eine Anpassung an das auf Grund des Bilanzrichtlinien-Gesetzes geänderte HGB vorgenommen; im § 63b GenG (Rechtsform des Verbandes; Mitgliedschaft) sind in Abs. 2 die früher genannten Reichsministerien durch „die für die Verleihung des Prüfungsrechts zuständige oberste Landesbehörde" ersetzt worden. Auch hier handelt es sich um redaktionelle, nicht um materielle Änderungen.

Bemerkenswert ist, daß Abs. 5 in § 63b GenG — die Erfordernis, daß ein Wirtschaftsprüfer dem Verbandsvorstand angehören soll oder aber besonderer Vertreter gemäß § 30 BGB sein muß — durch das Bilanzrichtlinien-Gesetz nicht geändert (verschärft) wurde, zumal die Novelle von 1974 Ausnahmeregelungen zuließ, d. h., daß nicht eine Rückkehr zur ‚scharfen' Formulierung der Novelle 1934 erfolgte. Dennoch ist aber die 1934 in die Genossenschaftsnovelle aufgenommene Forderung nach einem *Wirtschaftsprüfer im Verbandsvorstand* (gesetzlicher Vertreter gemäß § 26 BGB) durch das Bilanzrichtlinien-Gesetz für die gemeinnützigkeitsrechtlichen und zum Teil für die genossenschaftlichen Prüfungsverbände eingeführt worden:

Gemäß § 316 Abs. 1 HGB (neu) muß der Jahresabschluß und der Lagebericht von Kapitalgesellschaften (nicht Genossenschaften), die nicht kleine im Sinne des § 267 Abs. 1 sind, durch einen Abschlußprüfer geprüft werden. *‚Abschlußprüfer'* können gemäß § 319 Abs. 1 HGB (neu) nur Wirtschaftsprüfer und Wirtschaftsprüfungsgesellschaften (bei mittelgroßen Gesellschaften mit beschränkter Haftung auch vereidigte Buchprüfer oder Buchprüfungsgesellschaften) sein. Diese Vorschriften sind gemäß Artikel 25 EinfG z. HGB *nicht* anzuwenden:

(1) Auf gemeinnützige Wohnungsunternehmen (in der Rechtsform der Kapitalgesellschaft), wenn nach dem 31. Dezember 1989 mehr als die Hälfte des Vorstandes des Prüfungsverbandes (§ 23 WGG) Wirtschaftsprüfer sind. Hat der Prüfungsverband nur zwei Vorstandsmitglieder, so muß einer von ihnen Wirtschaftsprüfer sein.

[48] Kresse / Kotsch-Fasshauer / Leuz, S. 220.

Zusammenstellung
der wichtigsten Änderungen im Genossenschaftsgesetz

Teil	§§	Inhalt	Wichtigste Änderungen durch das Bilanzrichtlinien-Gesetz
Erster Abschnitt	1 - 16	Errichtung der Genossenschaft	1. Weitere Mußvorschriften für das Statut (§ 7) 2. Änderung des Statuts (§ 16)
Zweiter Abschnitt	17 - 23	Rechtsverhältnisse der Genossenschaft und der Genossen	Terminologische Änderungen
Dritter Abschnitt	24 - 52	Vertretung und Geschäftsführung	1. Neufassung der Vorschrift zu Buchführung und Jahresabschluß (§ 33) 2. Wegfall der §§ 33 a bis 33 i 3. Stimmrecht der Genossen (§ 43) 4. Zuständigkeit der Generalversammlung (§ 48)
Vierter Abschnitt	53 - 64 c	Prüfung und Prüfungsverbände	1. Zweijährliche und jährliche Pflichtprüfung (§ 53) 2. Teilweise Aufhebungen bei §§ über Pflichtmitgliedschaft (§ 54) und Verbandswechsel (§ 54 a) 3. Prüfung durch den Verband (§ 55) 4. Ruhen des Prüfungsrechts des Verbandes (§ 56) 5. Prüfungsbericht (§ 58)
Fünfter Abschnitt	65 - 77 a	Ausscheiden einzelner Genossen	Auseinandersetzung mit dem ausgeschiedenen Mitglied (§ 73)
Sechster Abschnitt	78 - 97	Auflösung und Nichtigkeit der Genossenschaft	Terminologische Änderungen
Siebenter Abschnitt	98 - 117	Konkursverfahren und Haftpflicht der Genossen	Terminologische Änderungen
Achter Abschnitt	119 - 121	Haftsumme	keine
Neunter Abschnitt	147 - 152	Straf- und Bußgeldvorschriften	Terminologische Änderungen
Zehnter Abschnitt	156 - 161	Schlußbestimmungen	Zwangsgeld (§ 160)

(2) Ist ein gemeinnütziges Wohnungsunternehmen oder ein Organ der staatlichen Wohnungspolitik als AG, KGaA oder GmbH zur Aufstellung eines Konzernabschlusses und eines Konzernlageberichtes verpflichtet, so ist der Prüfungsverband, dem das Unternehmen angehört, auch Abschlußprüfer. Ab 1. Januar 1990 jedoch nur dann, wenn mehr als die Hälfte des Verbandsvorstandes Wirtschaftsprüfer sind (bei zwei Vorstandsmitgliedern muß einer WP sein).

(3) Die Prüfung des Jahresabschlusses von AG und GmbH, bei denen die Mehrheit der Anteile und die Mehrheit der Stimmrechte Genossenschaften, gemeinnützigen Wohnungsunternehmen oder zur Prüfung von Genossenschaften zugelassenen Prüfungsverbänden zusteht, kann durch den Prüfungsverband durchgeführt werden, dem dieses Unternehmen als Mitglied angehört, sofern wenigstens die Hälfte und ab 1. Januar 1990 mehr als die Hälfte der Mitglieder des Vorstandes dieses Prüfungsverbandes Wirtschaftsprüfer sind. Hat der Prüfungsverband nur zwei Vorstandsmitglieder, so muß einer von ihnen Wirtschaftsprüfer sein.

(4) Schließlich schreibt Artikel 25 Abs. 44 EinfG z. HGB vor, daß in dem unter Ziff. 3 genannten Fall der gesetzlich vorgeschriebene Bestätigungsvermerk nur von Wirtschaftsprüfern unterzeichnet werden darf, daß die im Prüfungsverband tätigen WP ihre Aufgaben unabhängig, gewissenschaft, verschwiegen und eigenverantwortlich auszuüben haben. Weisungen dürfen ihnen hinsichtlich ihrer Prüfungstätigkeit von Personen, die nicht Wirtschaftsprüfer sind, nicht erteilt werden.

Diese komplizierten Vorschriften machen deutlich, daß insbesondere bei den gemeinnützigkeitsrechtlichen Prüfungsverbänden — denen auch die Kapitalgesellschaften angehören — dem Vorstand mindestens ein Wirtschaftsprüfer angehören muß; die Übergangszeit läuft am 31. Dezember 1989 aus. Bei den übrigen genossenschaftlichen Prüfungsverbänden kann man davon ausgehen, daß diese Jahresabschlüsse von Aktiengesellschaften oder Gesellschaften mit beschränkter Haftung prüfen, bei denen die Mehrheit der Anteile und die Mehrheit der Stimmrechte Genossenschaften, gemeinnützigen Wohnungsunternehmen oder zur Prüfung von Genossenschaften zugelassenen Prüfungsverbänden zusteht. Diese Gesellschaften dürfen nur dann von einem Prüfungsverband geprüft werden, wenn wenigstens die Hälfte ab 1. Januar 1990 oder mehr als die Hälfte der Mitglieder des Vorstandes dieses Prüfungsverbandes Wirtschaftsprüfer ist (Artikel 25 Abs. 3 EinfG z. HGB).[49]

---

[49] Mitte Oktober 1987 hat das Bundeskabinett Beschlüsse zur Steuerreform und dem damit verbundenen Subventionsabbau gefaßt. Auf Grund dieser Beschlüsse soll das Wohnungsgeminnützigskeitsgesetz am 1. Januar 1990 aufgehoben werden. Wenn diese Beschlüsse Gesetzeskraft erlangen sollten, dann würden aus den wohnungswirtschaftlichen Prüfungsverbänden die (bisher gemeinnützigen) Wohnungsunternehmen ausscheiden können, die nicht die Rechtsform der Genossenschaft haben, d.h., es würden voraussichtlich nur noch die Wohnungsbaugenossenschaften in diesen Verbänden verblei-

Damit ist nach nahezu 60 Jahren faktisch das zur Pflicht geworden, was die Genossenschaftsnovelle vom 30. Oktober 1934 gefordert hat. Eine jahrzehntelange Forderung bzw. Entwicklung ist somit abgeschlossen und zugleich eine hohe Qualifikation der Verbandsprüfung gewährleistet. Zugleich würde damit gefordert, daß personell und funktionell die genossenschaftlichen Prüfungsverbände in zwei Bereiche (Abteilungen) aufgeteilt werden:

(1) *Interessenverband:* Dieser wird vom Verbandsdirektor wahrgenommen, der nicht Wirtschaftsprüfer sein muß, aber sein kann.

(2) *Prüfungsverband:* Dieser wird vom Prüfungsdirektor wahrgenommen, der Wirtschaftsprüfer sein muß.

Beide Vorstandsmitglieder sind gesetzliche Vertreter im Sinne von § 26 BGB. Eine Vermischung der Interessenvertretung mit der Prüfungsfunktion ist damit weitestgehend ausgeschlossen.

c) Die Kritik der Wirtschaftsprüferkammer

Die Umsetzung der Vierten, Siebten sowie Achten EG-Richtlinie in deutsches Recht hat die dargestellte Regelung für die genossenschaftlichen und gemeinnützigkeitsrechtlichen Prüfungsverbände gebracht. Bereits im Beratungsstadium hat die WPK (Wirtschaftsprüferkammer)[50] Bedenken gegen diese Regelungen vorgetragen:

Am 10. Februar 1982 hat das Bundeskabinett den Entwurf des Bilanzrichtlinien-Gesetzes verabschiedet. Zu Artikel 25 EinfG z. HGB hat die WPK kritisch angemerkt[51], daß keine Veranlassung bestehe, den Prüfungsverbänden ein Prüfungsrecht für Gesellschaftsformen außerhalb des Genossenschaftsgesetzes einzuräumen; denn: „Der vom Genossenschaftsgesetz gewollte Charakter der Eigenprüfung durch genossenschaftliche Prüfungsverbände spricht gegen die Erweiterung der Prüfungsbefugnis.“[52] Wenn aber dieses zugestanden würde, dann wäre es ein Gebot der Billigkeit zuzulassen, daß die Wirtschaftsprüfer und Wirtschaftsprüfungsgesellschaften auch Genossenschaften prüfen. Diese Forderung wurde zweifach begründet: Einmal sind die heutigen Genossenschaften hinsichtlich ihrer Größe und wirtschaftlichen Bedeutung dem ursprünglichen

ben. Dieser Reformvorschlag ist umstritten und es läßt sich im gegenwärtigen Augenblick (Mitte April 1988) nicht sagen, ob das WGG tatsächlich aufgehoben werden wird.

[50] Gemäß § 58 WPO haben sämtliche Wirtschaftsprüfer, Mitglieder des Vorstandes, Geschäftsführer oder persönlich haftende Gesellschafter von Wirtschaftsprüfungsgesellschaften, die nicht Wirtschaftsprüfer sind, sowie die anerkannten Wirtschaftsprüfungsgesellschaften der WPK anzugehören. Der WPK obliegt es, für die Berufsausübung ihrer Mitglieder Richtlinien zu erlassen, sie führt die Aufsicht über die berufliche Tätigkeit ihrer Mitglieder (§ 57 WPO).

[51] Siehe: Mitteilungsblatt der Wirtschaftsprüferkammer Nr. 98 vom 17. Februar 1982, S. 13f.

[52] Ebenda, S. 13.

genossenschaftlichen Gedanken entwachsen, zum anderen sind die (allgemeinen) Wirtschaftsprüfer seit 1961 zur Prüfung von Genossenschaften zugelassen. Auch hinsichtlich der Prüfung von gemeinnützigen Wohnungsunternehmen machte die WPK Änderungsvorschläge; sie forderte den Artikel 25 ersatzlos zu streichen. Hilfsweise beantragte die WPK, daß im wohnungswirtschaftlichen Prüfungsverband schon während der Übergangszeit wenigstens ein Wirtschaftsprüfer Vorstand im Sinne von § 26 BGB sein muß, der Bestätigungsvermerk während der Übergangszeit von wenigstens einem Wirtschaftsprüfer zu unterzeichnen ist und schließlich, daß die großen Genossenschaften (mit einer Bilanzsumme von über 11,4 Mill. DM) auch von Wirtschaftsprüfern geprüft werden können. Entprechendes sollte auch für gemeinnützige Wohnungsunternehmen gelten.

Im Bericht des Vorstandes der WPK anläßlich der Wirtschaftsprüferversammlung am 28. Mai 1984[53] wurde erneut darauf hingewiesen, daß „der Vorstand der Wirtschaftsprüferkammer einer solchen Ausweitung der gesetzlichen Prüfungsbefugnis der genossenschaftlichen und wohnungswirtschaftlichen Prüfungsverbände auf Gesellschaften des Handelsrechts energisch widersprochen (hat)“.[54] Es wurde gefordert, Artikel 25 Abs. 2 des Entwurfs ersatzlos zu streichen; denn: „Wirtschaftsprüfer (sind) gemäß § 25 Nr. 5 WPO seit 1961 uneingeschränkt auch zur Prüfung von Genossenschaften zugelassen (und) die Öffnung des Genossenschaftsgesetzes für die unmittelbare Prüfung auch durch Wirtschaftsprüfer und Wirtschaftsprüfungsgesellschaften dem Wirtschaftsprüferberuf keine originäre Erweiterung der Befugnisse, sondern lediglich die logische Anpassung an bereits geltendes Recht brächte.“[55]

Im Rahmen der Verabschiedung des Bilanzrichtlinien-Gesetzes hat sich die WPK im Frühjahr 1985 erneut mit der Pflichtprüfung gemeinnütziger Wohnungsunternehmen auch durch Wirtschaftsprüfer und Wirtschaftsprüfungsgesellschaften befaßt.[56] Mit Schreiben vom 11. März 1985 wandte sich der Präsident der WPK an die Mitglieder des Rechtsausschusses (federführend) sowie des Wirtschafts- und Finanzausschusses (mitberatend) des Deutschen Bundestages.[57] In der den Abgeordneten überreichten Stellungnahme wurde gefordert, Artikel 25 Abs. 2 EG HGB zu ändern:[58] „Es wird gebeten, § 55 GenG

---

[53] Siehe: Anlage zum WPK-Mitteilungsblatt Nr. 111 vom 22. Juni 1984, S. 9f.

[54] Ebenda, S. 10.

[55] Ebenda, S. 10.

[56] Wirtschaftsprüferkammer: Keine Ausweitung der Prüfungsbefugnis
— der genossenschaftlichen Prüfungsverbände
— der wohnungswirtschaftlichen Prüfungsverbände und
— der Sparkassen- und Giroverbände.
Eine Stellungnahme des WP-Berufes zum Entwurf eines Artikels 25 EG HGB (Artikel 11 Nr. 2 des Entwurfs eines Bilanzrichtlinien-Gesetzes — BT-Drucksache 10/317) — sowie Anträge auf Ergänzung des Genossenschaftsgesetzes und des Wohnungsgemeinnützigkeitsgesetzes, Düsseldorf, im Februar 1985.

[57] Mitteilungsblatt der Wirtschaftsprüferkammer, Nr. 122 vom 9. Oktober 1986, S. 6f.

und § 26 WGG derart zu ergänzen, daß Genossenschaften bzw. gemeinnützige Wohnungsunternehmen auch von Wirtschaftsprüfern und Wirtschaftsprüfungsgesellschaften geprüft werden können."

Der Freie Ausschuß der deutschen Genossenschaftsverbände (dem der Deutsche Genossenschafts- und Raiffeisenverband, der Gesamtverband gemeinnütziger Wohnungsunternehmen sowie der Revisionsverband deutscher Konsumgenossenschaften angehören) hat auf die Eingabe der WPK vom 11. März 1985 zum Entwurf eines Artikels 25 EG HGB Stellung genommen[59]:

Der Freie Auschuß stellt einleitend fest, daß die genossenschaftliche Prüfung nicht nur die älteste, sondern auch die umfassendste Prüfung ist, da sie auch die wirtschaftlichen Verhältnisse und die Ordnungsmäßigkeit der Geschäftsführung beinhaltet. Die Wirksamkeit dieser Prüfung wird noch durch die gesetzlich festgelegte ‚Prüfungsverfolgung' verstärkt. Dieser genossenschaftliche Prüfungsumfang gilt gemäß § 26 Abs. 4 WGG auch für die gemeinnützigen Kapitalgesellschaften. „Die Behauptung der Wirtschaftsprüferkammer, Artikel 25 EG HGB stehe im Widerspruch zu § 63b Abs. 3 GenG, ist unzutreffend. ... Im *Ergebnis* handelt es sich daher bei der vorgesehenen Regelung nicht um eine Ausweitung der Prüfungsbefugnis der Verbände, sondern sogar um eine Begrenzung der genossenschaftlichen Prüfungstätigkeit gegenüber dem geltenden Recht."[60] Sodann verweist der Freie Ausschuß darauf, daß die seit 1889 bestehende und 1934 den Prüfungsverbänden übertragene genossenschaftliche Pflichtprüfung — die auch in vollem Umfang für gemeinnützige Wohnungsunternehmen in anderer Rechtsform gilt — historisch gewachsen ist und das deutsche Genossenschaftswesen maßgeblich gefördert hat. Folglich: „Die von der Wirtschaftsprüferkammer beantragte unmittelbare Zulassung von Wirtschaftsprüfern und Wirtschaftsprüfungsgesellschaften zur Pflichtprüfung nach § 53 GenG und § 26 WGG würde das bewährte Prüfungswesen zerstören. ... Aus vorstehenden Gründen kann den Anträgen der Wirtschaftsprüferkammer nicht gefolgt werden."[61] Im übrigen stützt sich die WPK zu Unrecht auf § 25 Nr. 5 WPO, denn die den Wirtschaftsprüfern seit 1961 eingeräumte Zulassung zur Prüfung betrifft nur Ausnahmeregelungen, den Fall der Prüfungsbehinderung aus wichtigem Grund und den Kollisionsfall.

Der Gesetzgeber ist nicht den Anträgen der WPK gefolgt, sondern hat die weiter oben skizzierten Regelungen in Art. 25 EinfG z. HGB getroffen. Dennoch ist diese Kontroverse bemerkenswert, denn in den genossenschaftli-

---

[58] Wortlaut des Antrages. Ebenda, S. 7.

[59] Siehe: Freier Ausschuß der deutschen Genossenschaftsverbände: Keine Ausweitung, sondern Beibehaltung bewährter Prüfungskompetenzen der genossenschaftlichen und wohnungsgemeinnützigen Prüfungsverbände, eine Erwiderung auf die Eingabe der Wirtschaftsprüferkammer vom 11. März 1985 zum Entwurf eines Art. 25 EG HGB, Bonn—Köln—Hamburg, im Juli 1985.

[60] Ebenda, S. 2 bzw. S. 3.

[61] Ebenda, S. 3 bzw. S. 4 (Ohne Hervorhebungen im Original, Jk.).

chen und wohnungswirtschaftlichen Prüfungsverbänden sind — wenn auch nicht immer als Vorstandsmitglieder — gleichfalls Wirtschaftsprüfer tätig. Aus den Anträgen könnte man entnehmen, daß diese (angestellten) Verbands-Wirtschaftsprüfer nicht über eine ausreichende Qualifikation verfügen, um Genossenschaften bzw. gemeinnützige Wohnungsunternehmen in anderer Rechtsform zu prüfen. Wenn dieses Argument verneint werden sollte — was u. E. zutreffend ist, denn man kann nicht Wirtschaftsprüfer mit unterschiedlicher Qualifikation vermuten —, dann handelt es sich möglicherweise darum, daß die (freien) Wirtschaftsprüfer zusätzliche Mandanten suchen, um ihre Gebührenaufkommen zu steigern.

Unseres Erachtens bedarf diese Kontroverse einer weitergehenden Aufklärung.

6. Berufswechsel der Verbandsprüfer — Zeichen für den Autoritätsverlust?

Die von Jäger aufgestellte „Überlegenheitsthese" der Genossenschaftsmanager hat seines Erachtens auch Folgen für den Verbandsprüfer: „Symptomatisch ist der Wechsel mancher Verbandsprüfer auf den Vorstandssessel einer Genossenschaft, was nicht selten vorkommt und anzeigt, daß Zuwachs an Prestige, Einkommen und Unabhängigkeit zunehmend mehr beim hauptamtlichen Vorstand von Genossenschaften vermutet und gefunden wird. Der Prüfer kann sich ja selbst ein verläßliches Bild von Karrieremöglichkeiten in Genossenschaften im Zuge der Prüfung verschaffen. Und ungewollt vermindert er gerade dadurch die neutrale Distanz und die Autorität des Verbandes."[62]

Diese Aussagen von Jäger können nicht unwidersprochen bleiben:[63]

Wiederum ist festzustellen, daß es sich um eine globale Aussage handelt, die weder zeitlich noch räumlich abgegrenzt ist und die ferner den Eindruck erweckt, daß sie auf empirischem Material beruht. Da aber dieses offenbar nicht der Fall ist, könnte man von einer pseudo-empirischen Leerformel sprechen.

Es ist unbestritten, daß auch bei den Verbänden ein Personalwechsel stattfindet. Hierbei handelt es sich aber nicht um eine ‚Einbahnstraße' vom Verband zu den Mitgliedsunternehmen, sondern um eine ‚Zweibahnstraße'; denn es kommen auch Mitarbeiter von den Genossenschaften zum Verband. Solange in der Bundesrepublik Deutschland eine Voll- oder sogar Überbeschäftigung vorlag, war in allen Unternehmen — auch in den Verbänden — eine hohe Fluktuationsrate zu verzeichnen, seit Anfang der 80er Jahre ist diese erheblich zurückgegangen. Eine Erhebung für die letzte Dekade könnte unter Umständen

---

[62] Jäger, S. 26.

[63] Siehe den bereits zitierten Aufsatz vom Verfasser: Sinkt die Fachkompetenz der Verbandsprüfung, in: Gemeinnütziges Wohnungswesen, Heft 5 (1987), S. 211-220, insbesondere S. 216-218.

ergeben, daß sich der ,Wanderungssaldo' in etwa ausgeglichen hat, wobei es sehr wahrscheinlich ist, daß zwischen den einzelnen Verbänden nicht unerhebliche Unterschiede vorliegen.

Unterstellen wir mit Jäger, daß eine Vielzahl von Prüfern den Verband verlassen und zu den angeschlossenen Mitgliedsunternehmen gehen, und versuchen hierfür die Gründe aufzuzeigen:

(1) Zuerst einmal ist festzustellen, daß Assistenten und Prüfer der Verbände nicht nur zu den angeschlossenen Mitgliedsunternehmen, sondern auch zu anderen Wirtschaftsprüfungsgesellschaften, in die Industrie, den Handel usw. gehen. In begrenztem Umfange nehmen die Verbände Prüfer aus anderen Wirtschaftszweigen auf.

(2) Hochschulabgänger (Diplom-Kaufleute und Diplom-Volkswirte) haben seit Beginn der 80er Jahre Schwierigkeiten, eine Anfangsstelle zu finden. Da im Revisionswesen noch häufig Berufschancen für Anfänger vorhanden sind, nimmt man eine solche Stellung an, um nicht arbeitslos zu sein. Nach ein oder zwei Jahren Ausbildung hat man bessere Berufschancen und wechselt den Arbeitsplatz; vereinzelt entdeckt man Neigung zum Prüferberuf und verbleibt beim Verband (dieses gilt auch für Wirtschaftsprüfungsgesellschaften).

(3) Hochschulabgänger entscheiden sich nicht selten für einen Berufsweg, von dem sie nur unvollkommene Vorstellungen haben. Der ,Praxisschock' führt dazu, daß man bereits nach ein oder zwei Jahren den Arbeitsplatz wechselt. Dieses ist keine genossenschaftsspezifische Erscheinung, sondern gilt auch für Wirtschaftsprüfungsgesellschaften.

(4) Insbesondere junge Betriebswirte gehen bei ihrer Karriereplanung von zwei Ausbildungsbereichen aus: dem Revisions- bzw. Direktionsassistenten. Der Revisionsassistent lernt eine Reihe von Betrieben kennen, sammelt Erfahrungen bei der betriebswirtschaftlichen Erfassung und Durchdringung von Problemen bei Unternehmen mit sehr unterschiedlichen Strukturen; der Direktionsassistent hat als Nachwuchskraft die Chance, die Managementtechniken (zum Beispiel bei Entscheidungsprozessen) zu erlernen. In beiden Fällen handelt es sich um zeitlich begrenzte Ausbildungs- bzw. Durchgangsstationen, d.h., der Arbeitsplatzwechsel ist eingeplant.

(5) Andere Nachwuchskräfte haben sich für den wirtschaftsprüfenden Beruf als Lebensaufgabe entschieden, scheitern aber an der sehr schwierigen Prüfung zum Wirtschaftsprüfer. Aus Enttäuschung gibt man die wirtschaftsprüfende Tätigkeit auf; auch dieser Vorgang ist keineswegs genossenschaftsspezifisch.

(6) Auch wenn ein Verbandsprüfer nicht die Absicht hat, das WP-Examen abzulegen, lehrt die Erfahrung, daß etwa zwischen dem 35. und 40. oder 45. Lebensjahr eine „Prüfer-Krise" eintreten kann: Die ständige häusliche

Abwesenheit kann zu Ehe- und Familienproblemen führen, das gilt insbesondere für die heranwachsenden Kinder, die den Vater (Prüfer) nur am Wochenende erleben. Auch dieses ist ein Grund für den Berufswechsel (andererseits liegt auch die Erfahrung vor, daß nach dem 45. Lebensjahr kaum noch Bereitschaft besteht, in den Innendienst zu gehen).

(7) Unabhängig davon, ob ein Prüfer einen Berufswechsel anstrebt oder nicht, beobachten Unternehmensleiter bzw. Aufsichtsratsvorsitzende die Prüfer, um diese für das Unternehmen zu gewinnen. Insbesondere die Position des Leiters des Rechnungswesens, aber auch Vorstandspositionen werden mit ehemaligen Prüfern besetzt. dieses gilt aber nicht nur für Genossenschaften, sondern auch für Industrieunternehmen, die ehemalige Wirtschaftsprüfer anstellen.[64]

(8) Es gibt Prüfungsverbände — dieses gilt insbesondere für die Prüfungsorganisation der Sparkassenverbände —, die systematisch über den eigenen Bedarf hinaus Prüfer ausbilden, weil entweder eine gewisse Fluktuationsrate unterstellt wird (die in den letzten Jahren gesunken ist) oder weil der Verband qualifizierte Prüfer in die ihm angeschlossenen Unternehmen bewußt lanciert. Hierbei wird nicht nur die Qualität (im Rechnungswesen) der Unternehmen gesteigert, sondern es werden ‚verbandstreue' leitende Mitarbeiter in den angeschlossenen Unternehmen gewonnen. Dieser Arbeitsplatzwechsel ist eine bewußt angelegte Personalpolitik des Verbandes.

Dieser unvollständige Katalog macht deutlich, daß es zahlreiche Gründe gibt, aus dem Prüferberuf auszuscheiden und in eine (leitende) Position eines (Genossenschafts-)Unternehmens zu wechseln. Hierbei muß es sich nicht unbedingt um Unternehmen (Genossenschaften) handeln, die von einem Prüfer geprüft werden; denn der Wechsel kann sich auch auf Grund einer Stellenausschreibung ergeben. Entscheidend ist, daß (Wirtschafts-)Prüfer qualifizierte Fachleute sind, die sich insbesondere für die Leitung des Rechnungswesens (Controlling) eignen; der Eintritt in den Vorstand mit einer anderen Ressortverteilung — zum Beispiel Absatz und Marketing — bildet die Ausnahme. Die Motive für den Berufswechsel sind sehr mannigfaltig, sie reichen vom familiären Bereich bis zur Einkommensgestaltung. Jägers Aussage, daß hierfür der „Zuwachs an Prestige, Einkommen und Unabhängigkeit" maßgeblich seien, ist in dieser pauschalen Form nicht empirisch belegt. Zur Unabhängigkeit sei angemerkt, daß diese bei einem qualifizierten (Wirtschafts-)Prüfer größer sein dürfte als in einem Unternehmen, das mit wachsender Größe hierarchische Strukturen aufweist und in dem nicht selten interne Positionskämpfe ausgetra-

[64] Ein Beispiel ist Dr. Herbert Gienow, der als Jurist von 1951 bis 1959 bei der Deutschen Warentreuhand war und von 1959 bis 1962 dem Vorstand dieser Wirtschaftsprüfungsgesellschaft angehörte. Seit 1962 war er Vorstandsmitglied der Klöckner Werke AG in Duisburg und ist seit 1974 deren Vorstandsvorsitzender.

gen werden. Derartigen internen Unternehmenskämpfen ist ein Prüfer weit weniger ausgesetzt.

Bei der Beurteilung des Berufs- und Stellungswechsels von Prüfern sollten die folgenden Erfahrungssätze beachtet werden, die allerdings noch nicht durch empirische Untersuchungen abgestützt sind:

Nicht jeder gute Prüfer ist auch ein guter Unternehmensleiter und umgekehrt;[65] denn es liegt im Wesen der prüfenden Berufe, daß es sich um kritische und *nachvollziehende* Tätigkeiten handelt, während ein Unternehmensleiter vorwärtsschauend und dynamisch sein muß. Prüfer stolpern gelegentlich über ihre „eigenen Beine", machen formale Bedenken geltend und sind nicht immer in der Lage, Kontakte zu pflegen, Öffentlichkeitsarbeit zu betreiben usw. Während der Prüfer ein „Einzelkämpfer" ist, erwartet man von einem Unternehmensleiter Kontaktfreudigkeit, Machtbewußtsein und Durchsetzungsfähigkeit. Aus diesem Grunde rücken ehemalige Prüfer nur selten in den Vorstand auf; das klassische Betätigungsfeld ist das Rechnungswesen. Dieses gilt nicht nur für den Genossenschaftssektor, sondern auch für die gesamte Wirtschaft.

Innerhalb der genossenschaftlichen Prüfungsverbände und der ihnen angeschlossenen Unternehmen gilt im übrigen die stillschweigende Übereinkunft, daß die Unternehmen nicht dem Verband die Prüfer abwerben und — umgekehrt — die Verbände den Unternehmen nicht qualifizierte Mitarbeiter durch höhere finanzielle Leistungen entziehen. Wenn dennoch Bewerbungen vorliegen, dann wird auf vertraulicher Ebene geklärt, ob das Unternehmen bzw. der Verband diesen näher tritt. Von Ausnahmen abgesehen werden solche Bewerbungen nur dann akzeptiert, wenn die betreffende Person die Absicht hat, die bisherige Stellung auf jeden Fall aufzugeben.

Es sei ausdrücklich darauf hingewiesen, daß es sich um Erfahrungsgrundsätze handelt, die noch nicht durch Erhebungen belegt sind; Unterschiede zwischen den einzelnen Verbänden sind nicht auszuschließen. Außerdem ist die gesamtwirtschaftliche Lage — Stand des Beschäftigungsgrades — zu berücksichtigen; in Phasen der Vollbeschäftigung, die durch die Knappheit von Fachkräften gekennzeichnet ist, liegt eine höhere Fluktuationsrate vor. Generell läßt sich feststellen, daß seit Beginn der 80er Jahre die Personalfluktuation im allgemeinen und der Prüferwechsel im besonderen zurückgegangen ist.

Jägers Ansicht[66], daß ein hochbesoldeter angestellter Manager eher mit einer Kündigung rechnen muß als ein Vorstandsmitglied mit einer Verweigerung der

[65] Ähnliches gilt auch für Wissenschaftler: Nur wenige hervorragende Nationalökonomen sind auch gute Wirtschaftspolitiker oder Unternehmensleiter (Manager).

[66] Uns scheint, daß Jäger personelle Entscheidungen der Arbeitgeber und Arbeitnehmer als eine spezielle Problematik der genossenschaftlichen Prüfungsverbände auffaßt und darstellt, die in allen Wirtschaftszweigen — auch bei den Wirtschaftsprüfungsgesellschaften — anzutreffen sind, ohne daß man diesen Vorgängen eine systemimmanente Bedeutung zumißt. Unseres Erachtens handelt es sich um eine theoretische Überhöhung eines Alltagsproblems, das seit Beginn der 80er Jahre ohnehin an Aktualität verloren hat.

Entlastung zu rechnen hat, erscheint uns als pauschale Aussage; denn es liegt kein empirisches Material vor, das diese These belegt oder widerlegt. Gewisse Bedenken erscheinen uns deshalb angebracht, weil der angestellte Manager Kündigungsschutz genießt und sein Rechtsstreit vor den Arbeitsgerichten ausgetragen wird, während ein Vorstandsmitglied auf Grund seiner Arbeitgeberfunktion nicht unter den Kündigungsschutz fällt und seine Rechtsstreitigkeiten vom ordentlichen Gericht entschieden werden. Jägers Annahme, daß eine Kündigung durch den Vorstand als kleine Gruppe schneller ausgesprochen wird, da sich diese leichter einigen kann als durch das amorphe Kollektiv der Generalversammlung, erscheint uns gleichfalls zu pauschal; denn es gibt Verhandlungstaktiken, sowohl Meinungsbildung in einer kleinen als auch in einer großen Gruppe zu beeinflussen. Auch wäre empirisches Material wünschenswert, um entweder diese These zu belegen oder zu widerlegen.

III. Die Doppelnatur der genossenschaftlichen Prüfungsverbände

Artikel 25 Einführungsgesetz zum Handelsgesetzbuch (EinfG z. HGB) hat nunmehr festgelegt, daß ab Ende 1989 dem zweiköpfigen Vorstand eines genossenschaftlichen bzw. gemeinnützigkeitsrechtlichen Prüfungsverbandes mindestens ein Wirtschaftsprüfer angehören muß; dieses *Paritätserfordernis* entspricht der Regelung des § 28 Abs. 2 und 3 WPO ab 1990. Gemäß Artikel 25 Abs. 4 EinfG z. HGB müssen Bestätigungsvermerke über Abschlußprüfungen bei Gesellschaften im Sinne von Artikel 25 Abs. 3 EinfG z. HGB (AG und GmbH im genossenschaftlichen Mehrheitsbesitz und mit Mitgliedschaft zum Prüfungsverband) entsprechend § 32 WPO nur von Wirtschaftsprüfern unterzeichnet werden. Diese Regelung weicht vom Testat der rein genossenschaftlichen Prüfung ab, bei dem auch ein Nicht-Wirtschaftsprüfer mit unterzeichnen kann.

1. Die Aufgaben der genossenschaftlichen Prüfungsverbände

Damit ist ein Kritikpunkt geklärt, der die genossenschaftlichen Prüfungsverbände wegen ihrer ‚*Doppelnatur*‘ in Schwierigkeiten gebracht hatte, denn § 63 b Abs. 4 lautet wie folgt:[1]

(1) „Der Verband *muß* ... die Prüfung seiner Mitglieder ... zum Zweck haben.“

(2) „... und *kann* auch sonst die gemeinsame Wahrnehmung ihrer Interessen, insbesondere die Unterhaltung gegenseitiger Geschäftsbeziehungen zum Zwecke haben.“

(3) „Andere Zwecke darf er nicht verfolgen.“

---

[1] Der Gesetzestext ist von uns in der vorliegenden Form ‚aufbereitet‘ worden, um die Doppelnatur herauszuarbeiten.

Die genossenschaftlichen Prüfungsverbände haben somit eine Muß- und eine Kann-Aufgabe: Die *Muß-Aufgabe* besteht in der Prüfungspflicht, die *Kann-Aufgabe* in der Interessenwahrnehmung der Verbandsmitglieder. Diese Doppelnatur[2] hat dazu geführt, daß die Frage aufgeworfen wurde, ob nicht zwischen beiden Funktionen ein Widerspruch besteht, da der (Wirtschafts-)Prüfer seinen Beruf unabhängig, gewissenhaft, verschwiegen und eigenverantwortlich auszuüben hat (so § 43 Abs. 1 WPO). So zum Beispiel übt ein (Wirtschafts-)Prüfer seine Tätigkeit dann nicht eigenverantwortlich aus, wenn er sich als zeichnungsberechtigter Angestellter an Weisungen zu halten hat, die ihn verpflichten, Prüfungsberichte und Gutachten auch dann zu unterzeichnen, wenn ihr Inhalt sich mit seiner Überzeugung nicht deckt. Weisungen, die solche Verpflichtungen enthalten, sind unzulässig (so § 44 Abs. 2 WPO). Dagegen hat ein Interessenverband die (subjektiven) Wünsche der Verbandsmitglieder in verbandspolitische Aktivitäten umzusetzen, ohne hierbei unabhängig zu agieren. Im Gegenteil: Der Verband ist in diesem Bereich an die Mehrheitsbeschlüsse der Mitglieder gebunden.

2. Formen der Interessenwahrnehmung

Diese Auffassung von der Wahrnehmung der Interessen der Verbandsmitglieder durch den Prüfungsverband ist unseres Erachtens nicht geeignet, die Realität zu erfassen; dann muß man zwischen den Aufgaben *„nach innen"* und *„nach außen"* unterscheiden. Ohne den Anspruch auf Vollständigkeit zu erheben, könnte man die folgenden (sich zum Teil überlappenden) Kann-Aufgaben feststellen:[3]

(1) *Interessenwahrnehmung gegenüber den Verbandsmitgliedern:*

a) *Informationen* durch Verbandsrundschreiben mit allgemeinem Inhalt.

b) *Beratung,* die zum Teil durch Rundschreiben und zum Teil individuell erfolgt. Es kann sich um allgemeine Themen aus den Bereichen Wirtschaft, Recht, Sozialpolitik usw. handeln. Die individuelle Beratung bezieht sich zum Beispiel auf Fragen der Organisation, der Rationalisierung, der Werbung usw.

c) *Betreuung,* die mit der Beratung verwandt ist: Sie kann Ausfluß der gesetzlichen Pflichtprüfung (Muß-Aufgaben) sein, sie kann aber auch auf Initiative des Verbandes oder Anforderung des Mitgliedes erfolgen.

(2) *Interessenwahrnehmung gegenüber der Öffentlichkeit:*

a) *Öffentlichkeitsarbeit:* Sie soll ein positives Image für eine bestimmte (genossenschaftliche) Gruppe schaffen. Hierzu gehören Pressenotizen

---

[2] Siehe hierzu vom Verfasser: Die Doppelnatur der genossenschaftlichen und gemeinnützigkeitsrechtlichen Prüfungsverbände, in: Betriebs-Berater, Heft 28 vom 10. Oktober 1982, S. 1702-1709.

[3] Ebenda, S. 1705 (Wir folgen wörtlich unseren Ausführungen).

oder -konferenzen, Verbandstage mit öffentlichen Kundgebungen, Besichtigungen usw.

b) *Lobby-Funktion:* Die Arbeit im vor-parlamentarischen Raum wird — sofern überhaupt — nicht von den regional tätigen Prüfungsverbänden, sondern von den im Bonner Raum ansässigen Spitzenverbänden betrieben. Faktisch sind sie von der gesetzlichen Pflichtprüfung getrennt, obgleich Erkenntnis der Prüfungsverbände in diese Tätigkeit einfließen.

c) *Solidaritätsfonds:* Die bei den regionalen Prüfungsverbänden und/oder beim Spitzenverband angesammelten Einlagensicherungs-, Feuerwehr- oder Solidaritätsfonds dienen dazu, spektakuläre Zusammenbrüche zu vermeiden und so das Image der Verbandsmitglieder zu erhalten. Da auch die privaten Banken einen Einlagensicherungfonds unterhalten, handelt es sich nicht um ein genossenschaftliches Spezifikum.

d) *Hearings:* Sowohl in der Verwaltung als auch in den Parlamenten wird anerkannt, daß die (genossenschaftlichen) Verbände über ein umfangreiches Fachwissen verfügen. Bevor Gesetze verabschiedet werden, zieht man deshalb die Verbände heran, um deren Stellungnahmen einzuholen. Hier wird deutlich, daß die Interessenvertretung nicht nur negative Aspekte hat.

Diese unvollständige Systematik macht deutlich, daß die Interessenwahrnehmung sehr vielschichtig ist. Um dies anzudeuten, ein konkretes Beispiel: Im Rahmen der gesetzlichen Jahresabschlußprüfungen können die regionalen Prüfungsverbände einen externen Betriebsvergleich durchführen. Dieser kann nur für die Verbandsmitglieder verwandt werden, er kann in die Öffentlichkeit — in eine Pressenotiz — und schließlich in ein Hearing bei einem Bundestagsausschuß einfließen. Dasselbe gilt für Informationen und Beratung bei neuen Gesetzen, höchstrichterlichen Entscheidungen, der Lehrlingsausbildung und der Nachwuchsschulung.

3. Das Spannungsverhältnis von Prüfung und Interessenwahrnehmung

Die Frage, ob ein Konflikt zwischen den Aufgaben als Prüfungs- bzw. Interessenverband besteht, ist auch von anderen Autoren geprüft worden:[4]

Großfeld und Noelle[5] werfen die Frage auf, ob der Verband überhaupt seine Prüfungsaufgabe ohne die weiteren Aufgaben sinnvoll erfüllen kann:[6] „Gegen

---

[4] Einen guten Überblick gibt Konrad Mose: Die genossenschaftliche Verbandsprüfung — Aspekte und Perspektiven, in: Zeitschrift für das gesamte Genossenschaftswesen, Bd. 36 (1986), S. 241-255.

[5] Bernhard Großfeld/Thomas Noelle: Stellung und Funktion der genossenschaftlichen Verbandsprüfung, in: Betriebs-Berater, Heft 33 vom 10. November 1985, S. 2145-2150.

die Trennbarkeit von Prüfungsaufgaben und weiteren Aufgaben spricht die geschichtliche Entwicklung. Die Prüfungsverbände sind aus Beratungsverbänden hervorgegangen. Die weiteren Aufgaben sind älter als die eigentlichen Prüfungsaufgaben. Es gibt auch heute keinen genossenschaftlichen Prüfungsverband, der nicht weitere Aufgaben über die Prüfungsaufgaben hinaus erfüllt. Das ist kein Zufall. Nicht ohne Grund spricht § 55 Abs. 1 Satz 3 von einem ‚*genossenschaftlichen* Prüfungswesen'. Prüfungsverbände sind nicht mit Wirtschaftsprüfungsgesellschaften gleichzusetzen." Gegenüber diesem Hinweis auf die historische Entwicklung könnte man kritisch entgegnen, daß die Regelung des Jahres 1889 nicht unbedingt für 1985 zutreffen muß, d. h., daß an die Stelle des Analogieschlusses der Umkehrschluß gesetzt werden könnte.

Unseres Erachtens kann man auch der folgenden These nicht zustimmen: „Der Unterschied zwischen genossenschaftlichen Prüfungsverbänden und anderen Prüfern liegt darin, daß die Prüfungsverbände in erster Linie die Mitgliederinformation gewährleisten sollen. Die Pflichtprüfung dient der Förderung der Mitglieder in den Genossenschaften. Der Prüfungsverband muß dafür die Förderinteressen der Mitglieder zutreffend einschätzen können."[7] Großfeld und Noelle berufen sich auf Jäger. Uns scheint, daß diese Feststellung nicht realistisch ist; denn man könnte argumentieren, daß der aktienrechtliche Prüfer die Aktionärsinformationen gewährleisten soll und diese Prüfung der Förderung der Aktionäre dient. Welcher Unterschied besteht dann zwischen der genossenschaftlichen und der aktienrechtlichen Prüfung? Und welche Kriterien besitzt der Prüfungsverband, um die Förderinteressen der Mitglieder zutreffend einzuschätzen?[8] Dient nicht die Pflichtprüfung — gleichgültig ob genossenschaftlich oder aktienrechtlich — auch und gerade den Kreditgebern und der Öffentlichkeit im weitesten Sinne des Wortes, um die wirtschaftliche Verkehrssicherheit zu erhöhen? Vergleiche sind immer problematisch: Dient die TÜV-Prüfung eines Autos nicht nur dem Fahrer, sondern auch zugleich den anderen Verkehrsteilnehmern? Gibt es nicht Fälle, in denen die berechtigten Interessen der anderen Verkehrsteilnehmer sogar höher einzuschätzen sind als die des Kraftfahrzeughalters oder des Fahrers?

Interessanter sind dagegen die Ausführungen, die sich mit der Frage befassen, ob hinsichtlich der Prüfung zwischen dem Genossenschaftsgesetz und der Wirtschaftsprüferordnung eine Kollision besteht, denn gemäß § 49 WPO hat der Wirtschaftsprüfer seine Tätigkeit zu versagen, wenn sie für eine pflichtwidrige Handlung in Anspruch genommen werden soll oder die Besorgnis der Befangenheit bei der Durchführung eines Auftrages besteht. Dieses gilt auch für die Wirtschaftsprüfer in den genossenschaftlichen Prüfungsverbänden. Wulz und Weber[9] weisen kritisch darauf hin, daß das Genossenschafts- und

[6] Ebenda, S. 2147 (Hervorhebung im Original, Jk.).

[7] Ebenda, S. 2147.

[8] Siehe hierzu vom Verfasser: Genossenschaftlicher Förderungsauftrag und Wohnungsgemeinnützigkeit — ein Widerspruch?, Hamburg 1986, insbesondere S. 37ff.

Kreditwesengesetz den Prüfungsverbänden beachtliche Einflußmöglichkeiten verleihen. Durch den genossenschaftlichen Organisationsaufbau erhalten die Verbände eine Machtfülle, aufgrund derer sich die Frage nach der Selbstverwaltung jeder einzelnen Genossenschaften in eigener Verantwortung stellt. In diesem Zusammenhang wird von Wulz und Weber die Stellung des Wirtschaftsprüfers in der Genossenschaftsorganisation untersucht, insbesondere, inwieweit diese gegen § 49 WPO verstoßen, „wenn er die dem Verband übertragenen Funktionen als Interessenverband mit denen des unabhängigen, unbefangenen Wirtschaftsprüfers verbindet."[10]

Bei den Kreditgenossenschaften kann gemäß § 8 Abs. 1 KWG (Gesetz über das Kreditwesen vom 10. Juli 1961, BGBl. I, S. 881) sich das Bundesaufsichtsamt für das Kreditwesen bei der Durchführung seiner Aufgaben anderer Personen und Einrichtungen bedienen. Dieses gilt insbesondere für die Wirtschaftsprüfer und Verbände der Sparkassen und Genossenschaften. „Hierbei wird der Verband nicht nur als Prüfungsverband, sondern auch in seiner zweiten Eigenschaft als Interessenverband der angeschlossenen Genossenschaften gesehen. ... Er nimmt zu den Großkrediten und zu den Organkrediten im einzelnen Stellung. Außerdem äußert er sich über den von der Genossenschaft berufenen Geschäftsleiter (meist Vorstandsmitglied der Genossenschaft), und zwar auch zur Zuverlässigkeit und fachlichen Eignung."[11] Kann — so fragen Wulz und Weber — ein Vorstand in eigener Verantwortung Kredite gewähren, wenn sämtliche Groß- und Organkredite vorher durch ‚seinen Prüfer' begutachtet werden? Und ferner: „Kann nach diesen Grundsätzen ein Wirtschaftsprüfer die Ordnungsmäßigkeit der Geschäftsführung bestätigen oder versagen, wenn er zu der fachlichen Kompetenz des Vorstandes bereits früher Stellung genommen hat und Teile des Kreditgeschäftes bereits durch ihn begutachtet wurden?"[12]

Dieses *Spannungsverhältnis zwischen Prüfungs- und Interessenverband* ließ sich nach Wulz und Weber dadurch beseitigen, indem die genossenschaftlichen Verbände als reine Interessenverbände ausgestaltet werden und davon unabhängig die General- bzw. Vertreterversammlung den Abschlußprüfer — wie im Aktienrecht — wählt[13].

Dieser Forderung haben Ohlmeyer und Rau[14] widersprochen, weil Wulz und Weber zu unzutreffenden Ergebnissen gelangen, da die Zusammenhänge

[9] Günter Wulz / Wolfgang Weber: Sind Genossenschaften Teil eines verbandsgesteuerten Konzerns?, in: Die Wirtschaftsprüfung, Heft 11 (1985), S. 293-296, insbesondere S. 293.

[10] Ebenda, S. 293.

[11] Ebenda, S. 294.

[12] Ebenda, S. 295.

[13] Ebenda, S. 296.

[14] Dietrich Ohlmeyer / Hanns-Adolf Rau: Stellung und Aufgaben eines genossenschaftlichen Prüfungsverbandes — Erwiderung zu den Ausführungen von Wulz und Weber, in: Die Wirtschaftsprüfung, Heft 17 (1985), S. 453-459.

unvollständig und die Sachverhalte nicht richtig dargestellt wurden: „Es genügt nicht, Prüfungsbedingungen und Prüfungstechniken miteinander zu vergleichen und daraus Schlußfolgerungen zu ziehen. Die genossenschaftliche Prüfung hat eine ganz andere und eine wesentlich umfassendere Funktion als die Abschlußprüfung bei anderen Unternehmen. Daher ist ein *Vergleich nicht möglich.*“[15]

So weisen Ohlmeyer und Rau[16] darauf hin, daß das Bundesaufsichtsamt für das Kreditwesen die Verbände des Kreditwesens gemäß § 8 KWG nur dann einschalten kann, wenn feststeht, daß es hierdurch zu keinem Interessenkonflikt zwischen Verbandsmitgliedern und der Bankenaufsicht kommt. Wulz und Weber haben zutreffend dargestellt, daß Anzeigen der Großkredite (§ 13 KWG), der Organkredite (§ 16 KWG), Anzeigen nach § 24 KWG einschließlich derjenigen über die Bestellung oder das Ausscheiden eines Geschäftsleiters durch einen genossenschaftlichen Prüfungsverband oder durch die Prüfungsstelle eines Sparkassen- und Giroverbandes geprüft werden. Hieraus zu schließen, daß der Prüfungsverband in die Arbeit der einzelnen Banken eingebunden sei, ist unverständlich; denn: „Auch jeder freiberuflich tätige Wirtschaftsprüfer, der die Jahresabschlußprüfung bei einer dem privaten Bankgewerbe angehörenden Kreditbank durchzuführen hat, muß zu den Großkrediten Stellung nehmen, ohne daß ihm damit unterstellt wird, er sei ‚in die Arbeit dieser Bank eingebunden‘. ... Die gutachtliche Stellungnahme des Verbandes zu den Groß- und Organkrediten erfolgt nicht vor der Kreditgewährung, sondern nachdem der Kredit gewährt oder die Überziehung in meldepflichtiger Höhe durch den Vorstand der Bank zugelassen ist.“[17]

Zutreffend weisen Ohlmeyer und Rau[18] darauf hin, daß auch für die bei den Genossenschaftsverbänden tätigen Wirtschaftsprüfer die WPO als verbindliches Berufsrecht gilt, d. h., daß sie ihre Prüfungstätigkeit unabhängig, eigenverantwortlich und gewissenhaft auszuüben haben; die Verbandsorgane sind nicht befugt, auf das Ergebnis der Prüfung einzelner Genossenschaften Einfluß zu nehmen.

Ohlmeyer und Rau[19] gelangen zum Ergebnis, daß „die von Wulz und Weber aufgezeigten Lösungsvorschläge weder erforderlich noch gangbar (sind), ja sie wären schädlich für die Genossenschaftsorganisation und die einzelnen Genossenschaften. ... Beratung und Prüfung schließen sich generell nicht aus“. Eine Trennung in den Prüfungs- und Interessenverband würde eine Rückkehr zur Situation in den 20er Jahren bedeuten, die zu zahlreichen Zusammenbrüchen in der Weltwirtschaftskrise führte.

---

[15] Ebenda, S. 453 (Hervorhebung erfolgte durch uns, Jk.).

[16] Ebenda, S. 455.

[17] Ebenda, S. 456.

[18] Ebenda, S. 457.

[19] Ebenda, S. 459.

Auch Großfeld und Noelle haben sich mit den Thesen von Wulz und Weber auseinandergesetzt und sind zum Ergebnis gekommen, daß diesen zu widersprechen ist:

Unabhängig von der WPO regelt § 56 GenG, wann die Besorgnis der Befangenheit gegeben und in diesen Fällen das Prüfungsrecht ausgeschlossen ist bzw. ruht. „Unvereinbarkeiten zwischen Berufsstandregelungen der Wirtschaftsprüferordnung und Regelungen des genossenschaftlichen Prüfungswesens bestehen demnach nicht. Beide Regelungskomplexe sind insoweit identisch. Die Wirtschaftsprüferordnung verlangt vom Wirtschaftsprüfer im genossenschaftlichen Prüfungsverband nicht mehr, als er nach genossenschaftsrechtlichen Prüfungsvorschriften ohnehin schon beachten muß."[20] Dieser Auffassung ist zuzustimmen, denn unseres Erachtens kann man ‚pflichtwidrige Handlungen' (§ 49 WPO) nicht mit der Befangenheit eines Prüfers vergleichen.

Eingehender als Großfeld und Noelle untersucht Marcus[21] die Pflichtmitgliedschaft in Genossenschaftsverbänden. Es sei nur kurz auf die Ergebnisse dieser Untersuchung hingewiesen:[22]

Die Beratung und Betreuung der Verbandsmitglieder ist die ursprüngliche Aufgabe dieser freiwilligen Vereinigungen, erst später trat die selbst auferlegte Prüfungstätigkeit hinzu. Sie hat sich aufgrund der gesetzlichen Bestimmungen von 1889 und insbesondere von 1934 zur Hauptaufgabe entwickelt. „Die Beratung, Betreuung und Interessenwahrnehmung stellte sich während der gesamten Entwicklung der Genossenschaftsverbände bis in die Gegenwart als *sinnvolle Ergänzung* zur Prüfungstätigkeit dar."[23] Eine Abkoppelung der Interessenwahrnehmung von der Prüfungstätigkeit ist weder betriebs- noch volkswirtschaftlich sinnvoll, da dieses zu einer Leistungsminderung führen würde. „Die Pflichtmitgliedschaft hat sich sowohl hinsichtlich der Prüfung als auch der sonstigen Verbandsaufgaben seit ihrer Einführung stets bewährt. Eine Veränderung der gegenwärtigen Verbandsstruktur ist nicht geboten."[24]

Bereits 1969 war Gerhard Mann[25] zum Ergebnis gelangt[26], daß von einer generellen Unverträglichkeit zwischen Verbandsberatung bzw. -planung einerseits und Verbandsprüfung nicht gesprochen werden kann. Allerdings können

---

[20] Großfeld/Noelle, S. 2148.

[21] Bernd Marcus: Die Pflichtmitgliedschaft bei Genossenschaftsverbänden als Prüfungs-, Betreuungs- und Interessenverbänden, in: Kooperations- und Genossenschaftswissenschaftliche Beiträge, Bd. 12, Münster 1985 (es handelt sich um eine juristische Dissertation, die bei Prof. Dr. B. Großfeld geschrieben wurde).

[22] Ebenda, S. 168-170.

[23] Ebenda, S. 168 (Hervorhebung erfolgte durch uns, Jk.).

[24] Ebenda, S. 169.

[25] Gerhard Mann: Die Vereinbarkeit der Prüfungs- und Beratungstätigkeit der Genossenschaftsverbände, in: Zeitschrift für das gesamte Genossenschaftswesen, Bd. 19 (1969), S. 224-244.

[26] Ebenda, S. 240-242.

Interessenkonflikte nicht geleugnet werden, wenn beide Tätigkeiten nur von einer Person oder gleichen Gruppe wahrgenommen werden. Wenn die Unvereinbarkeit von Verbandsberatung und Verbandsprüfung bejaht und eine absolute Trennung vorgenommen wird, dann verliert der beratende Verband eine entsprechende Informationsquelle, nämlich die Prüfungsberichte. Dieses hätte negative Auswirkungen auf die Beratung, außerdem „(würden) nichtgenossenschaftliche Prüfungsinstanzen aus dem Bestreben heraus, ihr Haftungsrisiko möglichst klein zu halten, wohl kaum über die unbestritten zu vollziehenden Pflichtfeststellungen hinausgehen.“[27] Dann würden auch die Genossenschaftsprüfer „nur das nachvollziehen, was die Buchhalter vorexerzieren.“[28]

In einer dynamischen Umwelt, verbunden mit Strukturwandel und intensivem Wettbewerb, sind gerade Genossenschaften als Selbsthilfeorganisationen — die allerdings zum Teil hinsichtlich ihrer Managements über dieses Stadium hinausgewachsen sind — auf die Beratung durch Dritte angewiesen. Daher „wird man für ein Verbot der Verbandsberatung bzw. -planung nicht plädieren dürfen. Wer die derzeitigen Sanktionen, die an ein Fehlverhalten der Prüfer geknüpft sind, für ungenügend erachtet, um parteiische Prüfungsurteile zu verhindern, der wird die Lösung des Problems in anderer Richtung suchen müssen. Erwägenswert erscheint der Weg, die Identität der die Beratung bzw. Planung und Prüfung faktisch vollziehenden Personen zu verbieten. ...“[29]. Diesen Weg ist — wie dargelegt — das Bilanzrichtlinien-Gesetz gegangen.

4. Die Empfehlungen des Parlamentarischen Untersuchungsausschusses „Neue Heimat“ des Deutschen Bundestages

Im Zusammenhang mit den Vorgängen bei der Unternehmensgruppe Neue Heimat haben sowohl die Hamburger Bürgerschaft als auch der Deutsche Bundestag einen Untersuchungsausschuß eingesetzt. Diese Untersuchungsausschüsse haben umfangreiche Berichte vorgelegt, die sich auch mit dem Prüfungswesen befassen.[30] Dieses gilt insbesondere für den PUA Bonn[31].

Dieser PUA (Parlamentarische Untersuchungsausschuß) hat nicht nur den Komplex Neue Heimat aufgearbeitet, sondern auch 19 Empfehlungen an den Bundesgesetzgeber gegeben.[32] Die Empfehlungen 16 und 17 befassen sich mit der Verbandsprüfung und die 18. Empfehlung mit der Staatsaufsicht. In diesem

[27] Ebenda, S. 241.

[28] Schirmacher, S. 241.

[29] Mann, S. 241 f.

[30] Siehe die bereits zitierten PUA-Berichte Hamburg vom 7. Mai 1986 und Bonn vom 7. Januar 1987.

[31] PUA-Bonn, S. 200-208.

[32] Ebenda, S. 200 ff.

Zusammenhang sollen lediglich die die Verbandsprüfung betreffenden Empfehlungen interessieren:

Sechzehnte Empfehlung[33]

„1. Trennung der Prüfungs- und Interessenwahrnehmung der Prüfungsverbände gemeinnütziger Wohnungsunternehmen.

Der Ausschuß ist der Ansicht, daß die gleichzeitige Interessenwahrnehmung durch Prüfungsverbände geeignet ist, die Unabhängigkeit des Prüfungswesens zu beeinträchtigen. Er hat im Falle des Verbandes norddeutscher Wohnungsunternehmen festgestellt, daß die erforderliche Unabhängigkeit infolge der Interessenkollision von Prüfung und Verbandsvertretung beeinträchtigt war (Tz. 302).

Der Ausschuß empfiehlt,
gesetzliche Organisationsregelungen für Prüfungsverbände vorzusehen, die eine Interessenkollision zwischen Prüfungswesen und Verbandsinteressenvertretung ausschließen."

In der Tz. 302[34] wird die Doppelrolle des Verbandes norddeutscher Wohnungsunternehmen e. V. als Prüfungs- und Interessenverband dargestellt.

„Bedrohten schon diese personellen Verquickungen die Unbefangenheit der Prüfer, so resultierten weit erheblichere Beeinträchtigungen der Unabhängigkeit des Verbandes aus seiner Doppelrolle als gesetzlicher Prüfungsverband einerseits und Interessenverband andererseits: Der Verband norddeutscher Wohnungsunternehmen e. V. hat nach seiner Satzung neben der Pflichtaufgabe, seine Mitglieder zu prüfen, auch die gemeinsame Wahrnehmung der Interessen der Mitglieder zu verfolgen. Diese Aufgabenstellung umfaßt die Interessenwahrnehmung sowohl gegenüber den Verbandsmitgliedern (Beratung, Betreuung, Information) als auch gegenüber der Öffentlichkeit (Parteien, Behörden, Presse). Diese Doppelfunktion ist gesetzlich zulässig (§ 63 b Abs. 4 GenG), begründet jedoch die Gefahr einer Vermengung beider Aufgabenbereiche und führt zu Interessenkollisionen, weil die Prüftätigkeit die strikte Durchsetzung des WGG gegenüber dem gemeinnützigen Wohnungsunternehmen verlangt, während die Interessenwahrnehmung im Einzelfall eine andere Haltung nahelegen kann. Interessenkonflikte sind darüber hinaus vorgezeichnet, wenn der Verband infolge einer geschäftlichen Tätigkeit in Abhängigkeit zu einem verbandsangehörigen Wohnungsunternehmen gerät. ...".

Siebzehnte Empfehlung:[35]

„2. Enumeration verbotener Geschäfte der Prüfungsverbände.

Der Ausschuß hat festgestellt, daß die Beteiligungen des Verbandes norddeutscher Wohnungsunternehmen an der NTK Norddeutsche Treuhand- und Kreditgesellschaft für den Wohnungsbau m.b.H. und der Nordrevision norddeutsche Wirtschaftsprüfungsgesellschaft für Wohnungs- und Bauwesen G.m.b.H. (Tz. 302) Gefährdungen der Unabhängigkeit des Prüfungsverbandes mit sich gebracht haben und daß abstrakt eine solche Gefährdung auch bei anderen Prüfungsverbänden aus der wirtschaftlichen, auf Gewinnerzielung gerichteten Beteiligung an anderen Unternehmen erwachsen kann.

---

[33] Ebenda, S. 205.

[34] Ebenda, S. 173.

[35] Ebenda, S. 205.

Dieses gilt auch für zahlreiche Privatgeschäfte von Organmitgliedern, weiteren Angestellten und Prüfern.

Der Ausschuß empfiehlt,
im Gesetz bestimmte Geschäfte der Prüfungsverbände — insbesondere mit zu prüfenden Verbandsmitgliedern — zu untersagen.

Außerdem sollen privatgutachterliche Tätigkeiten von Bediensteten und Organmitgliedern von Prüfungsverbänden ausgeschlossen werden für solche Wohnungsunternehmen, die der gesetzlichen Prüfung dieser Verbandsvertreter unterliegen."

In der Tz. 302[36] wird die finanzielle und personelle Verflechtung zwischen dem Verband norddeutscher Wohnungsunternehmen und der Nordrevision Norddeutsche Wirtschaftsprüfungsgesellschaft für Wohnungs- und Bauwesen GmbH kritisch dargestellt:

„Haupttätigkeit dieser Wirtschaftsprüfungsgesellschaft, die organisatorisch und personell eng mit dem Verband norddeutscher Wohnungsunternehmen e. V. verknüpft war und bis 1977 als Abteilung der Verbandsverwaltung geführt wurde, war die Prüfung der Gesellschaften des nichtgemeinnützigen Bereichs der Unternehmensgruppe Neue Heimat auch in finanzielle Abhängigkeit von der Unternehmensgruppe, aus der — wie der Parlamentarische Untersuchungsausschuß der Bürgerschaft der Freien und Hansestadt Hamburg festgestellt hat (S. 105) — auch Pflichtenkollisionen resultieren, die geeignet waren, die Ordnungsgemäßheit der Prüfhandlungen des Verbandes norddeutscher Wohnungsunternehmen beeinträchtigen."

Der PUA des Deutschen Bundestages hat nicht nur die theoretisch mögliche, sondern die tatsächliche Kollision zwischen der Prüfungsfunktion und der Interessenvertretung im Falle des Verbandes norddeutscher Wohnungsunternehmen in Hamburg gesehen. Die sechzehnte Empfehlung geht dahin, daß zwar die einheitliche juristische Person der genossenschaftlichen und gemeinnützigkeitsrechtlichen Prüfungsverbände nicht aufgegeben werden soll, wohl aber eine *organisatorische Trennung zwischen dem Prüfungs- und Interessenverband* gesetzlich vorzusehen ist, die eine Interessenkollision ausschließt. Der PUA macht keine Ausführungen darüber, ob die spätestens ab Ende 1989 geltenden Bestimmungen des Bilanzrichtlinien-Gesetzes (Artikel 25 EinfG z. HGB) als ausreichend erachtet werden können. Die in der siebzehnten Empfehlung enthaltenen Vorschläge an den Gesetzgeber betreffen möglicherweise Spezifika des Verbandes norddeutscher Wohnungsunternehmen und können unter Umständen nicht generalisiert werden.

Der *Gesamtverband gemeinnütziger Wohnungsunternehmen* hat zu diesen Empfehlungen des PUA Bonn Stellung genommen:[37]

---

[36] Ebenda, S. 173.

[37] Gesamtverband gemeinnütziger Wohnungsunternehmen: Stellungnahme der gemeinnützigen Wohnungswirtschaft zu den Empfehlungen des ‚Neue Heimat'-Untersuchungsausschusses des Deutschen Bundestages, Materialien, Heft 17, Köln, März 1987.

Zur *Sechzehnten Empfehlung*[38] heißt es:

„Im Kern dieser Ausschußempfehlung geht es um die Wahrung und Sicherung der Unabhängigkeit der Wirtschaftsprüfung. Die Erfahrungen im Zusammenhang mit der ‚Neuen Heimat' sowie die Feststellungen und Ergebnisse der Parlamentarischen Untersuchungsausschüsse sind für uns Anlaß und Pflicht, vorhandene Satzungs- und/oder Organisationsregelungen kritisch zu überprüfen und — soweit erforderlich — zu verändern."

Sodann wird auf die Bestimmungen des Art. 25 EinfG z. HGB verwiesen, der zwingend vorschreibt, daß ab Ende 1989 dem Vorstand des Prüfungsverbandes mindestens ein Wirtschaftsprüfer angehören muß. Ferner stellt der Gesamtverband an gleicher Stelle fest: „Es lag offenbar nicht in der Absicht des Untersuchungsausschusses, die Einheit der Prüfungsverbände in Frage zu stellen. Diese sachgerechte und vernünftige Linie sollte nicht verlassen werden. Der Gesetzgeber sollte deshalb die Prüfung und Beratung der genossenschaftlichen und gemeinnützigkeitsrechtlichen Prüfungsverbände im Hinblick auf diesen Sachverhalt nicht schlechter bzw. wesentlich anders behandeln als die übrigen Bereiche der sogenannten freien Wirtschaftsprüfung bzw. der anderen genossenschaftlichen Prüfungsverbände."

Zur *Siebzehnten Empfehlung* nimmt der Gesamtverband wie folgt Stellung:[39]Die vom PUA Bonn geforderte gesetzliche Untersagung bestimmter Geschäfte der Prüfungsverbände kann erst beurteilt werden, wenn diese Empfehlung eine Konkretisierung erfährt. Sodann führt er aus: „Wir machen vorsorglich darauf aufmerksam, daß die Wirtschaftsprüfungsgesellschaften der Prüfungsverbände und noch mehr unsere Treuhandgesellschaften entstanden sind, um gemeinnützigen Wohnungsunternehmen Dienstleistungen wie Buchführung und Rechnungswesen — und das sind nur einige Beispiele — abzunehmen. Ziel war es immer, die Unternehmensführung zu unterstützen bzw. zu entlasten. Die von uns zugrunde gelegte Rechts- und Organisationsform außerhalb der Prüfungsverbände wurde deshalb gewählt, um die Unabhängigkeit der Prüfung nicht zu gefährden."

Gegenüber diesen Ausführungen kann man einwenden, daß es sich um den Spitzenverband der gemeinnützigen Wohnungswirtschaft handelt, der selbstverständlich die eigene Position vertritt. Abgesehen davon, daß dieses auch für die Wirtschaftsprüferkammer gilt — es wird auf die weiter oben zitierten Eingaben zum Bilanzrichtlinien-Gesetz verwiesen —, hat auch die *Arbeitsgemeinschaft wohnungswissenschaftlicher Institute*[40] zu den Empfehlungen des PUA Bonn Stellung genommen.[41]

---

[38] Ebenda, S. 19.

[39] Ebenda, S. 19.

[40] Der Arbeitsgemeinschaft wohnungswissenschaftlicher Institute gehören an:
(a) awos — Arbeitsgemeinschaft für Wohnungswesen, Städteplanung und Raumordnung an der Universität Bochum (Prof. Dr. Jürgen H. B. Heuer)

Zur Sechzehnten Empfehlung[42] verweist die Arbeitsgemeinschaft darauf, daß die gleichzeitige Prüfung und Beratung von gemeinnützigen Wohnungsunternehmen nicht auf große Wohnungsunternehmen (wie die Neue Heimat), sondern auf die Mehrheit der kleinen Unternehmen — insbesondere der Genossenschaften — zugeschnitten ist. „Aus dieser Sicht der Dinge wird man einer Trennung in einen gemeinnützigen Prüfungs- und Interessenverband schwerlich zustimmen können:[43] Zur Siebzehnten Empfehlung führt die Arbeitsgemeinschaft aus:[44] „Die Arbeitsgemeinschaft könnte einer Enumeration verbotener Geschäfte der Prüfungsverbände zustimmen, wenn damit nicht verhindert würde, daß die Verbände ihren Mitgliedsunternehmen Leistungen anbieten, die zum wohlverstandenen Bereich der Interessenwahrnehmung gehören. ... Die Verbände wären freilich gut beraten, würden sie streng darauf achten, daß solche Tätigkeiten außerhalb der Prüfungsverbände stattfinden, so daß die Unabhängigkeit der Prüfung gewährleistet ist."

Unabhängig davon, ob diese beiden Empfehlungen des PUA Bonn nur die besonderen Verhältnisse in Hamburg widerspiegeln: Sie zeigen die Problematik der *Doppelnatur der genossenschaftlichen und gemeinnützigkeitsrechtlichen Prüfungsverbände* auf. Es ist dem Parlamentarischen Untersuchungsausschuß des Deutschen Bundestages zu folgen, einerseits diese Doppelnatur nicht rechtlich zu zerschlagen, andererseits aber Interessenkollisionen auszuschließen oder aber auf ein Minimum zu reduzieren. Dieses ist auch die Meinung des Gesamtverbandes gemeinnütziger Wohnungsunternehmen und auch der Arbeitsgemeinschaft wohnungswissenschaftlicher Institute. Wir schließen uns dieser Auffassung an.

5. Der Unterschied zwischen der genossenschaftlichen und der Pflichtprüfung von Kapitalgesellschaften

Die Pflichtprüfung der Genossenschaften[45] ist nicht nur älter als die aktienrechtliche, sondern sie unterscheidet sich auch hinsichtlich des Prüfungs-

---

(b) Institut für Wohnungsrecht und Wohnungswirtschaft an der Universität Köln (Prof. Dr. Klaus Mackscheidt)
(c) Institut für Siedlungs- und Wohnungswesen an der Universität Münster (Prof. Dr. Rainer Thoss)
(d) Institut für Wirtschaftsverwaltungsrecht an der Universität Münster (Prof. Dr. Dirk Ehlers)
(e) Mannheimer Arbeitsgemeinschaft für Wohnungswesen, Kreditwirtschaft und Raumplanung an der Universität Mannheim (Prof. Dr. Hans H. Nachtkamp).

[41] Stellungnahme der Arbeitsgemeinschaft wohnungswissenschaftlicher Institute zur Beschlußempfehlung des 3. Untersuchungsausschusses ‚Neue Heimat', vorgelegt dem Gesamtverband gemeinnütziger Wohnungsunternehmen e.V., Köln, verabschiedet von den beteiligten Instituten am 14. April 1987 (Maschinenschrift, 41 Seiten).

[42] Ebenda, S. 38f.

[43] Ebenda, S. 38.

[44] Ebenda, S. 39f.

umfangs. Zuerst sollen die Bestimmungen des Genossenschaftsgesetzes dem Aktiengesetz gegenübergestellt werden, daran schließt sich dann die Neuregelung durch das Bilanzrichtlinien-Gesetz an:

(1) *Die genossenschaftliche Prüfung (§ 53 (1) GenG):*
„Zwecks Feststellung der wirtschaftlichen Verhältnisse und der Ordnungsmäßigkeit sind die Einrichtungen, die Vermögenslage sowie die Geschäftsführung der Genossenschaft mindestens in jedem Geschäftsjahr zu prüfen...".

(2) *Die aktienrechtliche Prüfung (§ 162 (2) AKtG, aufgehoben):*
„Die Prüfung des Jahresabschlusses hat sich darauf zu erstrecken, ob die Bestimmungen des Gesetzes und der Satzung über den Jahresabschluß beachtet sind. Der Geschäftsbericht ist darauf zu prüfen, ob § 160 Abs. 2 bis 5 beachtet ist und ob die sonstigen Angaben im Geschäftsbericht nicht eine falsche Vorstellung von der Lage der Gesellschaft erwecken."

(3) *Jahresabschlußprüfung von Kapitalgesellschaften*[45] *Gegenstand und Umfang der Prüfung (§ 317 HGB):*
„In die Prüfung des Jahresabschlusses ist die Buchführung einzubeziehen. Die Prüfung des Jahresabschlusses und des Konzernabschlusses hat sich darauf zu erstrecken, ob die gesetzlichen Vorschriften und sie ergänzende Bestimmungen des Gesellschaftsvertrags oder der Satzung beachtet sind. Der Lagebericht und der Konzernlagebericht sind darauf zu prüfen, ob der Lagebericht mit dem Jahresabschluß und der Konzernlagebericht mit dem Konzernabschluß in Einklang stehen und ob die sonstigen Angaben im Lagebericht nicht eine falsche Vorstellung von der Lage des Unternehmens und im Konzernlagebericht von der Lage des Konzerns erwecken."

Die Prüfung der Ordnungsmäßigkeit der Geschäftsführung erstreckt sich auf die Geschäftsführungs-Organisation, das Geschäftsführungs-Instrumentarium und die Geschäftsführungs-Tätigkeit.[46]

Karl Schneider[47] hat vier Typen der Prüfungen herausgearbeitet (auf Grund des Bilanzrichtlinien-Gesetzes ist an die Stelle der aktienrechtlichen Prüfung die der Kapitalgesellschaften getreten):

(1) *Aktienrechtliche Prüfung:* Diese kann man als ‚Gesetzmäßigkeits- und Ordnungsmäßigkeitsprüfung' bezeichnen; denn sie soll den Aktionären Gewißheit darüber verschaffen, daß sich der Vorstand bei der Aufstellung

---

[45] Gemäß § 26 Abs. 4 WGG (Wohnungsgemeinnützigkeitsgesetz) finden die Vorschriften des Genossenschaftsgesetzes auf die Prüfung der gemeinnützigen Wohnungsunternehmen in anderer Rechtsform (insbesondere Kapitalgesellschaften) sinngemäß Anwendung. Siehe hierzu vom Verfasser: Die Pflichtprüfung von gemeinnützigen Wohnungsunternehmen — keine Besonderheit?; in: Die gemeinnützige Wohnungswirtschaft zwischen Markt- und Sozialbindung, S. 988-1007.

[46] WP-Handbuch 1985/86, Bd. I, S. 605ff.

[47] Karl Schneider: Die Prüfungen in der Wohnungswirtschaft, in: Beiträge zu den Grundlagen eines Wohnungswirtschaftsgesetzes, Schriftenreihe des Bundesministers für Wohnungswesen und Städtebau, Bd. 22, Hamburg 1967, S. 205-230; insbesondere S. 210-212.

des Jahresabschlusses an die gesetzlichen Regeln und Vorschriften gehalten hat und daß die Rechnungslegung ein korrektes Bild von der Lage des Unternehmens vermittelt.

(2) *Prüfung der öffentlichen Betriebe:* Man kann diese Art der Prüfung als „Wirtschaftlichkeitsprüfung" bezeichnen, die sich aus der Verordnung des Reichspräsidenten vom 6. Oktober 1931 entwickelte, die die „Feststellung der wirtschaftlichen Verhältnisse" beinhaltet. Die entsprechenden Richtlinien machen ausdrücklich die Prüfung der Geschäftsführung und der wirtschaftlichen Verhältnisse zur Pflicht, auch wenn von einer Erweiterung des Testats abgesehen wird. In der Anlage zu den Vorläufigen VerwaltungsvorschriftenNr. 2 zu § 68 BHO heißt es in Ziff. II: „Da die aktienrechtliche Abschlußprüfung grundsätzlich keine Prüfung der Geschäftsführung beinhaltet, führt eine Prüfung der Ordnungsmäßigkeit der Geschäftsführung nach § 53 Abs. 1 Nr. 1 HGrG im Prinzip zu einer nicht unwesentlichen Erweiterung des Prüfungsumfangs gegenüber § 162 AktG."

(3) *Banken, Versicherungs- und Bausparkassenprüfungen:* Weil es sich bei den Geprüften um Unternehmen von Wirtschaftszweigen handelt, die öffentlicher Überwachung unterstellt sind, kann man diese Prüfungen schlagwortartig als „Überwachungsprüfungen" bezeichnen. Die Besonderheit dieses Prüfungstyps besteht darin, daß die Aufsichtsbehörde das Recht hat, Auflagen über den Umfang und die Art der Prüfung zu erlassen sowie die Berichte entgegenzunehmen und sich von den Prüfern erläutern zu lassen.

(4) *Genossenschaftliche Prüfung:* Außer der Gesetz- und Ordnungsmäßigkeits- sowie der Wirtschaftlichkeitsprüfung weist sie einige Besonderheiten auf: Außer dem Geschäftsgebaren ist auch die Betriebsorganisation Prüfungsgegenstand. Es besteht das Recht auf unmittelbare Unterrichtung des AR-Vorsitzenden; auf Einladung zu einer gemeinsamen Sitzung von Vorstand und Aufsichtsrat; Teilnahme an der Sitzung beider Organe, in der über das Ergebnis der Prüfung beraten wird; Teilnahme an der Generalversammlung; Nachschau und Weiterverfolgung von Beanstandungen; Einberufung einer außerordentlichen Generalversammlung mit dem Beratungsgegenstand „Beseitigung festgestellter Mängel"; Anordnung oder Vornahme außerordentlicher Prüfungen; Unterrichtung zentraler Geschäftsanstalten des Genossenschaftswesens und dergleichen. Die meisten dieser Rechte werden häufig schlagwortartig in dem Begriff „Prüfungsverfolgungsrecht" zusammengefaßt. Diese umfassende genossenschaftliche Prüfung wird auch oft als Betreuungsprüfung bezeichnet.

Diese Prüfungstypen sind von Schneider nach ihrer Intensität aufgebaut worden: „Jeder der vier aufgestellten Prüfungsarten unterscheidet sich von der jeweils vorhergehenden dadurch, daß sie die Anforderungen an die vorangegangenen mitumschließt und zu berücksichtigen hat; d. h. z. B., die Wirtschaftlichkeitsprüfung umfaßt selbstverständlich alle Anforderungen, die an eine Gesetzmäßigkeits- und Ordnungsmäßigkeitsprüfung zu stellen sind, und dementsprechend erfordert die Überwachungsprüfung einen weiteren Umfang und höheren Grad als die Wirtschaftlichkeitsprüfung. Sie umfaßt alle die Handlungen, die zu einer Ordnungsmäßigkeitsprüfung, sowie die, die zu einer Wirtschaftlichkeitsprüfung gehören. Sie hat also die Vermögenslage, den Kapitalaufbau und die Liquidität zu untersuchen und schließlich noch zusätzliche spezifische Anforderungen zu berücksichtigen, die im Interesse der aufsichtsbehördlichen Überwachung liegen."[48] Somit ist die (genossenschaftliche) Betreuungsprüfung der umfassendste und intensivste Prüfungstyp.[49]

Dieses dürfte auch der Grund dafür gesewesen sein, daß mit der Genossenschaftsnovelle 1934 der Wirtschaftsprüfer im Genossenschaftswesen eingeführt wurde, zumal weder die Dritte Verordnung des Reichspräsidenten zur Sicherung von Wirtschaft und Finanzen und zur Bekämpfung politischer Ausschreitungen vom 6. Oktober 1931 (Kapitel 8 des 5. Teils: Prüfungspflicht der Wirtschaftsbetriebe der öffentlichen Hand) noch die Durchführungsverordnung vom 30. März 1933 die Prüfung der Ordnungsmäßigkeit der Geschäftsführung enthielt; ähnliches wurde jedoch von der Prüfung der wirtschaftlichen Verhältnisse erwartet. Dieses wurde durch die ‚Allgemeinen Vertragsbedingungen für Werktätige zwischen Gemeindeprüfungsämtern und Wirtschaftsprüfern' des Preußischen Innenministers vom 25. März 1935 bestätigt. Bemerkenswert ist, daß man in der Genossenschaftsnovelle vom 30. Oktober 1934 die seit 1889 gültige Fassung „Die Einrichtung der Genossenschaft und die Geschäftsführung derselben in allen Zweigen der Verwaltung" sind zu prüfen in § 53 GenG in „Zwecks Feststellung der wirtschaftlichen Verhältnisse und der *Ordnungsmäßigkeit der Geschäftsführung*"[50] änderte, diesen erweiterten Prüfungsauftrag aber nicht für die Wirtschaftsbetriebe der öffentlichen Hand aufnahm. Für die Kapitalgesellschaften ist diese Prüfungsbestimmung auch nicht durch das Bilanzrichtlinien-Gesetz aufgenommen worden. Die genossenschaftliche (Betreuung-)Prüfung bleibt somit auch weiterhin der umfassendste und intensivste Prüfungstyp.

---

[48] Ebenda, S. 212.

[49] Zur Prüfung von gemeinnützigen Wohnungsunternehmen siehe August Flender: Das Prüfungswesen in der gemeinnützigen Wohnungswirtschaft, in: Beiträge zu den Grundlagen eines Wohnungswirtschaftsgesetzes, S. 231 - 250; Friedrich Vormbrock: Die Prüfung der gemeinnützigen Wohnungsunternehmen (Münsteraner Dissertation), Münster 1939; Heinz J. Krüger: Die Notwendigkeit der Prüfung von Wohnungsunternehmen, Beiträge und Untersuchungen des Instituts für Siedlungs- und Wohnungswesen der Westfälischen Wilhelms-Universität Münster, Bd. 51, Köln—Braunfeld 1958.

[50] Siehe hierzu Karl Trescher: Möglichkeiten und Grenzen der Prüfung der Geschäftsführung — dargestellt am Beispiel genossenschaftlicher Prüfungen, in: Zeitschrift für das gesamte Genossenschaftswesen, Bd. 18 (1968), S. 1 - 20.

Zweiter Teil

Die Wirtschaftsprüfer zwischen Pflichtprüfung und Beratung

Die genossenschaftliche Pflichtprüfung hat im Verlauf ihrer nahezu hundertjährigen Geschichte zahlreiche Richtungskämpfe erlebt, die im großen und ganzen mit der Genossenschaftsnovelle 1934 abgeschlossen wurden. Die Genossenschaftsnovelle von 1974 sowie das Bilanzrichtlinien-Gesetz haben keine grundlegenden Änderungen, wohl aber Konkretisierungen und Präzisierungen gebracht, das gilt insbesondere für die Doppelnatur der genossenschaftlichen und wohnungswirtschaftlichen Prüfungsverbände. Es bleibt abzuwarten, ob die Vorgänge um die Unternehmensgruppe Neue Heimat zu weiteren gesetzgeberischen Maßnahmen führen werden.

Die allgemeine Wirtschaftsprüfung — früher als aktienrechtliche bezeichnet, durch das Bilanzrichtlinien-Gesetz in ‚Jahresabschlußprüfung von Kapitalgesellschaften' umbenannt — ist wesentlich jünger. Vergleichbare Richtungskämpfe hat es nicht gegeben. Die aber in der jüngsten Zeit aufgetretenen Schwierigkeiten bei geprüften Unternehmen — nicht nur in der Bundesrepublik, sondern weltweit — sprechen dafür, daß es in Zukunft auch bei den Wirtschaftsprüfern Orientierungsschwierigkeiten geben dürfte; denn: bei der Diskussion über die Doppelnatur der genossenschaftlichen und wohnungswirtschaftlichen Prüfungsverbände wird übersehen, daß sich auch die Wirtschaftsprüfer bzw. Wirtschaftsprüfungsgesellschaften (aus Gründen der Vereinfachung sprechen wir lediglich von den ‚Wirtschaftsprüfern') in einem Spannungsverhältnis zwischen Pflichtprüfung und wirtschaftlicher sowie steuerrechtlicher Beratung befinden. Es ist somit nicht nur eine Doppelnatur bei den Prüfungsverbänden vorhanden, sondern es liegt auch eine *Doppelfunktion bei den Wirtschaftsprüfern* vor.

Bevor auf diese Doppelfunktion eingegangen wird, soll kurz die historische Entwicklung sowie durch einige statistische Daten der Berufsstand der Wirtschaftsprüfer skizziert werden.

IV. Die Wirtschaftsprüfer in Deutschland

Wenn man sich mit den Wirtschaftsprüfern bzw. den Wirtschaftsprüfungsgesellschaften in Deutschland befaßt, dann muß man sich bewußt werden, daß es diese nach 1945 nur noch in der Bundesrepublik Deutschland gibt, d.h., in der DDR gibt es sie nicht mehr. Unter diesem Stichwort vermerkt das ostdeutsche

Ökonomische Lexikon[1]: „Wirtschaftsprüfung — kapitalistische Institution zur Wahrung und Aufrechterhaltung der Macht des Monopolkapitals. Die Wirtschaftsprüfung wird von freiberuflich tätigen Wirtschaftsprüfern oder von Wirtschaftsprüfungsgesellschaften ausgeübt."[2] Den Zeitpunkt der Abschaffung der Institution der Wirtschaftsprüfer in der SBZ/DDR konnten wir nicht feststellen. Vieles spricht dafür, daß dieses in der Umstrukturierungsphase 1945 bis 1949 erfolgte, d.h., in dem Zeitabschnitt der Nachkriegszeit, in dem in der heutigen DDR das privatkapitalistische Eigentum und die Kapitalgesellschaften abgeschafft und in das (kollektive) Gesellschaftseigentum überführt wurde. Als Stichtag für diese Entwicklung könnte man den ‚Volksentscheid über die entschädigungslose Enteignung der sequestrierten Betriebe der Kriegsverbrecher und aktiven Faschisten' am 30. Juni 1946 in der Provinz Sachsen bezeichnen[3], zumal sich in Sachsen die meisten Industriebetriebe befinden. Es besteht somit nur eine gemeinsame Geschichte bis etwa 1946.

1. Ursprung und Entwicklung der Wirtschaftsprüfung

Wie bereits weiter oben dargelegt[4], fand der Berufsstand der Wirtschaftsprüfer erst im Jahre 1931 eine gesetzliche Grundlage:

Der Beruf der Wirtschaftsprüfer ist keineswegs geschichtslos[5], die ersten Spuren finden sich bereits im Altertum. „Das Revisionswesen in unserem modernen Sinne entwickelte sich spätestens zur Zeit der Renaissance, als die oberitalienischen Städte in wirtschaftlicher und kultureller Blüte standen."[6] Der öffentlich bestellte Wirtschaftsprüfer war die Weiterentwicklung des Standes der Bücherrevisoren sowie der Treuhand- und Revisionsgesellschaften, die letzteren

---

[1] Autorenkollektiv: Ökonomisches Lexikon, 3. Aufl., Ost-Berlin 1980, Bd. III, S. 664.

[2] In der 2. Auflage des Ökonomischen Lexikons (Ost-Berlin 1971, Bd. II, S. 1167f.) heißt es: „Wirtschaftsprüfer — 1. Berufsbezeichnung für Mitarbeiter der staatlichen Finanzrevision des Ministeriums der Finanzen sowie des VEB Wirtschaftsprüfung und Steuerberatung, die eine vom abgeschlossenen wirtschafts-wissenschaftlichen Studium ausgehende besondere Weiterbildung auf dem Gebiet der Finanzrevision absolviert haben. — 2. In Westdeutschland Berufsbezeichnung, die nach einer staatlichen Prüfung durch öffentliche Bestellung nach der Wirtschaftsprüfer-Ordnung vom 24. Juli 1961 verliehen wird...".

[3] Bundesministerium für innerdeutsche Beziehungen (Herausgeber): DDR-Handbuch, 3. Aufl., Köln 1985, Bd. II, S. 1486.

[4] Siehe bereits zitierte Einleitung von Karl-Heinz Gerhard, in: Wirtschaftsprüferordnung, S. 11ff., ferner: Zur Geschichte des Wirtschaftsprüfer-Berufes und seiner Organisation, in: Mitteilungsblatt der Wirtschaftsprüferkammer, Nr. 123 vom 2. Dezember 1986, S. 2-5; Manfred Thümmel: Vorwort, in: Gesetz über eine Berufsordnung der Wirtschaftsprüfer (Wirtschaftsprüferordnung), 2. Aufl., Düsseldorf 1986, S. 5-7 (künftig: Wirtschaftsprüferordnung).

[5] HerbertBrönner/Kurt Busch: 50 Jahre Wirtschaftsprüfer in Deutschland, in: Die Wirtschaftsprüfung, Heft 19/20 (1981), S. 533-538.

[6] Ebenda, S. 533.

waren aus der internen Revision und Kontrolle durch die Städte und großen Handelshäuser — zum Beispiel die Fugger — entstanden. In Großbritannien hatte sich bereits in der Mitte des vorigen Jahrhunderts der Beruf des Chartered Accountant herausgebildet, die 1854 als Society of Accountants in Edinburgh mit einem königlichen Freibrief ausgezeichnet wurden; 1880 erhielt das Institute of Chartered Accountants of England and Wales die gleiche Auszeichnung. „Im Vergleich hierzu nehmen sich die ersten Schritte unseres Berufsstandes recht bescheiden aus.“[7] Die *vereidigten Bücherrevisoren* sind der älteste Berufsstand des deutschen Prüfungs- und Treuhandwesens; Vorschriften über die Beeidigung finden sich zum Beispiel in der Fallitenordnung der Stadt Hamburg vom 31. August 1753. Ende des 19. Jahrhunderts ging die Bestellung von Bücherrevisoren zunächst auf die Magistratsbehörden und dann auf die Handelskammern über. In Preußen und Sachsen waren die Gerichte gehalten, sich der von den Handelskammern öffentlich beeidigten Bücherrevisoren zu bedienen. Die Entwicklung der Verkehrswirtschaft machte es insbesondere für die Kapitalgeber — insbesondere die Banken — erforderlich, vertrauenswürdige, unabhängige und qualifizierte Sachverständige des Rechnungswesens zur Prüfung von Unternehmen heranzuziehen.

Der Stand der Bücherrevisoren wurde in § 36 GewO (Gewerbeordnung) durch das Gesetz betr. die Abänderung der Gewerbeordnung vom 30. Juni 1900 (RGBl., S. 321) als ein Gewerbe bezeichnet, das von den Staatsbehörden auf die Beachtung bestehender Vorschriften beeidigt und öffentlich angestellt werden kann. Maßgeblicher Grund für diese Regelung war die Tatsache, daß ein Mangel an kaufmännisch gebildeten, mit der Buchführung vertrauten und unabhängigen Bücherrevisoren bestand, die in der Lage waren, die Bilanzen der Aktiengesellschaften zu prüfen. Nach dem Ersten Weltkrieg ergingen weitere Verordnungen und Erlasse hinsichtlich der Bestellung der Bücherrevisoren. 1924 wurden vom Deutschen Industrie- und Handelstag Anstellungsvorschriften für Bücherrevisoren anerkannt, die gemeinsam mit dem 1896 gegründeten Verband Deutscher Bücherrevisoren ausgearbeitet worden waren; 1926 erließ der Deutsche Industrie- und Handelstag die sogenannten ‚Normativbestimmungen des Auschusses für das Buchsachverständigenwesen beim Deutschen Industrie- und Handelstag‘. Erstmals wurden damit die allgemeinen Grundsätze für die Berufsausübung wie Unabhängigkeit, Verschwiegenheitspflicht, das Recht zur Siegelführung usw. einheitlich festgelegt. Diese Normativbestimmungen waren bis 1937 in Geltung; sie wurden am 9. November 1937 durch die „Bestimmungen über die Verleihung der berufsständischen Bezeichnung ‚Wirtschaftstreuhänder NSRB‘ und die öffentliche Bestellung und Vereidigung als Bücherrevisor“ abgelöst.

Die ersten gesetzlichen Bestimmungen über freiwillige Prüfungen enthielt das englische ‚companies act‘ aus dem Jahre 1862. Die Gründerkrise in Deutschland nach 1873 macht deutlich, daß ein Mangel an Sachverständigen für das

[7] Ebenda, S. 533.

Rechnungswesen bestand.[8] Durch die Aktienrechtnovelle von 1884 wurde die Gründungsprüfung von Aktiengesellschaften eingeführt, die sich aber nicht bewährte: „Vielfach wurde sie von im Prüfungswesen nicht erfahrenen Personen (z. B. Syndici von Handelskammern) durchgeführt.... Die Erwartung, daß die Gründungsprüfungen sich zu wirklichen materiellen Revisionen entwickeln würden, hatte sich daher im allgemeinen nicht erfüllt."[9] Eine gewisse Parallelität zum genossenschaftlichen Prüfungswesen ist unverkennbar.

Bereits um die Jahrhundertwende traten neben die beeidigten Bücherrevisoren die *Treuhandgesellschaften:*

Unter Führung der Deutschen Bank wurde 1890 die Deutsche Treuhand-Gesellschaft als erste dieser Gesellschaften in Berlin gegründet, die — zunächst mit anderen Aufgaben betraut — 1902 die Prüfungstätigkeit aufnahm. Auf Veranlassung von Banken folgten weitere Gründungen von Treuhandgesellschaften. Die Bedeutung des Treuhandwesens nahm zu, schließlich gründete die öffentliche Hand im Jahre 1925 die Deutsche Revisions- und Treuhand-Aktiengesellschaft. Dennoch erwies sich der Stand der Wirtschaftsprüfung als unbefriedigend.

Frielinghaus (Ministerialrat im Preußischen Handelsministerium) wies darauf hin, daß es zwar eine große Anzahl von Treuhandgesellschaften und Bücherrevisoren in Deutschland gab und daß es unter ihnen solche gab, die den höchsten Ansprüchen genügten, aber auch solche, die nicht genügend ausgebildet oder nicht zuverlässig waren. Daher drangen ausländische — insbesondere aus England und Amerika — vor: „Die ‚Chartered Accountants' haben in der Tat sowohl in England wie in Amerika Vorzügliches geleistet. Einzelne ihrer Gesellschaften haben sich auch in Deutschland niedergelassen und hier ein erhebliches Feld der Betätigung gefunden. Von amerikanischen oder englischen Geldgebern ist wohl keine Anleihe oder keine Beteiligung an deutschen Werken zugesagt worden, ohne daß sie vorher eine eingehende Durchführung dieser Werke durch ihre eigenen Wirtschaftsprüfer vorgenommen hätten. Darunter hat unser Ansehen nicht unerheblich gelitten. Für unsere Wirtschaftskreise war es jedenfalls eine Demütigung, wenn die von ihnen vorgeschlagenen deutschen Treuhandgesellschaften abgelehnt wurden, obwohl unter ihnen auch solche sind, die seitens Reich, Staat und Kommunen zur Revision der öffentlichen Betriebe hinzugezogen wurden. Hier muß Wandel geschaffen werden."[10]

Nach der Jahrhundertwende wurden zunehmend die beeideten Bücherrevisoren und die Treuhandgesellschaften herangezogen. Aus den Bestätigungsvermerken ist aber nicht immer ersichtlich, ob nur eine formale oder ob auch eine materielle Prüfung durchgeführt wurde, aber man wird davon ausgehen

---

[8] Siehe hierzu Curt Eisfeld: Zur Entstehungsgeschichte des Wirtschaftsprüferberufes, in: Die Wirtschaftsprüfung, Heft 19/20 (1956), S. 450-452.

[9] Ebenda, S. 450.

[10] Zitiert nach Brönner/Busch, S. 534.

können, „daß die frühere Übung sich ganz vorwiegend im Bereich des Formalen bewegte und erst allmählich die Bedeutung und Notwendigkeit materieller Prüfungen bei Jahresabschlüssen erkannt wurde."[11] Die Bücherrevisoren bedienten sich in der Zeit um 1900 der Formel ‚Geprüft und mit den Büchern übereinstimmend gefunden' oder ‚Geprüft und richtig befunden'. „Was diese Vermerke besagten, war im Grunde nichts anderes, als daß die Bilanz richtig aus den Büchern abgeschrieben worden war. Offenbar waren die Aktionäre und die Öffentlichkeit damals vollständig zufrieden."[12] Selbst in den 20er Jahren trat keine wesentliche Änderung ein, obwohl man nach der Inflation erkannte, daß derartige ‚Prüfungen' unzureichend waren. Insbesondere bei den Großunternehmen (Aktiengesellschaften) wurde deutlich, daß die Überwachung des Aufsichtsrates nicht ausreichte.

In die Vorarbeiten zur Aktienrechtsreform platzte die Weltwirtschaftskrise von 1929 hinein, die zu zahlreichen Zusammenbrüchen führte. Daher erschien es angebracht, das geplante Aktiengesetz mit Hilfe einer Notverordnung in Kraft zu setzen; dieses geschah mit der Notverordnung vom 19. September 1931.

Der *Berufstand der Wirtschaftsprüfer* wurde erstmals 1931 gesetzlich geregelt:

Angesichts der Zusammenbrüche großer Unternehmen — es seien nur die Nordwolle und die Darmstädter und Nationalbank (Danat-Bank) genannt — war die Notwendigkeit der Einführung der gesetzlichen Abschlußprüfung für Aktiengesellschaften offenkundig geworden. Durch „Verordnung des Reichspräsidenten über Aktienrecht, Bankenaufsicht und über eine Steueramnestie" vom 19. September 1931 (RGBl. I, S. 493) und der „Ersten Verordnung zur Durchführung der aktienrechtlichen Vorschriften der Verordnung des Reichspräsidenten über Aktienrecht, Bankenaufsicht und über eine Steueramnestie" vom 15. Dezember 1931 (RGBl. I, S. 760) wurde die gesetzliche Grundlage geschaffen; denn nach der Verordnung vom 19. September 1931 wurden die Aktiengesellschaften verpflichtet, ihre Jahresabschlüsse durch unabhängige Prüfer prüfen zu lassen und die Erste Durchführungsverordnung vom 15. Dezember 1931 verlieh dieses Recht den Wirtschaftsprüfern bzw. den Wirtschaftsprüfungsgesellschaften. Mit der Ländervereinbarung über Grundsätze für die öffentliche Bestellung der Wirtschaftsprüfer (Anlage zur Ersten Durchführungsverordnung vom 15. Dezember 1931, RGBl. I, S. 761) wurden erstmals Grundsätze für das Prüfungs- und Bestellungsverfahren erlassen. In der Frage, ob den Treuhandgesellschaften oder den Einzelprüfern der Vorrang gegeben werden sollte, entschied der Gesetzgeber, daß neben den Einzelprüfern auch die Wirtschaftsprüfergesellschaften zur Jahresabschlußprüfung zugelassen werden sollten. Auf Grund einer Ländervereinbarung wurden beim Industrie- und Handelstag eine ‚Hauptstelle für die öffentlich bestellten Wirtschaftsprüfer *(Hauptstelle)*' gebildet. Diese Hauptstelle hat Einzelbestimmungen über das

[11] Eisfeld, S. 451.

[12] Ebenda, S. 451.

Verfahren der Zulassungs- und Prüfungsstellen, der Zulassungsbedingungen, die Prüfungsordnung, den Begriff der Wirtschaftsprüfertätigkeit und die Berufsausübung der Wirtschaftsprüfer erlassen. Durch die ‚Verordnung über den Zusammenschluß auf dem Gebiet des wirtschaftlichen Prüfungs- und Treuhandwesens‘[13] vom 23. März 1943 (RGBl. I, S. 157) sowie durch die Anordnung über die Reichskammer der Wirtschaftstreuhänder vom 30. März 1943 (MBl. d. RWM, S. 352) wurde die ‚Hauptstelle für das Wirtschaftstreuhandwesen‘ geschaffen, d. h., die Wirtschaftsprüfer und vereidigten Buchprüfer wurden organisatorisch zusammengeschlossen. Die Erste Durchführungsverordnung vom 15. Dezember 1931 und die damit verbundene Ländervereinbarung waren bis zum Ende des Zweiten Weltkrieges in Kraft. „Es gelang den Fachgremien des Instituts dennoch, verhältnismäßig unbeeinflußt hiervon die Tätigkeit der Berufsangehörigen durch eine intensive Facharbeit in allen zur Verfügung stehenden Gremien zu fördern. Dieses Phänomen allein verdient selbst heute noch — in der Rückschau auf jenen Zeitabschnitt — unsere uneingeschränkte Hochachtung.“[14]

Nach dem Zweiten Weltkrieg trat auch auf diesem Gebiet eine Rechtszersplitterung ein. Ausgehend von einem Institut der Wirtschaftsprüfer der Nord-Rheinprovinz und Westfalen wurde die Facharbeit dem Düsseldorfer Institut übertragen, das im November 1954 in ‚Institut der Wirtschaftsprüfer in Deutschland e. V.‘ umbenannt wurde. Daneben gab es einen ‚Aktionsausschuß freier Wirtschaftsprüfer‘. Erst mit dem ‚Gesetz über eine Berufsordnung der Wirtschaftsprüfer (Wirtschaftsprüferordnung-WPO)‘ vom 24. Juli 1961 (RGBl. I, S. 1049) wurde mit Wirkung ab 1. November 1961 das unterschiedliche Besatzungsrecht abgelöst und unter Einrichtung der *Wirtschaftsprüferkammer als Körperschaft des öffentlichen Rechts* ein einheitliches Berufsrecht für alle Prüferberufe mit einheitlicher Berufsorganisation geschaffen. „Der Berufsstand kann heute (1981, Jk.), 50 Jahre nach seiner offiziellen Formierung, ökonomisch wie juristisch als in unser Rechts- und Wirtschaftssystem voll integriert gelten.“[15]

Trotz mehrerer Änderungen hat sich die WPO bewährt.[16] Die wichtigsten Änderungen erfolgten mit dem Bilanzrichtlinien-Gesetz vom 19. Dezember 1985, das am 1. Januar 1986 in Kraft trat.

Neben der Pflichtprüfung der Aktiengesellschaften ist die für die GmbH ab einer bestimmten Größenordnung eingeführt worden. Neben den Wirtschaftsprüfern sind nunmehr auch die vereidigten Buchprüfer — der Zugang zu diesem

---

[13] Der Begriff ‚Bücherrevisor‘ wurde durch den des ‚Buchprüfers‘ ersetzt.

[14] Brönner / Busch, S. 535.

[15] Ebenda, S. 535.

[16] Siehe hierzu Wilhelm Dieterich: Kernfragen der Entwicklung des Wirtschaftsprüferberufs — Berufszugang, Berufsfortbildung, Berufliches Verhalten, in: Die Wirtschaftsprüfung, Heft 19/20 (1981), S. 538-547.

Berufsstand war 1961 geschlossen worden — gesetzliche Abschlußprüfer. Die Prüfungsbefugnis der vereidigten Buchprüfer bleibt allerdings auf mittelgroße GmbH (Bilanzsumme bis 15,5 Mill. DM, Umsatz bis 32 Mill. DM, 250 Arbeitnehmer; zwei dieser drei Merkmale müssen erfüllt sein) beschränkt. Befristet bis Ende 1989 können vereidigte Buchprüfer, Steuerberater und Rechtsanwälte, die prüfungspflichtige GmbH in der Klientel haben, die WP-Qualifikation erleichtert erwerben. Im übrigen ist für den ab 1. Januar 1986 neu eröffneten Beruf des vereidigten Buchprüfers eine eigene Prüfungsordnung in Kraft getreten (Verordnung zur Durchführung von Artikel 6 des Bilanzrichtlinien-Gesetzes vom 16. Juni 1986, BGBl. I, S. 904).

Gemäß § 58 WPO sind Wirtschaftsprüfer und Mitglieder des Vorstandes, Geschäftsführer oder vertretungsberechtigte persönlich haftende Gesellschafter von Wirtschaftsprüfungsgesellschaften, die nicht Wirtschaftsprüfer sind, Mitglied der Wirtschaftsprüferkammer (WPK); die genossenschaftlichen Prüfungsverbände und Prüfungsstellen der Sparkassen- und Giroverbände können die Mitgliedschaft erwerben. „Die Wirtschaftsprüferkammer hat die Aufgabe, die beruflichen Belange der Gesamtheit der Mitglieder zu wahren und die Erfüllung der beruflichen Pflichten zu überwachen" (so § 57 Abs. 1 WPO). Zur Behandlung von Fragen des wirtschaftlichen Prüfungs- und Treuhandwesens bilden der Deutsche Industrie- und Handelstag und die WP-Kammer eine nichtrechtsfähige Arbeitsgemeinschaft für das wirtschaftliche Prüfungswesen (§ 65 WPO). Aufsicht über die WP-Kammer führt der Bundesminister für Wirtschaft (§ 66 WPO).

Gemäß § 57 Abs. 2 Ziff. 5 WPO obliegt es der WP-Kammer, die allgemeine Auffassung über Fragen der Ausübung des Berufs des Wirtschaftsprüfers und des vereidigten Buchprüfers in *Richtlinien* nach Anhörung der Arbeitsgemeinschaft für das wirtschaftliche Prüfungswesen festzustellen. Diese Richtlinien[17] werden letztmalig 1987 festgestellt. Diese WP-Berufsrichtlinien werden durch die *‚Richtungsweisenden Feststellungen'* auf Grund der Rechtsprechung und der Verwaltungsarbeit der für die berufsständischen Fragen zuständigen Organe ergänzt.[18] Es gehört zu den Berufspflichten, die in den WP-Berufsrichtlinien enthaltenen Grundsätze einzuhalten (vgl. hierzu BVerfGE 36, 212, 217).

2. Statistische Angaben über die Wirtschaftsprüfer

Die Zahl der Wirtschaftsprüfer hat sich von 1236 im Jahre 1941 auf 5590 im Jahre 1988 erhöht.

---

[17] Siehe: Richtlinien für die Berufsausübung der Wirtschaftsprüfer und vereidigten Buchprüfer, festgestellt von der Wirtschaftsprüferkammer, Stand: 12. März 1987, Düsseldorf 1987 (künftig: WP-Berufsrichtlinien).

[18] Die Richtungsweisenden Feststellungen sind in den vorgenannten WP-Berufsrichtlinien abgedruckt.

Mitgliederstatistik der Wirtschaftsprüferkammer[19]
Stand: 1. Januar 1988

Mitglieder	Anzahl
Wirtschaftsprüfer	5590
vereidigte Buchprüfer	1291
Nicht-Wirtschaftsprüfer in Wirtschaftsprüfungsgesellschaften	437
Wirtschaftsprüfungsgesellschaften	1095
Buchprüfungsgesellschaften	3
Zwischensumme	8416
Nach § 131 f Abs. 2 WPO vorläufig bestellte Personen	49
Nach § 131 b Abs. 2 WPO vorläufig bestellte Personen	36
Freiwillige Mitglieder	28
Insgesamt	8529

Zum Vergleich sei angemerkt, daß am 1. Januar 1979 der WPK 4695 Mitglieder angehörten.[20]

Aufgliederung nach der Berufsqualifikation[21]
Stand: 1. Januar 1988

Anerkennung als	Anzahl
WP	832
WP/StB	4441
WP/StB/RA	245
WP/RA	72
Insgesamt	5590
vBP	33
vBP/StB	1190
vBP/StB/RA	39
vBP/RA	32
Insgesamt	1291
WPG	492
WPG/StBG	603
BPG	2
BPG/StBG	1
Insgesamt	1098

[19] WPK-Mitteilungen, Nr. 130 vom 4. März 1988, S. 7.
[20] WPK-Mitteilungen, Nr. 81 vom 7. März 1979, S. 6.
[21] WPK-Mitteilungen, Nr. 130 vom 4. März 1988, S. 7.

Aufgliederung der Wirtschaftsprüfer nach der Berufsausübung
Stand: 1. Januar 1988

Art der Berufsausübung	Anzahl
Nur in eigener Praxis	2158
Sowohl in eigener Praxis als auch im Anstellungsverhältnis	1541
Nur im Anstellungsverhältnis	1891
Insgesamt	5590

Aufgliederung der vereidigten Buchprüfer
Stand: 1. Januar 1988

Art der Berufsausübung	Anzahl
Nur in eigener Praxis	941
Sowohl in eigener Praxis als auch im Anstellungsverhältnis	197
Nur im Anstellungsverhältnis	153
Insgesamt	1291

Aufgliederung der Wirtschaftsprüfungsgesellschaften nach der Rechtsform
Stand: 1. Januar 1988

Rechtsform	Anzahl
AG	35
GmbH	998
KG	26
OHG	36
Insgesamt	1095

Am 1. Januar 1988 gab es nur 3 Buchprüfungsgesellschaften in der Rechtsform der GmbH.

Es fällt auf, daß nur gut ein Drittel sämtlicher Wirtschaftsprüfer in der eigenen Praxis tätig sind, während die Zahl derjenigen Wirtschaftsprüfer, die angestellt sind und/oder in ihrer eigenen Praxis arbeiten, sehr hoch ist.

Mit der WPO von 1961 wurde der Berufsstand der vereidigten Buchprüfer geschlossen, da es nur noch rund 1000 Berufsangehörige gab und das Durchschnittsalter bei 59 Jahren lag. Es erschien daher gerechtfertigt, die Prüfung für die vereidigten Buchprüfer fallen zu lassen und den noch vorhandenen Buchprüfern durch eine Übergangsprüfung die Bestellung zum Wirtschaftsprüfer zu ermöglichen (§ 131 WPO). § 128 WPO hat diese Regelung aufgehoben, d.h., der Berufsstand der vBP *(vereidigte Buchprüfer)* ist ‚reaktiviert‘ worden. Sie haben die Befugnis, die Jahresabschlüsse von mittelgroßen Gesellschaften mit beschränkter Haftung (§ 267 Abs. 2 HGB) nach § 316 Abs. 1 Satz 1 HGB zu prüfen; sie können ferner ihre Auftraggeber steuerlich beraten (so § 129 WPO). Zum Examen als vBP kann gemäß § 131 WPO nur zugelassen werden, wer im Zeitpunkt der Antragstellung Steuerberater oder Rechtsanwalt ist und mindestens fünf Jahre diesen Beruf ausgeübt hat. § 131 c WPO regelt die erleichterte Bestellung von vereidigten Buchprüfern, Steuerberatern und Rechtsanwälten zu Wirtschaftsprüfern.

Nach dem Stand vom 1. Januar 1988[22] hatten 1341 Kandidaten den Antrag auf das WP-Übergangsexamen gestellt, geprüft wurden 653, und 402 haben das Übergangs-Examen bestanden. Zum gleichen Zeitpunkt hatten 4513 den Antrag auf vBP-Examen gestellt, geprüft wurden 2248 Kandidaten, wovon 1523 das Examen bestanden haben.

Es ist zu erwarten, daß von dieser Übergangsregelung bis Ende 1989 noch in erheblichem Umfange Gebrauch gemacht wird, so daß sich sowohl die Zahl der Wirtschaftsprüfer als auch die der vereidigten Buchprüfer nicht unwesentlich erhöhen wird.

V. Die Doppelfunktion der Wirtschaftsprüfer

Die Diskussion über die Doppelnatur der genossenschaftlichen Prüfungsverbände ist nicht nur umfangreich und intensiv, sondern hat bereits dazu geführt, daß mit dem Bilanzrichtlinien-Gesetz spätestens ab Ende 1989 diesem Tatbestand Rechnung getragen werden muß, indem dem gesetzlichen Vorstand eines Prüfungsverbandes mindestens ein Wirtschaftsprüfer angehört. Die Vorgänge um die Neue Heimat und insbesondere die Berichte bzw. Empfehlungen des Parlamentarischen Untersuchungsausschusses in Hamburg sowie des Deutschen Bundestages werden möglicherweise dazu führen, daß zumindest bei den wohnungswirtschaftlichen Prüfungsverbänden eine noch stärkere Trennung erfolgt. Ob dann diese Entwicklung wiederum der ‚Vorreiter‘ wie Anfang der 30er Jahre wird, bleibt abzuwarten.

Bei dieser Diskussion wird häufig übersehen, daß auch die sogenannten ‚freien‘ Wirtschaftsprüfer und nicht nur die bei den genossenschaftlichen und wohnungswirtschaftlichen Prüfungsverbänden sowie bei den Sparkassen- und Giroverbänden angestellten Wirtschaftsprüfer — für die die WPO und WP-Richtlinien gleichermaßen gelten — eine Doppelfunktion haben.

---

[22] WPK-Mitteilung, Nr. 130 vom 4. März 1988, S. 7f.

1. Die Aufgaben der Wirtschaftsprüfer

Der Dritte Teil der WPO (§§ 43 bis 56) regelt die Rechte und Pflichten der Wirtschaftsprüfer:

(a) *§ 43 WPO: Allgemeine Berufspflichten*

„(1) Der Wirtschaftsprüfer hat seinen Beruf unabhängig, gewissenhaft, verschwiegen und eigenverantwortlich auszuüben. Er hat sich insbesondere bei der Erstattung von Prüfungsberichten und Gutachten unparteiisch zu verhalten.

(2) Der Wirtschaftsprüfer hat sich jeder Tätigkeit zu enthalten, die mit seinem Beruf oder mit dem Ansehen des Berufes unvereinbar ist...".

(b) *§ 44 WPO: Eigenverantwortliche Tätigkeit*

„(1) ...

(2) Eine eigenverantwortliche Tätigkeit übt nicht aus, wer sich als zeichnungsberechtigter Vertreter oder als zeichnungsberechtigter Angestellter an Weisungen zu halten hat, die ihn verpflichten, Prüfungsberichte und Gutachten auch dann zu unterzeichnen, wenn ihr Inhalt sich mit seiner Überzeugung nicht deckt. Weisungen, die solche Verpflichtungen enthalten, sind unzulässig...

(3) ... (5)"

Diese Bestimmungen der WPO werden durch die WP-Berufsrichtlinien sowie durch die Richtungsweisenden Feststellungen konkretisiert und präzisiert. In den Abschnitten I bis VII werden die Unabhängigkeit und Unbefangenheit, die Gewissenhaftigkeit, die Eigenverantwortlichkeit, die Verschwiegenheit, die Unparteilichkeit, das berufswürdige Verhalten und die unvereinbaren Tätigkeiten behandelt. Hierauf soll eingegangen werden, wenn im folgenden Abschnitt die Doppelfunktion der Wirtschaftsprüfer behandelt wird.

2. Der Inhalt der Tätigkeit der Wirtschaftsprüfer

In § 2 WPO wird der Inhalt der Tätigkeit der Wirtschaftsprüfer wie folgt definiert:

„(1) Wirtschaftsprüfer haben die berufliche Aufgabe, betriebswirtschaftliche Prüfungen, insbesondere solche von Jahresabschlüssen wirtschaftlicher Unternehmen, durchzuführen und Bestätigungsvermerke über die Vornahme und das Ergebnis solcher Prüfungen zu erteilen.

(2) Wirtschaftsprüfer sind befugt, ihre Auftraggeber in steuerlichen Angelegenheiten nach Maßgabe der bestehenden Vorschriften zu beraten und zu vertreten.

(3) Wirtschaftsprüfer können unter Berufung auf ihren Berufseid auf den Gebieten der wirtschaftlichen Betriebsführung als Sachverständige auftreten."

Vereinfacht ausgedrückt haben die Wirtschaftsprüfer *drei Tätigkeitsbereiche:* Die Jahresabschlußprüfungen, die steuerliche Beratung und Vertretung sowie die Funktion des Sachverständigen. Unter Vernachlässigung der Funktion des Sachverständigen soll das Spannungsfeld von Jahresabschlußprüfung und Beratung sowie Interessenvertretung untersucht werden.

3. Die Wirtschaftsprüfer als Berater und Interessenvertreter

Wir haben bereits gesehen, daß § 2 Abs. 2 WPO zuläßt, daß die Wirtschaftsprüfer ihre Auftraggeber in steuerlichen Angelegenheiten beraten und vertreten dürfen. In § 43 WPO wird einerseits eine negative (Ziff. 3), andererseits eine positive Abgrenzung (Ziff. 4) der Tätigkeitsmerkmale vorgenommen:

(1) *§ 43 Abs. 3 WPO:*
„Neben seinem Beruf darf der Wirtschaftsprüfer *nicht* ausüben
1. eine gewerbliche Tätigkeit
2. ..."

(2) *§ 43 Abs. 4 WPO:*
„*Vereinbar* mit dem Beruf des Wirtschaftsprüfers sind:
1. alle Tätigkeiten, welche die Beratung und Wahrnehmung fremder Interessen in wirtschaftlichen Angelegenheiten zum Gegenstand haben;
2. -5."

Unseres Erachtens ist zwischen der allgemeinen Beratung, der steuerlichen Beratung und Vertretung im besonderen sowie der Wahrnehmung fremder Interessen zu unterscheiden:

(1) *Allgemeine Beratung:* Eine solche Beratung[1] wird sich in der Regel nicht in der Öffentlichkeit, sondern im vertraulichen Gespräch mit dem Mandanten vollziehen, bei dem durch eine kontroverse Diskussion bestmögliche Lösungen im wirtschaftlichen, rechtlichen und steuerlichen Bereich für den Ratsuchenden gefunden werden sollen. Die Beratung kann als Entscheidungshilfe betrachtet werden, bei dem die Sach- und Fachkunde des Wirtschaftsprüfers genutzt wird. Das bedeutet, daß der Wirtschaftsprüfer nicht an Weisungen des Mandanten gebunden ist.

(2) *Steuerliche Vertretung:* Eine steuerliche Beratung kann bzw. wird in eine Vertretung bei der Finanzverwaltung oder in eine solche bei den Finanzgerichten einmünden. Eine derartige Vertretung geht unseres Erachtens über die Beratung hinaus, da auf Grund der gewährten Entscheidungshilfe der Mandant zu einem bestimmten (für ihn günstig erscheinenden) Ergebnis gelangt und hiervon die Finanzverwaltung oder die Finanzgerichte überzeugt werden sollen. In diesem Falle tritt der Wirtschaftsprüfer mit Vollmacht im Namen seines Mandanten auf und vertritt diesen, möglicherweise auch dann, wenn er anderer Meinung als der Mandant ist.

---

[1] Ulrich Leffson (Wirtschaftsprüfung, 3. Aufl., Wiesbaden 1985, S. 21) definiert die Beratung wie folgt: „Beratung ist die Abgabe und Erörterung von Empfehlungen durch sachverständige Personen im Hinblick auf künftige Entscheidungen des Ratsuchenden." Die Beratung ist von der Begutachtung zu trennen: „Mit der Begutachtung sollen ausschließlich Ermittlungen, Analysen und diese auswertende Urteile vorgelegt werden. Damit ist die Begutachtung beendet. Das Gutachten enthält keine Handlungsanweisung."

(3) *Wahrnehmung fremder Interessen:* Die Vertretung in steuerlichen Angelegenheiten geht bereits in die Wahrnehmung fremder Interessen über, obgleich dieses wesentlich umfassender sein, d.h., auch und gerade wirtschaftliche, rechtliche und technische Belange umfassen kann. Unseres Erachtens ist dieses die umfassendste bzw. intensivste Form, bei der sich der Wirtschaftsprüfer in die subjektive Interessenlage seines Mandanten einschaltet.

In den WP-Berufsrichtlinien (Abschnitt I: Unabhängigkeit und Unbefangenheit)[2] wird bestimmt, daß „der Wirtschaftsprüfer bei seinen Feststellungen, Beurteilungen und Entscheidungen frei von Einflüssen, Bindungen und Rücksichten sein (muß), die seine Unabhängigkeit und Unbefangenheit beeinträchtigen könnten". Dann aber heißt es weiter: „Der Grundsatz der Besorgnis der Befangenheit (§ 49 WPO) ist *nicht* anwendbar, wenn die Berufspflicht der Unparteilichkeit im Sinne des § 43 Abs. 1 WPO nicht besteht, wie z.B. bei der Beratung und Wahrung der Interessen des Auftraggebers in steuerlichen und wirtschaftslichen Angelegenheiten."[3] Ergänzend heißt es hierzu in den Richtungsweisenden Feststellungen: „Die Beratung oder Vertretung eines Auftraggebers in steuerlichen und wirtschaftlichen Angelegenheiten ist mit der Prüfung durch denselben Wirtschaftsprüfer in der Regel vereinbar; entsprechendes gilt für eine gutachterliche Tätigkeit."[4]

a) Das Spannungsverhältnis von Prüfung, Beratung und Interessenvertretung

Unseres Erachtens wird hier das *Spannungsverhältnis* zwischen dem (objektiven) Jahresabschlußprüfer einerseits und dem (subjektiven) Berater und Interessenvertreter andererseits deutlich:

Gemäß § 48 Abs. 1 WPO sind die Wirtschaftsprüfer *verpflichtet,* ein Siegel zu benutzen, wenn sie in ihrer Berufseigenschaft auf Grund gesetzlicher Vorschriften Erklärungen abgeben. Sie *können* ein Siegel führen, wenn sie in Berufseigenschaft Erklärungen über Prüfungsergebnisse abgeben oder Gutachten erstatten. Die Führung eines Siegels wird derjenigen Amtsperson gestattet bzw. die Verpflichtung hierzu auferlegt, die hoheitliche (unparteiliche) Funktionen ausübt, wie zum Beispiel dem Notar, dagegen kann ein Rechtsanwalt, der die Interessen seines Mandanten vertritt, nur einen Stempel führen. Folgerichtig unterscheidet die WPO zwischen der Pflicht und der Möglichkeit, das Siegel zu verwenden. Ob Erklärungen über Prüfungsergebnisse oder Gutachten — in beiden Fällen können Elemente der Beratung bzw. der Wahrnehmung fremder Interessen enthalten sein — ‚siegelfähig' sind, erscheint zumindest problematisch.

---

[2] WP-Berufsrichtlinien, S. 7-9.

[3] Ebenda, S. 7.

[4] Ebenda, S. 8.

Die *steuerliche Vertretung* und die *Wahrnehmung fremder Interessen* durch den Wirtschaftsprüfer erscheint besonders problematisch. Diese Interessenwahrnehmung wird bei Steuerstreitigkeiten mit der Finanzverwaltung und vor dem Finanzgericht sehr deutlich:

In den Richtlinien zur Berufsausübung heißt es hierzu:[5] „Die Beratung oder Vertretung eines Auftraggebers in steuerlichen und wirtschaftlichen Angelegenheiten ist mit einer Prüfung durch denselben Wirtschaftsprüfer in der Regel *vereinbar;* entsprechendes gilt für eine gutachterliche Tätigkeit. Eine Beratungstätigkeit, die über eine fachliche oder wissenschaftliche Sachaufklärung oder über eine gutachtliche Darstellung von Alternativen (Entscheidungshilfen) hinausgeht, steht der gleichzeitigen Tätigkeit als Abschlußprüfer desselben Unternehmens *entgegen,* wenn dadurch die Besorgnis hervorgerufen wird, daß die Funktion des außenstehenden objektiven, unabhängigen und unbefangenen Wirtschaftsprüfers nicht mehr gegeben ist.“ Diese Feststellungen in den Berufsrichtlinien lassen somit nicht nur die Beratung, sondern auch die Vertretung in steuerlichen und wirtschaftlichen Angelegenheiten durch den Wirtschaftsprüfer zu. Damit wird eindeutig bestimmt, daß der Wirtschaftsprüfer nicht nur objektive (Prüfungs-)Feststellungen zu treffen hat, sondern auch die (subjektiven) Interessen seines Mandanten vertreten kann.

Die Grenze der Interessenvertretung wird dort gezogen, wo die Besorgnis der Befangenheit besteht. Hierüber entscheidet aber offensichtlich der Wirtschaftsprüfer selbst. Es handelt sich somit um einen Grundsatz, der nicht konkret ausgefüllt ist und möglicherweise auch nicht ausgefüllt werden kann.

Ein Vergleich mit der genossenschaftlichen Pflichtprüfung — der der Vorwurf gemacht wird, daß die Prüfungsverbände auch die Interessen ihrer Mitglieder vertreten — macht ein Doppeltes deutlich:

(1) Die *genossenschaftlichen Prüfungsverbände* haben als Institution die Aufgabe, über die Pflichtprüfung hinaus die Belange der Mitglieder zu vertreten. Je größer die Zahl der Verbandsmitglieder, desto größer ist die Wahrscheinlichkeit, daß das einzelne Mitglied nicht subjektive Interessen gegenüber der Gesamtheit durchsetzen kann, da nicht nur die Willensbildung, sondern auch die Finanzierung von bzw. durch sämtliche Mitglieder getragen wird.

(2) Die *Wirtschaftsprüfer bzw. Wirtschaftsprüfungsgesellschaften* haben gleichfalls das Recht, ihre Mandanten zu beraten und deren Interessen zu vertreten; dieses gilt auch für die bei den Prüfungsverbänden angestellten Wirtschaftsprüfer. Diese Beziehungen zwischen dem Mandanten und dem Wirtschaftsprüfer sind bilateral und nicht wie beim Prüfungsverband multilateral. Somit kann der Einzel-Mandant einen stärkeren Einfluß als das einzelne Verbandsmitglied ausüben und damit bewirken, daß der

---

[5] Ebenda, S. 8 (Hervorhebungen erfolgten durch uns, Jk.).

Wirtschaftsprüfer seine objektive Prüferfunktion zugunsten der Beratung und Interessenvertretung verlagert.

Der Geschäftsführer der Wirtschaftsprüferkammer, Manfred Thümmel[6], hat sich eingehend mit der Bedeutung des Begriffes *,Unabhängigkeit'* im Rahmen prüfender und beratender Tätigkeit auseinandergesetzt. Thümmel gelangt zu den folgenden Ergebnissen:

Nicht nur bei den Wirtschaftsprüfern, sondern auch bei den Steuerberatern, Rechtsanwälten und Notaren kommt in den Berufsgesetzen der Begriff der Unabhängigkeit vor, obgleich dieser unterschiedliche Inhalte hat:

(1) *Steuerberater und Rechtsanwälte:* Im Verhältnis zum Mandanten besteht ein Weisungsrecht, und zwar unabhängig von der Auftragsvereinbarung und -abwicklung kraft Gesetzes. „Die Unabhängigkeit des Steuerberaters gegenüber dem Auftraggeber beschränkt sich infolgedessen lediglich darauf, daß er einem Verlangen nach *un*gesetzlichem oder berufswidrigem Handeln entgegenzutreten hat. ... Im Gegenteil: Steuerberater und Rechtsanwälte haben in ihrem Bereich bis zur Grenze der Wahrnehmung berechtigter Interessen zu gehen, wenn sie einen Beratungs- oder einen Vertretungsauftrag für den Mandanten ordnungsgemäß durchführen wollen."[7]

(2) *Wirtschaftsprüfer:* Für diesen ist die Unabhängigkeit doppelt zu beurteilen:
   a) Bei betriebswirtschaftlichen und insbesondere bei *Jahresabschlußprüfungen* ist der Auftrag durch den Mandanten nicht variabel, zumindest nicht einschränkbar; denn hierfür gelten die gesetzlichen Vorschriften (siehe §§ 316-324 HGB, eingefügt durch das Bilanzrichtlinien-Gesetz).
   b) Bei der *steuerlichen Beratung und Vertretung* gilt auch für den Wirtschaftsprüfer das für die Steuerberater und Rechtsanwälte Gesagte, d.h., in diesen Bereichen sind auch die Wirtschaftsprüfer an die Weisungen der Mandanten gebunden.

„Während der *Steuerberater und Rechtsanwalt* — und auch der Wirtschaftsprüfer — im beratenden und vertretenden Bereich ausschließlich Interessenvertreter sind, obliegt dem *Wirtschaftsprüfer* im prüfenden und gutachterlichen Bereich — wie einem Richter — zusätzlich die Pflicht zur Unparteilichkeit und damit zur Objektivität. ... Die gesetzliche Verpflichtung zur Unparteilichkeit und zur Objektivität bedingt zugleich, daß der Wirtschaftsprüfer — und hier kann der Vergleich mit dem Richter gezogen werden — seine Tätigkeit zu

[6] Manfred Thümmel: Die unterschiedliche Bedeutung des Begriffes ,Unabhängigkeit' im Rahmen prüfender und beratender Tätigkeit sowie ihre Auswirkung auf Inhalt und Aussagekraft von Testat und Bescheinigungen, Referat anläßlich der 8. Wirtschaftsprüferversammlung am 28. Mai 1984 in Frankfurt, in: Anlage zum WPK-Mitteilungsblatt Nr. 112 vom 19. September 1984.

[7] Ebenda, S. 3.

versagen hat, wenn die Besorgnis der Befangenheit der Durchführung eines Auftrages besteht. Die Besorgnis der Befangenheit setzt die Pflicht zum objektiven und unparteilichen Handeln voraus, gilt also grundsätzlich *nicht* im Beratungs- und Vertretungsbereich, also nicht für Steuerberater und Rechtsanwälte, weil im Beratungs- und Vertretungsbereich der Berufsangehörige pflichtgemäß bis an die Grenze der Wahrnehmung berechtigter Interessen der Mandanten zu gehen hat. ... Auch für Wirtschaftsprüfer ist der Grundsatz der Besorgnis der Befangenheit *nicht* anwendbar, wenn die Berufspflicht der Unparteilichkeit im Sinne des § 43 Abs. 1 WPO nicht besteht, wie zum Beispiel bei der Beratung und Wahrung der Interessen des Auftraggebers in steuerlichen und wirtschaftlichen Angelegenheiten."[8] Somit haben die Steuerberater und Rechtsanwälte eine *,einfache'* Natur: Sie sind Berater und Interessenvertreter, die Grenzen werden durch das ungesetzliche und berufswidrige Handeln gezogen; dagegen haben die Wirtschaftsprüfer eine *,Doppel'*-Natur, sie sind einerseits objektive (Jahresabschluß-)Prüfer und andererseits weisungsgebundene Berater und Interessenvertreter. Damit ist nicht nur bei den genossenschaftlichen Prüfungsverbänden, sondern auch bei den Wirtschaftsprüfern eine Doppelnatur gegeben.

Diese Doppelnatur ist auch vom Bundesfinanzhof in einem Urteil vom 4. Dezember 1980 bestätigt worden[9]. In seinem Urteil unterscheidet der Bundesfinanzhof zwischen engerem und weiterem Kreis der berufstypischen Tätigkeit eines Wirtschaftsprüfers:

(1) *Engerer Kreis der berufstypischen Tätigkeit:* Gemäß § 1 Abs. 1 und § 129 Abs. 1 WPO gehört das Prüfungswesen hierzu. Dieser engere Kreis wird aber nicht abschließend beurteilt, denn hierzu gehört auch die Steuerberatung (§ 2 Abs. 2 und § 129 Abs. 2 WPO). Diese gesetzestechnische Abtrennung der Steuerberatungsbefugnis vom Berufsbild im engeren Sinne erfolgte allein aus der Erwägung, daß für diese Tätigkeiten andere Vorschriften — das Steuerberatungsgesetz — maßgeblich sein können.

(2) *Weiterer Kreis der berufstypischen Tätigkeit:* Zwischen der Prüfung und der Steuerberatung ist die Beratung in wirtschaftlichen Angelegenheiten eingebettet. „Durch sie werden insbesondere aus Prüfungen gewonnene Erkenntnisse zum Nutzen der Betriebe verwertet."[10] Im Regierungsentwurf der WPO war vorgesehen, die Beratung in wirtschaftlichen Angelegenheiten mit der Steuerberatung gleichzustellen. Da aber die Befürchtung bestand, daß die Wirtschaftsprüfer auch die Rechtsberatung[11]

---

[8] Ebenda, S. 4 (Hervorhebungen erfolgten durch uns, Jk.).

[9] Siehe: Ermäßigter Umsatzsteuersatz nur für berufstypische Tätigkeit von Wirtschaftsprüfern, BFH-Urteil vom 4. Dezember 1980 (VR 120/73), in: Betriebs-Berater, Heft 6 vom 28. Februar 1981, S. 349-350.

[10] Ebenda, S. 349.

[11] Seit Erlaß des Rechtsberatungsgesetzes im Jahre 1935 ist zwischen Wirtschaftsprüfern und Rechtsanwälten streitig, ob der Wirtschaftsprüfer auch fremde Rechtsangelegen-

an sich ziehen könnten, wurde diese Aufgabe nach § 43 Abs. 4 Nr. 1 WPO verwiesen. Das ändert aber nichts daran, „daß Beratung und Vertretung in wirtschaftlichen Angelegenheiten mit der Prüfungsaufgabe sachlich eng verbunden sind. Wenn den Wirtschaftsprüfern und vereidigten Buchprüfern aus den vorbezeichneten Gründen nicht die ausdrückliche Befugnis zur Beratung und Vertretung in wirtschaftlichen Angelegenheiten zugesprochen wurde, so kann dies nichts daran ändern, daß diese Tätigkeit das Berufsbild des Wirtschaftsprüfers und des vereidigten Buchprüfers mitbestimmt."[12]

---

heiten besorgen darf. Der Bundesgerichtshof hat diese Streitfrage durch sein Urteil vom 4. November 1987 (IVa ZR 158/86, abgedruckt in: Betriebs-Berater, Heft 3 vom 30. November 1988, S. 177-179) geklärt:

„Nach Artikel 1 § 5 Nr. 2 des Rechtsberatungsgesetzes verbieten dessen Vorschriften nicht, daß öffentlich bestellte Wirtschaftsprüfer sowie vereidigte Bücherrevisoren in Angelegenheiten, mit denen sie beruflich befaßt sind, auch die rechtliche Bearbeitung übernehmen, soweit diese mit den Aufgaben des Wirtschaftsprüfers oder Bücherrevisors in unmittelbarem Zusammenhang steht. Zu diesen Aufgaben des Wirtschaftsprüfers rechnet der BGH nun alle jene Tätigkeiten, die zu seinem anerkannten, herkömmlichen Berufsbild gehören. Mit dem Rechtsberatungsgesetz habe der Gesetzgeber dem Mißstand begegnen wollen, daß die Besorgung fremder Rechtsangelegenheiten weitgehend in die Hand von Personen gelange, die keine hinreichende Gewähr für die unentbehrliche Sachkunde und Zuverlässigkeit böten. Die Ausnahmeregelung des Artikels 1 § 5 beruhe auf der Erwägung, daß sich zahlreiche Berufe ohne gleichzeitige rechtliche Beratung nicht sachgemäß ausüben ließen; den dort genannten Unternehmen sollte die Ausübung ihres Berufs nicht deshalb unmöglich gemacht werden, weil hiermit gleichzeitig eine rechtliche Tätigkeit verbunden sei. Unter die Ausnahmevorschrift falle deshalb eine solche rechtliche Tätigkeit, die der Freiberufler im Rahmen und im Interesse seiner Berufsausübung ausführe. Zum anerkannten Berufsbild des Wirtschaftsprüfers gehörte schon bei Erlaß des Rechtsberatungsgesetzes die wirtschaftsberatende Tätigkeit. Nach seiner Zielsetzung habe das Rechtsberatungsgesetz nicht die Aufgabe, die wirtschaftsberatende Tätigkeit der Wirtschaftsprüfer zu unterbinden, soweit die Wirtschaftsberatung im Vordergrund stehe. Ein Mißbrauch in solchen Fällen ist nach Meinung des BGH auch gar nicht zu befürchten; vielmehr entspreche es oftmals den wohlverstandenen Interessen der Beteiligten, wenn beispielsweise auch die Verhandlung mit Gläubigern von einem wirtschaftlich erfahrenen Berater durchgeführt würde. Daran ändere auch die Wirtschaftsprüferordnung nichts, die zwar zwischen der beruflichen Aufgabe, betriebswirtschaftliche Prüfungen durchzuführen, der Befugnis der Steuerberatung, dem Auftreten als Sachverständiger, der Beratung und Wahrung fremder Interessen in wirtschaftlichen Angelegenheiten oder anderer Tätigkeiten unterscheide.

Doch habe der Gesetzgeber dadurch die Befugnis der Wirtschaftsprüfer zu Rechtsberatung und Rechtsbesorgung nicht einschränken wollen. Voraussetzung der als Ausnahmevorschrift eng auszulegenden Regelung des Artikels 1 § 5 Nr. 2 sei allerdings, daß die wirtschaftsberatende oder -besorgende Tätigkeit des Wirtschaftsprüfers im Vordergrund stehe und die rechtsberatende Tätigkeit hiermit im unmittelbaren Zusammenhang stehe. Dazu sei allerdings nicht erforderlich, daß diese Tätigkeit ohne Rechtsberatung schlechthin unmöglich sei. Ein unmittelbarer Zusammenhang sei auch dann gegeben, wenn der Wirtschaftsprüfer ohne die rechtliche Beratung seine eigentliche wirtschaftsberatende oder -besorgende Aufgabe nicht mehr sachgemäß erfüllen könne."

Zusammenfassung des BGH-Urteils entnommen aus: Handelsblatt vom 5. Januar 1988.

[12] Betriebs-Berater, Heft 6 (1981), S. 349.

Hier wird deutlich, daß nicht nur bei den genossenschaftlichen Prüfungsverbänden und deren (Wirtschafts-)Prüfer eine Doppelnatur vorliegt, sondern auch die (freien) Wirtschaftsprüfer diese haben. Allerdings besteht ein Unterschied: Die Genossenschaftsverbände wirken nicht nur nach innen, sondern auch nach außen, außerdem muß sich ihre Interessenwahrnehmung nicht nur auf wirtschaftliche und steuerrechtliche Angelegenheiten beschränken. Insofern ist die Kann-Aufgabenstellung der Prüfungsverbände umfassender. Andererseits können die genossenschaftlichen Prüfungsverbände selbst dann nicht als Abschlußprüfer abgewählt werden, wenn sich das Verbandsmitglied nicht angemessen vertreten fühlt. Bereits hier wird erkennbar, daß beide Systeme — Pflichtmitgliedschaft im Prüfungsverband einerseits und Wahl des Abschlußprüfers andererseits — ihre Vor- und Nachteile haben.

Im Wirtschaftsprüfer-Handbuch[13] wird *Wirtschaftsberatung* als „eine besondere betriebswirtschaftliche Prüfung des betreffenden wirtschaftlichen Sachverhalts, soweit auf bereits vorliegende Prüfungsergebnisse zurückgegriffen werden kann", definiert.[14] Die Beratungstätigkeit kann sich auf die strukturelle Beratung (zum Beispiel Wahl der Unternehmensform, Sanierung, Auflösung, Kauf, Zusammenschluß usw.) und auf die Beratung auf Einzelgebieten (zum Beispiel Vertragsberatung, von Finanzierungen, die Einrichtung des Rechnungswesens) erstrecken; die Organisationsberatung (Einsatz maschineller Hilfsmittel für Büroarbeiten) gewinnt an Bedeutung. „Das Aufgabengebiet der Wirtschaftsberatung ist so umfangreich, daß eine Spezialisierung bzw. Bevorzugung von Sondergebieten nicht ganz zu vermeiden ist."[15]

Die *Steuerberatung* durch den Wirtschaftsprüfer beruht auf der engen Verknüpfung der Handels- mit der Steuerbilanz. Wenn ein Wirtschaftsprüfer einen Auftraggeber seit Jahren betreut, dann hat er nicht nur einen Einblick in die internen Verhältnisse des Unternehmens, sondern man kann von ihm auch ein großes Maß an Verantwortung für die Richtigkeit der Gewinnermittlung verlangen. Wenn beim Wirtschaftsprüfer Bedenken gegen die vom Mandanten erteilten Weisungen erwachsen, dann muß er diese vortragen. Aber: „Der Wirtschaftsprüfer ist unbeschadet seiner berufsrechtlichen Eigenverantwortlichkeit verpflichtet, die Rechte seines Auftraggebers so wahrzunehmen, daß dieser keinen Schaden erleidet. ... Unter diesen Umständen kann die Art des Steuerberatungsauftrags auch zu der Verpflichtung führen, den Mandanten ungefragt über Möglichkeiten der Steuerersparnis zu belehren. Bei mehreren Auslegungsmöglichkeiten hat er die für seinen Auftraggeber günstigste zu vertreten. Bei gutachterlichen Äußerungen muß er jedoch den Mandanten ggf. auf Unklarheiten der Rechtslage hinweisen. Problematisch ist, ob der Berater für den Mandanten immer den ‚sichersten Weg' zu wählen hat."[16]

---

[13] WP-Handbuch 1985/86, Bd. I, S. 1821ff.

[14] Ebenda, S. 1821.

[15] Ebenda, S. 1823.

[16] Ebenda, S. 1825.

Auch die Ausführungen des WP-Handbuches lassen erkennen, daß insbesondere im Bereich der Steuerberatung die Unabhängigkeit der Wirtschaftsprüfer nicht gegeben sein muß: „Die Berufspflicht der *Unparteilichkeit besteht nicht* im Bereich Beratung und der Wahrung der Interessen des Auftraggebers in steuerlichen und wirtschaftlichen Angelegenheiten; infolgedessen ist in diesem Bereich der Grundsatz der Befangenheit (§ 49 WPO) auch nicht anwendbar. Insoweit besteht eine gleichartige Rechtslage wie bei den Rechtsanwälten und den Steuerberatern, die nach der Aufgabenstellung ihrer Berufsgesetze *Interessenvertreter* sind."[17]

Diese Doppelfunktion der Wirtschaftsprüfer ist daher von einigen Autoren in objektive und subjektive Aufgaben unterteilt worden:[18]

„Zu den *objektiven Aufgaben* rechnen Prüfungen und Begutachtungen, da der Prüfer sich bei der Wahrnehmung unparteilich zu verhalten hat. In den beiden Fällen gibt der Mandant nur den Auftrag. Die Durchführung der Prüfung bzw. Begutachtung und die Feststellung des Ergebnisses obliegen allein dem beauftragten Prüfer, der ‚wie ein Richter nur dem Gesetz, den fachlichen Regeln und seinem Gewissen zu folgen hat'."[19] Hierzu gehört insbesondere die aktienrechtliche Jahresabschlußprüfung. „Demgegenüber gehören Beratungen, Vertretungen vor Finanzgerichten oder Behörden und Treuhandaufgaben durchweg zu den *subjektiven Aufgaben;* Unparteilichkeit wird nicht gefordert. Der Mandant erteilt in diesen Fällen nicht unbedingt nur den Auftrag, sondern kann die gesamte Tätigkeit des Prüfers bestimmen."[20]

Nach Leffson[21] begegnet eine Prüfung und Beratung durch die gleiche Person oder Institution dreierlei Bedenken:

(1) *Potentielle Abhängigkeit:* Durch die Kombination beider Aufträge wächst das Volumen der Aufträge und damit das des Gebührenaufkommens beim Wirtschaftsprüfer. Hieraus ergibt sich ein wachsendes Interesse des Prüfers an der Fortsetzung der Geschäftsverbindung mit dem Mandanten. Aus dieser potentiellen (finanziellen) Abhängigkeit kann eine Einschränkung der Urteilsfähigkeit folgen. „Je größer der Anteil eines Einzelauftrages am gesamten Auftragsvolumen einer Prüfungsinstitution ist und je geringer die Chance ist, einen verlorengegangenen Auftrag durch einen neuen zu ersetzen, desto eher wird der Urteilende ceteris paribus bereit sein, den Wünschen der Verwaltung entgegenzukommen."[22]

[17] Ebenda, S. 41 (Hervorhebungen durch uns, Jk.).

[18] Hans-Bert Binz: Kritik an deutschen Wirtschaftsprüfern — ein Glaubwürdigkeitsproblem? — Eine Profession im Spannungsfeld der Interessen, Reihe: Steuer, Wirtschaft und Recht, Bd. 4, 2. Aufl., Bergisch Gladbach—Köln 1985, S. 31 ff.

[19] Ebenda, S. 35 (Hervorhebung erfolgte durch uns, Jk.).

[20] Ebenda, S. 35 f. (Hervorhebung erfolgte durch uns, Jk.).

[21] Leffson, S. 85 f.

[22] Ebenda, S. 83 f.

(2) *Vertrauensverhältnis schränkt die Urteilsfähigkeit ein:* Die Beratungstätigkeit setzt ein Vertrauensverhältnis, die Prüfung dagegen eine kritische Distanz voraus. Je intensiver die Beratung ist, desto enger wird in der Regel das Vertrauensverhältnis, das die (objektive) Urteilsfähigkeit einschränken kann. Diese Einschränkung der Urteilsfähigkeit durch persönliche Rücksichtnahme ist schwer abzugrenzen und rechtlich zu erfassen. § 49 WPO schreibt vor, daß der Wirtschaftsprüfer seine Tätigkeit zu versagen hat, wenn die Besorgnis der Befangenheit besteht. Diese generelle Norm ist kaum konkretisierbar.

(3) *Trennung von Prüfung und Beratung:* Diese beiden Bereiche können nicht immer hinreichend getrennt werden, so daß der Prüfer unter Umständen Sachverhalte prüfen muß, an deren Gestaltung er vorher mitgewirkt hat. Die Prüfung ist stets eine strikte Fremdbeurteilung, d.h., Sachverhalte sind aus der Sicht eines Dritten zu beurteilen. Daher sind jene Fälle problematisch, in denen Prüfung und Beratung ineinander übergehen.

Grundsätzlich ist Leffson zuzustimmen. Einschränkend ist aber aus unserer Sicht darauf hinzuweisen, daß er nicht scharf zwischen der Beratung und der (steuerlichen) Interessenvertretung unterscheidet, die unseres Erachtens größere Gefahren in sich birgt. Außerdem unterscheidet er nicht zwischen dem Einzel-Wirtschaftsprüfer bzw. kleineren Wirtschaftsprüfungsgesellschaften einerseits sowie den WP-Gesellschaften bzw. den Prüfungsverbänden andererseits, die sowohl personell als auch finanziell andere Strukturen haben, so daß diese Bedenken ein geringeres Ausmaß haben dürften.

Auf Grund der gemäß WPO zulässigen Doppelfunktion der Wirtschaftsprüfer — Jahresabschlußprüfung und Beratung — sind Vorschläge gemacht worden, die Beratungsaufgaben von den Wirtschaftsprüfern abzutrennen und deren Tätigkeitsfeld auf das der (reinen) Abschlußprüfung zu begrenzen. Aber nach überwiegender Meinung des Berufsstandes hat sich diese Doppelfunktion bewährt.[23] Die Konfliktmöglichkeiten bei gleichzeitiger Prüfung und Beratung sind in der potentiellen Abhängigkeit und Befangenheit des Prüfers zu sehen. Hinsichtlich der *Konfliktmöglichkeiten* unterscheidet Jacobs:[24]

„*(1) Befangenheit bei Identität von Prüfungs- und Beratungsobjekt*
(a) Befangenheit durch die Sache selbst, d.h., dieselbe Person bzw. Gruppe vermag bei Prüfung im Sinne eines Soll-Ist-Vergleichs selbst bei objektivem Bemühen die Grenzen zwischen Ist und Soll nicht ausreichend zu trennen.
(b) Befangenheit durch fehlende innere Freiheit. In diesem Falle wird vermutet, daß der Prüfer eigene Fehler, die er in der Beratung begangen hat, aus mangelndem Mut bei der Prüfung nicht offenlegen wird.

---

[23] So Otto H. Jacobs: Zur Frage der Vereinbarkeit von Jahresabschlußprüfung und Beratung, in: Der Betrieb, Heft 48 (1975), S. 2237-2241; insbesondere S. 2237.

[24] Ebenda, S. 2238.

(2) *Befangenheit bei unterschiedlichem Prüfungs- und Beratungsobjekt im gleichen Unternehmen bzw. in der gleichen Unternehmensgruppe*
Hier wird die Vermutung der Kundenabhängigkeit in Form einer wirtschaftlichen Abhängigkeit abgeleitet. Man vermutet, daß der Prüfer im Falle des Konfliktes mit der Unternehmensleitung des zu prüfenden Unternehmens aus Angst vor Verlust des Beratungs- und/oder des Prüfungsauftrages nicht ausreichend standhaft im Sinne seines gesetzlichen Auftrages bleibt."

Nach Jacobs[25] kann man bei isolierter Betrachtungsweise zu dem Schluß kommen, daß Prüfung und Beratung einander ausschließen. Eine isolierte Betrachtungsweise entspricht aber nicht der Realität, es bedarf vielmehr bei einem Zielbündel von konkurrierenden Einzelzielen eines sorgfältigen Abwägens von Vor- und Nachteilen der einzelnen Lösungen. „Beim Abwägen der Vorteile von Prüfung einschließlich Beratung gegenüber den Nachteilen, die aus einer möglichen Befangenheit entstehen können, ist auch zu berücksichtigen, daß in der Regel keine Personenidentität zwischen Prüfer und Berater besteht. Sowohl bei Wirtschaftsprüfersozietäten, soweit sie Abschlußprüfungen durchführen, wie auch bei Wirtschaftsprüfungsgesellschaften bestehen normalerweise organisatorisch weitgehend selbständige Abteilungen, die jeweils mit Spezialisten für Rechts-, Steuer-, Organisations- oder Unternehmensführungsprobleme besetzt sind. Von diesen Personen werden die Einzelheiten der Beratung von Problembereichen, die vom Prüfer im Rahmen seiner spezifischen Tätigkeit entdeckt werden, vollzogen. Die Frage der inneren Freiheit bzw. des Vermischens von Soll und Ist wird dadurch, daß in der Regel bei Prüfung und Beratung keine Personenidentität vorliegt, erheblich reduziert."[26] Dieser Feststellung von Jacobs ist zuzustimmen, soweit es sich um eine größere WP-Sozietät oder WP-Gesellschaft handelt (hier liegt eine gewisse Vergleichbarkeit mit einem genossenschaftlichen Prüfungsverband vor), in der organisatorische und personelle Arbeitsteilungen vorliegen. Anders kann es dagegen in kleineren WP-Gesellschaften und insbesondere beim Einzel-Wirtschaftsprüfer sein, da in diesen Fällen eine Personenidentität vom Prüfer einerseits und Berater bzw. Interessenvertreter andererseits den Regelfall darstellen dürfte.

Die ‚Unabhängigkeit' des Wirtschaftsprüfers kann aus finanziellen, aber auch aus wirtschaftlichen Gründen gefährdet sein, so zum Beispiel:[27]

(1) Das von einem Mandanten für Prüfungsaufträge gezahlte Honorar stellt auf Dauer oder für einen längeren Zeitraum einen wesentlichen Anteil der Einkünfte dar.
(2) Es bestehen finanzielle oder kapitalmäßige Bindungen gegenüber dem zu prüfenden Unternehmen.
(3) Es bestehen enge verwandtschaftliche oder freundschaftliche Bindungen.

---

[25] Ebenda, S. 2238.

[26] Ebenda, S. 2238.

[27] Thümmel, S. 2f. Unseres Erachtens ist die Unterscheidung ‚finanziell' und ‚wirtschaftlich' nicht treffend, zumal Thümmel in Ziff. 3 verwandtschaftliche und freundschaftliche Bindungen nennt.

Die beiden zuletzt genannten Fälle sind, vorbehaltlich des Nachweises, daß freundschaftliche Beziehungen bestehen, relativ einfach zu lösen. Schwieriger wird es dagegen, wenn die von einem Mandanten gezahlten Prüfungsgebühren einen wesentlichen Teil des Einkommens ausmachen. In den WP-Berufsrichtlinien[28] heißt es hierzu: „Stellt das von einem Mandanten, für den Prüfungsaufträge durchgeführt werden, insgesamt gezahlte Honorar auf Dauer einen wesentlichen Teil der Einkünfte des Wirtschaftsprüfers dar, so kann dadurch eine Abhängigkeit vom Mandanten begründet werden." Abgesehen davon, daß keine Quantifizierung vorliegt, erscheint bemerkenswert, daß die Honorarproblematik nur auf die Prüfungstätigkeit, nicht aber auf die (steuerliche) Beratung und Interessenvertretung bezogen wird; denn es ist nicht auszuschließen, daß die aus der Prüfungstätigkeit stammenden Honorare niedrig, die aus der Beratung und Interessenvertretung dagegen hoch sind. Wenn dieses der Fall ist, dann ergibt sich gerade hieraus eine Abhängigkeit.

Eine Neuregelung und Konkretisierung hat § 319 (2) HGB (eingefügt durch das Bilanzrichtlinien-Gesetz) gebracht: Danach kann ein Wirtschaftsprüfer nicht Abschlußprüfer sein, wenn er oder eine Person, mit der er seinen Beruf gemeinsam ausübt, „in den letzten fünf Jahren jeweils mehr als die Hälfte der Gesamteinnahmen aus seiner beruflichen Tätigkeit aus der Prüfung und Beratung der zu prüfenden Kapitalgesellschaft und von Unternehmen, an denen die zu prüfenden Kapitalgesellschaften mehr als zwanzig von Hundert der Anteile besitzt, bezogen hat und dies auch im laufenden Geschäftsjahr zu erwarten ist; zur Vermeidung von Härtefällen kann die Wirtschaftsprüferkammer befristete Ausnahmegenehmigungen erteilen." Auch wenn ein Honoraranteil von 50% hoch erscheint, so ist doch erstmalig ein wichtiger Schritt in die richtige Richtung getan worden.

b) Die Saisonabhängigkeit der Prüfungstätigkeit

Soweit wir sehen können, gibt es keine exakten Angaben darüber, welcher Anteil des Honoraraufkommens auf die Wirtschafts-(Jahresabschluß-)prüfung, die wirtschaftliche Beratung und die Steuerberatung der Wirtschaftsprüfer entfällt. Wir sind daher auf nicht exakte Schätzungen angewiesen. Russ und Schmitz[29] haben im Zusammenhang mit ihrer Untersuchung über die Saisonabhängigkeit der Wirtschaftsprüfungsunternehmen im August 1980 insgesamt 330 Wirtschaftsprüfer und Wirtschaftsprüfungsgesellschaften angeschrieben, 72 Fragebögen = 21,8% wurden zurückgesandt, wovon nur 57 Antworten ausgewertet waren. Es wurden Gruppen nach der Zahl der beschäftigten WP gebildet: 17 auswertbare Antworten entfielen auf 1 WP in der Wirtschafts-

---

[28] WP-Berufsrichtlinien, S. 9.

[29] Wolfgang Russ/Johannes Schmitz: Zur Saisonabhängigkeit von Wirtschaftsprüfungsunternehmen — Ergebnisse einer empirischen Untersuchung, in: Die Wirtschaftsprüfung, Heft 6 (1982), S. 149-159.

schaftsprüfungsgesellschaft (WPG), 25 auf 2 bis 5 WP, 6 auf 6 bis 14 WP, 1 auf 15 bis 20 WP und 8 auf mehr als 20 WP je WPG (insgesamt 57). Trotz eingeschränkter Repräsentativität bezeichneten die Autoren die Ergebnisse als durchaus typisch:[30]

Von den 57 auswertbaren Antworten waren 29 WPG = 50,9% saisonabhängig; je mehr WP in einer WPG beschäftigt sind, desto stärker ist die Saisonabhängigkeit. Es liegt eine *doppelte Saisonabhängigkeit* vor: Die Jahresabschlußprüfung erfolgt hauptsächlich in den Monaten Februar bis Juni, die Steuerberatung konzentriert sich auf die Monate September bis Januar. Da auch die Erstellung der Jahresabschlüsse im ersten Halbjahr erfolgt, ist die Steuerberatung besonders wichtig, um die Auslastung im zweiten Halbjahr zu sichern. Die Steuerberatung ist somit nicht nur als eine die Jahresabschlußprüfung ergänzende und den Mandanten dienende Aufgabe anzusehen, sie dient vielmehr den Wirtschaftsprüfern, um die vorhandenen Kapazitäten möglichst gleichmäßig auszulasten.

Um die Saisonabhängigkeit zu erfassen, haben die Autoren den Abhängigkeitsgrad ermittelt, indem die durchschnittliche Arbeitsauslastung zur saisonschwachen Zeit errechnet wird, wobei die Saisonspitze mit 100% fixiert ist:[31]

Grad der Saisonabhängigkeit

Kategorie	Saisonabhängige WPG		Nicht abhängige WPG	
	∅ Auslastung		∅ Auslastung	
	Anzahl	in %	Anzahl	in %
A	0	–	10	85,50
B	13	82,00	10	92,00
C	2	82,50	0	–
D	8	71,25	0	–

[a] Kategorie A = 1 WP je WPG, B = 2-5 WP, C = 6-14 WP, D = 15 und mehr WP je WPG.

Aus dieser Tabelle wird ersichtlich, daß mit der zunehmenden Zahl der in einer WPG beschäftigten WP die Saisonabhängigkeit zunimmt. Dieses gilt auch für die in einer WPG beschäftigten Mitarbeiter, da eine Relation zwischen WP und Prüfern — in der Regel 1 : 5 — besteht.

Interessant ist die durchschnittliche prozentuale Zusammensetzung der Dienstleistungen:[32]

[30] Ebenda, S. 151 ff. (Die Seitenangaben erfolgen im Text).

[31] Ebenda, S. 152.

[32] Ebenda, S. 152.

Prozentuale Dienstleistungszusammensetzung

Kategorie	A	B	C[a]	D[b]
Gesamtzahl der Antworten	17	25	6	8
Prüfung	17,64	39,41	55,63	57,63
davon:				
Pflichtprfg. n. AktG u. PublG	5,35	14,06		24,75
Sonst. Pflichtprüfungen	5,29	6,07		10,88
Freiwillige Prüfungen	7,00	19,28		22,00
Steuerberatung	25,41	26,44	18,50	19,38
Unternehmensberatung	3,76	4,42		8,75
Gutachten	2,35	2,80		4,50
Treuh. Verwaltung[c]	1,00	2,40	25,87	0,88
Buchhaltung	15,35	7,14		0,63
Erstellung von Jahresabschlüssen	28,18	12,95		5,75
Sonstige Leistungen	6,23	4,51		2,50

[a] Da 50% der Antworten nur nach Prüfung, Steuerberatung und anderen Dienstleistungen unterschieden, kann nicht weiter aufgeschlüsselt werden.
[b] Vgl. dazu *Anna Knapp:* Die Organisation der Wirtschaftsprüfungsunternehmen, unveröffentlichte Diplomarbeit, Köln 1979, S. 45. Sie untersuchte WPG mit mehr als 10 WP und kam zu ähnlichen Ergebnissen.
[c] Vgl. dazu *Helmut Uhlir:* Strukturanalyse der Wirtschaftsprüfungs- und Steuerberatungsbetriebe, Berlin 1974, S. 128.

Auf die Pflichtprüfungen nach Aktiengesetz und Publizitätsgesetz bzw. sonstige Pflichtprüfungen entfallen 10 bis 35% der Dienstleistungen, auf freiwillige Prüfungen 7 bis 22%, auf die Steuerberatung 19 bis 36%, dagegen auf die Unternehmensberatung nur 2 bis knapp 5%. Diese prozentuale Aufteilung der Dienstleistungen macht deutlich, daß zwar innerhalb der einzelnen Größenklassen Unterschiede bestehen, daß aber die Pflichtprüfungen insgesamt nur maximal ein Drittel ausmachen. Das aber bedeutet, daß die Wirtschafts*prüfer* nur in einem begrenzten Umfange dem gesetzlichen (Haupt-)Auftrag nachgehen. „Bei der Steuerberatung beträgt die durchschnittliche Dienstleistungserstellung 24,27%, bei den saisonabhängigen Unternehmen ist sie mit 23,63% sogar etwas geringer. Man kann also nicht in Analogie zur Saisonabhängigkeit von Jahresabschlußprüfungen davon ausgehen, daß ein großer Anteil Steuerberatung an der gesamten Dienstleistungserstellung Saisonabhängigkeit impliziert. Erstaunlicherweise gibt es keine gravierenden Unterschiede zwischen den einzelnen Größenklassen."

Sodann haben die Autoren untersucht, ob eine *Spezialisierung* der WPG auf bestimmte Dienstleistungen bzw. auf Branchen die Saisonabhängigkeit erhöht. Sie gelangten zu den folgenden Ergebnissen.[33]

[33] Ebenda, S. 153.

18 WPG (= 31,6%) haben sich nach ihren eigenen Angaben spezialisiert, darunter 11 WPG (= 19,5%) auf bestimmte Dienstleistungen und 14 WPG (= 24,5%) auf bestimmte Banken. „Auffallend ist dabei, daß in Kategorie A keine Spezialisierung auf bestimmte Dienstleistungen, in Kategorie B nur die Spezialisierung auf ‚Nebentätigkeiten' — Beratung, Betreuung — und in den Kategorien C und D bis auf eine bestimmte Ausnahme die Spezialisierung auf Jahresabschlußprüfungen auftritt. 64% der auf bestimmte Dienstleistungen spezialisierten WPG sind von ihrer Spezialdisziplin abhängig (insgesamt haben 68% der WPG bei mindestens einer Dienstleistung saisonale Schwankungen aufzuweisen). ... Von den *branchenspezialisierten WPG* sind 71% saisonabhängig, also nur 3% mehr als die Grundgesamtheit. ... Unter den sieben WPG, die sich auf *bestimmte Dienstleistungen in bestimmten Branchen* spezialisiert haben, sind auch drei Gesellschaften, die mit 1%, 5% bzw. 15% Dienstleistungsanteil von Spezialisierung sprechen. Gerade diese drei Unternehmen sind auch die einzigen dieser Gruppe, die nicht saisonabhängig sind."[34]

Diese Autoren gelangen auf Grund ihrer empirischen Untersuchungen zu den folgenden *Ergebnissen* (die Unterteilung haben wir vorgenommen)[35].

(1) „Die oft geäußerte Meinung, daß WP-Gesellschaften von Jahresabschlußprüfung saisonabhängig sind, läßt sich durch die Untersuchung (teilweise) bestätigen.

(2) Kleine WP-Gesellschaften sind in bezug auf Prüfungen kaum saisonalen Schwankungen unterworfen.

(3) Je größer aber die WP-Gesellschaften sind, desto eher sind sie saisonabhängig und desto stärker sind sie davon betroffen.

(4) Überraschend ist, daß bei manchen Gesellschaften eine Saisonabhängigkeit von anderen Dienstleistungen besteht. Sie ist jedoch nicht von der Größe der WP-Gesellschaft abhängig, sondern kommt in allen Größenklassen etwa gleich häufig vor."

c) Das Gebührenaufkommen

Diese Feststellungen geben zwar keine Auskunft über die Zusammensetzung des Gebührenaufkommens aus den einzelnen Dienstleistungsarten der Wirtschaftsprüfer, lassen aber eindeutig erkennen, daß einmal der Gebührenanteil aus der Pflichtprüfung keineswegs dominierend ist und daß andererseits die WP-Tätigkeit saisonalen Schwankungen unterliegt. Die Beratung im allgemeinen und die Steuerberatung im besonderen hat somit nicht nur sachliche Vorteile, die beim Mandanten liegen, sondern auch handfeste betriebswirtschaftliche Gründe bei den Wirtschaftsprüfern. Zwar versuchen die Wirtschaftsprüfer diese Saisonschwankungen auszugleichen (auf diese Hinweise von Russ und Schmitz

---

[34] Ebenda, S. 153 (Hervorhebungen erfolgten durch uns, Jk.).

[35] Ebenda, S. 159.

sind wir nicht eingegangen), aber sie können nicht eliminiert werden. Durch die durch das Bilanzrichtlinien-Gesetz gesetzten Termine für die Jahresabschlußprüfungen dürften die bereits vorhandenen Saisonschwankungen noch verstärkt werden.

Wenden wir uns den (unvollkommenen) Schätzungen über die Zusammensetzung des Gebührenaufkommens zu:

Strobel[36] gibt an, daß auf Grund der Umsatzstatistik der gesamte Honorarumsatz der Steuerberatung und Wirtschaftsprüfung von 1,108 Mrd. DM (1962) auf 11,80 Mrd. DM im Jahre 1984 gestiegen ist, für 1986 schätzt er diesen auf mehr als 12 Mrd. DM. Auf die einzelnen Sparten entfallen:

Honorarumsätze aus der Umsatzsteuerstatistik nach Strobel
— in Mrd. DM —

Bereich	1962	1984
Rechtsberatung	1050,5	8989,9
Steuerberatung / Wirtschaftsprüfung	1108,4	11799,7
Sonstige Wirtschaftsberatung	604,0	7753,3
Insgesamt	2762,9	28542,9

Der Präsident der Wirtschaftsprüfer-Kammer, Kurt Busch[37], hat in seinem Bericht über die achte Wirtschaftsprüferversammlung am 28. Mai 1984 in Frankfurt im Zusammenhang mit dem Bilanzrichtlinien-Gesetz und der darin enthaltenen Pflichtprüfung für GmbHs kritisch angemerkt:[38] „Wahre Horrorgeschichten werden über den Honorarkuchen erzählt, der angeblich zur Verteilung ansteht; solche Horrorgeschichten werden sogar geschrieben, wenn ich zum Beispiel an die Veröffentlichungen von Professor Dr. Strobel, Hamburg, denke. Am Ende dürften es nicht mehr als 40 Mio. oder vielleicht 60 Mio. DM Honorarvolumen sein, das noch zu vergeben ist.“ Hierbei geht es aber nur um das *zusätzliche* Honorarvolumen, das auf Grund der Pflichtprüfung der GmbHs gemäß Bilanzrichtlinien-Gesetz anfallen könnte, nicht aber um eine Verteilung, die auf die verschiedenen Tätigkeitsbereiche entfallen.

Im anderen Zusammenhang[39] wird darauf hingewiesen, daß die Abschlußprüfung im Durchschnitt dem einzelnen Wirtschaftsprüfer kaum mehr als 20%

---

[36] Wilhelm Strobel: Zwischen beiden Kammern wächst die Konkurrenz — 25 Jahre Steuerberater- und Wirtschaftsprüfer-Kammer, in: FAZ, Blick durch die Wirtschaft vom 6. November 1986.

[37] Siehe: Mitteilungsblatt der Wirtschaftsprüferkammer Nr. 111 vom 22. Juni 1984, S. 3-6.

[38] Ebenda, S. 5.

[39] Siehe: Steuerberater: Richtig oder falsch, in: Der Spiegel, Nr. 4 (1984), S. 55 und 58, insbesondere S. 58.

seines Honorarvolumens bringt. In Wahrheit geht es bei der Frage, ob die Steuerberater auf Grund des Bilanzrichtlinien-Gesetzes auch die GmbHs prüfen sollten, um handfeste Standesinteressen:

„Die aktienrechtliche Prüfung des Jahreabschlusses ist Saisonarbeit für nur wenige Monate. In der übrigen Zeit müssen sich die Wirtschaftsprüfer andere Beschäftigung suchen. Da besorgen sie jedermann, dessen sie habhaft werden, die Steuererklärungen; da fertigen sie Organisationspläne oder betriebswirtschaftliche Analysen an."[40] Auch Jacobs[41] gibt zu bedenken, daß bei den Wirtschaftsprüfern Beschäftigungsschwankungen — die Prüfungstätigkeit erstreckt sich auf Grund gesetzlicher Bestimmungen auf wenige Monate — vorliegen, die ausgeglichen werden müssen. „Wem sollen die während der übrigen Zeit entstehenden Leerkosten angelastet werden?" Die amerikanische WP-Gesellschaft Arthur Andersen[42] — das größte Wirtschaftsprüfungs- und Steuerberatungsunternehmen der Welt — hat Honorareinnahmen von 1,9 Mrd. Dollar. Durch den Einfluß der modernen Computerprogramme erstarre die traditionelle Wirtschaftsprüfung zur Routine und verliere an Bedeutung, dagegen wachse der Bedarf an professioneller Beratung. „Das multinationale Unternehmen mit 161 Büros in mehr als 50 Ländern und Hauptsitz in Genf und Chicago sieht keinen Interessenkonflikt darin, daß Prüfung und Beratung in einer Hand liegen. Die internationale Diskussion über eine Trennung beider Funktionen bedeute für große Prüfungs- und Beratungsfirmen ‚keine ernste Bedrohung'. Die Prüfung sei personell und funktionell von der Beratung getrennt und könne rechtlich jederzeit ausgegliedert werden. Aus Prüfungsgesellschaft mit Beratungsabteilungen werden nach Auffassung der Manager allmählich Beratungsgesellschaften mit Prüfungsabteilungen." Dieses dürfte für *große* WP-Gesellschaften zutreffen. Gilt dieses aber auch für kleine Gesellschaften und den Einzel-Wirtschaftsprüfer?

Das Honoraraufkommen bei Arthur Andersen verteilt sich mit 47% auf die Wirtschaftsprüfung, 20% auf die Steuerberatung und 33% auf die Unternehmensberatung. Bei der deutschen Arthur Andersen & Co. GmbH sind diese Anteile anders verschoben: Wirtschaftsprüfung = 60%, Steuerberatung = 16% und Unternehmensberatung = 24%. Ob diese Verteilung der Honorarstruktur auch für andere (deutsche) Wirtschaftsprüfer gilt, ist uns nicht bekannt. Es wäre jedoch Aufgabe der Wirtschaftsprüferkammer, im Rahmen eines externen Betriebsvergleiches solche Daten vorzulegen, um zu erfahren, welche Anteile die Prüfung, die Beratung und die Interessenvertretung haben. Hierbei sollte man aber zwischen den großen, mittleren und kleinen WP-Gesellschaften und den Einzel-Wirtschaftsprüfern aufgliedern, da ein Durchschnittswert die Aussagekraft verwischen würde.

---

[40] Ebenda, S. 58.

[41] Jacobs, S. 2239.

[42] Siehe: Es gibt zu viele Prüfer — aber zuwenig Spezialisten, in: Frankfurter Allgemeine Zeitung vom 21. März 1987.

Um zu einer Abwägung zwischen den genossenschaftlichen Prüfungsverbänden und den Wirtschaftsprüfern zu gelangen, müßte eine Quantifizierung der (objektiven) Prüfung und der (subjektiven) Beratung erfolgen. Diese könnte sich auf die Tagewerke und/oder auf das Gebührenvolumen beziehen. Soweit wir sehen können, liegt eine solche Quantifizierung noch nicht vor.[43] Es kann daher nur vermutet werden, daß die genossenschaftlichen Prüfungsverbände eine relativ homogene Struktur aufweisen; dagegen dürften bei den Wirtschaftsprüfungsgesellschaften große Unterschiede vorliegen. Je größer der Anteil des Gebührenaufkommens aus dem subjektiven Aufgabenbereich, desto größer kann der Einfluß über die (Ab-)Wählbarkeit des Wirtschaftsprüfers sein.

4. Urteile über die Unabhängigkeit der Wirtschaftsprüfer

Soweit wir sehen können, hat Martin Richter[44] von der Universität des Saarlandes in Saarbrücken erstmalig den Versuch unternommen, eine empirische Erhebung über die Unabhängigkeit der Wirtschaftsprüfer durchzuführen, d.h., zu ermitteln, welchen Einfluß die subjektive Beratungstätigkeit auf die (objektive) Prüfungstätigkeit hat oder haben kann.

Einleitend weist Richter darauf hin, daß es überrascht, daß die *Unabhängigkeit der Wirtschaftsprüfer bisher wenig untersucht* worden ist. Er hat seine Untersuchung ohne Auftraggeber — unterstützt durch Prof. Dr. Wöhe — durchgeführt und am 30. September 1975 einen umfangreichen Fragebogen[45] an Wirtschaftsprüfer und Wirtschaftsjournalisten versandt. Die Wirtschaftsprüferkammer (WPK) und das Institut der Wirtschaftsprüfer (IdW) haben mit ihrem gemeinsamen Schreiben vom 13. Oktober 1975 ihre Mitglieder wie folgt unterrichtet:[46] „Zu dieser Fragebogenaktion ist festzustellen, daß sie ohne vorherige Fühlungnahme mit dem Berufsstand, d.h., ohne Unterrichtung und Abstimmung mit der Wirtschaftsprüferkammer und dem Institut der Wirtschaftsprüfer in Deutschland e.V. erfolgt. Im Hinblick auf die Aussage der Richtlinien für die Berufsausübung der Wirtschaftsprüfer und der vereidigten Buchprüfer begegnen Art, Inhalt und Umfang der Fragestellung Bedenken, was zugleich für die Auswertung und deren spätere Verwendung gilt." Mit Schreiben

---

[43] Im Zusammenhang mit dem Regierungsentwurf des Bilanzrichtlinien-Gesetz vom 10. Februar 1982 teilte die WPK (Wirtschaftsprüferkammer) mit, daß 1978 von den GmbH, die im Zeitpunkt der Umfrage zu den mittleren und großen GmbH gehörten, sich 60,5% durch Wirtschaftsprüfer beraten ließen; von den mittleren und großen GmbH & Co. KG ließen sich 66,2% steuerlich durch Wirtschaftsprüfer beraten. Auch wenn diese Werte nicht generalisiert werden können, so sind sie doch interessant.
Siehe: WPK-Mitteilung Nr. 98 vom 17. Februar 1982, S. 7.

[44] Martin Richter: Die Unabhängigkeit des Wirtschaftsprüfers — Ergebnisse einer schriftlichen Befragung von Wirtschaftsprüfern und Wirtschaftsjournalisten, Saarbrücken, Juli 1976 (Maschinenschrift, 131 Seiten zuzüglich umfangreicher Anhang).

[45] Ebenda, Anhang II-III/6.

[46] Ebenda, Anlage V.

vom 29. Oktober 1975 wandte sich Richter erneut an die Wirtschaftsprüfer und betonte, daß es sich um eine wissenschaftliche Untersuchung und nicht um eine Auftragsarbeit handele. Hierzu bemerkten die Wirtschaftsprüferkammer und das Institut der Wirtschaftsprüfer[47] in ihrem Rundschreiben vom 17. November 1975, daß eine wissenschaftliche Untersuchung nicht behindert werden solle. Aber: Die im Rundschreiben vom 13. Oktober 1975 geäußerten Zweifel seien nicht ausgeräumt. Diese Korrespondenz macht deutlich, daß die WPK und das IdW erhebliche Bedenken gegen eine solche empirische Untersuchung geltend machten. Richter[48] weist darauf hin, „die beiden Rundschreiben der WPK und des IdW haben die Teilerhebung bei den Wirtschaftsprüfern massiv beeinflußt".

a) Erhebungen zur Unabhängigkeit der Wirtschaftsprüfer

Insgesamt erhielten 383 Wirtschafts*journalisten* den Fragebogen, 191 = 52% Fragebögen wurden ausgefüllt zurückgesandt.[49] Richter hebt hervor, daß Repräsentativität im strengen statistischen Sinne nicht uneingeschränkt bejaht werden kann. Von den 2841 Wirtschafts*prüfern* (Stand 1. April 1973) wurden 320 zufällig ausgewählt, hiervon haben nur 82 Wirtschaftsprüfer aus 75 Wirtschaftsprüfungsunternehmen den Fragebogen ausgefüllt zurückgesandt, das entspricht einer Antwortquote von 27,2%[50]. Zur Repräsentativität bemerkt Richter[51]: „Wegen der Begleitumstände der Erhebung und ihrer Auswirkungen ist aber nicht gesichert, ob und inwieweit die erhaltenen Antworten die Meinung der Grundgesamtheit widerspiegeln. ... Die große Zahl von 82 Antworten erlaubt aber zumindest begründetere Hypothesen, als es die Kenntnis von einzelnen Meinungen zuläßt."

Zur Bedeutung der *Unabhängigkeit der Wirtschaftsprüfer* gelangt die Erhebung zu folgenden Ergebnissen:[52]

Sowohl die Wirtschaftsprüfer als auch die Wirtschaftsjournalisten halten die Unabhängigkeit des Wirtschaftsprüfers in seiner Funktion als Abschlußprüfer für außerordentlich bedeutsam, 97,5% der Wirtschaftsprüfer betrachten sie als außerordentlich bzw. sehr wichtig, bei den Wirtschaftsjournalisten waren es 94,2%; nur 1,1% der Wirtschaftsjournalisten betrachten sie als weniger wichtig.[53] Auf die Frage, ob die Wirtschaftsprüfer den Jahresabschluß prüfen und zugleich das betreffende Unternehmen beraten dürfen, haben 27,6% mit ‚immer', 37,9% mit ‚häufig' und 25,9% mit ‚gelegentlich', 6,9% mit ‚selten' und

---

[47] Ebenda, Anlage VI.

[48] Ebenda, S. 31.

[49] Ebenda, S. 24ff.

[50] Ebenda, S. 29.

[51] Ebenda, S. 34 (Ohne Hervorhebungen im Original, Jk.).

[52] Ebenda, S. 43ff.

[53] Ebenda, S. 40.

nur 1,7% ‚nie' geantwortet (= 58 Wirtschaftsprüfer, auf 22 traf die Frage nicht zu, je eine Antwort lag nicht vor bzw. war nicht auswertbar).[54] Damit hat Richter bei zwei Dritteln der Wirtschaftsprüfer eine Personenidentität hinsichtlich der Prüfung und Beratung ermittelt.

Während Jacobs die Ansicht vertritt, daß „sowohl Wirtschaftsprüfersozietäten, soweit sie Abschlußprüfungen durchführen, wie auch bei Wirtschaftsprüfungsgesellschaften normalerweise organisatorisch weitgehend selbständige Abteilungen (bestehen)"[55], kommt Richter zu einem anderen Ergebnis:[56] „Die Frage, ob in ihrem Prüfungsunternehmen eine *gesonderte* Abteilung für Unternehmensberatung besteht, bejahten 15 Wirtschaftsprüfer. Das WP-Verzeichnis 1973 weist sie überwiegend als Mitarbeiter von *großen* Wirtschaftsprüfungsgesellschaften bzw. von Prüfungsverbänden aus, was zu erwarten war. Die wenigen Wirtschaftsprüfer aus kleinen Prüfungsunternehmen mit gesonderten Beratungsabteilungen haben mit einer Ausnahme Unternehmensberatungen als ihr wichtigstes Sachgebiet angegeben. Diese Wirtschaftsprüfer dürften sich auf die Unternehmensberatungen spezialisiert haben und einen Auftragsumfang aufweisen, der eine organisatorische Zusammenfassung dieser Beratungsaufträge in einer eigenen Abteilung als zweckmäßig erscheinen läßt." Das Argument, daß die (gesonderten) Beratungsabteilungen die Konfliktsituation vermindern, sei — nach Richter — nicht zu erkennen, da anzunehmen ist, daß diese für Beratungen zuständig sind, für die Spezialisten erforderlich sind. Dagegen wird die All-Round-Beratung von denjenigen Wirtschaftsprüfern miterledigt, die die Jahresabschlüsse prüfen. Bei einer Konfliktsituation ist aber nicht nur nach der *Personenidentität,* sondern auch nach der *Objektidentität* zu unterscheiden. Nach Richter[57] „(prüft) ein Wirtschaftsprüfer nur dann ‚in eigener Sache', wenn das Unternehmen dem Beratungsvorschlag (wenigstens teilweise) gefolgt ist *und* der Beratungsvorschlag selbst oder seine Auswirkungen Gegenstand der Jahresabschlußprüfung sind. Über diese zusätzlichen Bedingungen sagen die vorliegenden Ergebnisse nichts aus. Stimmen jedoch die Thesen, was geprüft werden müßte, daß nämlich Vorschläge des Beraters nur selten völlig ignoriert werden und daß die Wirtschaftsprüfer (zumindest zur Zeit noch) im wesentlichen im Bereich des Rechnungswesens beraten und nur selten in Funktionsbereichen, die allenfalls entfernte Bezüge zum Gegenstand der Jahresabschlußprüfung haben, dann allerdings ist die *Konfliktsituation* des ‚Sich-selbst-Prüfens' *die Regel.*" Diese These von der Konfliktsituation wird von Richter geprüft, der dann zum Ergebnis gelangt, „daß Personen- *und* Objektidentität der Regelfall ist".[58]

---

[54] Ebenda, S. 57.

[55] Jacobs, S. 2238.

[56] Richter, S. 57 (Hervorhebungen erfolgten durch uns, Jk.).

[57] Ebenda, S. 58 (Hervorhebung erfolgte durch uns, Jk.).

[58] Ebenda, S. 58 (Hervorhebung im Original, Jk.).

Nach Jacobs[59] wäre es ein Rückschritt, die Abschlußprüfung auf die reine Feststellungsprüfung der Ordnungsmäßigkeit der Rechnungslegung zu reduzieren, dieses wäre auch nicht mit der Forderung vereinbar, den Inhalt und die Aussagefähigkeit des Jahresabschlusses zu erweitern. Obwohl das Nebeneinander von Prüfung und Beratung wesentliche Vorteile besitzt und beide Tätigkeiten häufig nicht voneinander getrennt werden können, sollte man nicht die Augen vor den möglicherweise auftretenden Abhängigkeiten verschließen. Aber: „Bei Anerkennung der grundsätzlichen Befangenheits- und Abhängigkeitsprobleme, die aus dem Nebeneinander von Prüfung und Beratung resultieren, erscheint der Weg der Trennung beider Tätigkeiten jedoch mit so vielen praktischen Nachteilen verbunden, daß er nicht in dieser Form beschritten werden sollte.“[60] Um das Befangenheits- und Abhängigkeitsproblem zu lösen, schlägt Jacobs vor, daß die Wirtschaftsprüferkammer auch ‚Grundsätze ordnungsgemäßer Beratung‘ entwickelt, vergleichbar mit den Grundsätzen ordnungsgemäßer Durchführung von Abschlußprüfungen bzw. den Grundsätzen ordnungsgemäßer Berichterstattung bei Abschlußprüfungen (IdW-Fachgutachten 1/1977 bzw. 2/1977).

Es erscheint uns bemerkenswert, daß sowohl Jacobs als auch Richter sich ausgiebig mit der *Konfliktsituation* zwischen (Jahresabschluß-)Prüfung und (wirtschaftliche) Beratung befassen, aber die (steuerliche) Interessenvertretung als besonderen Sachverhalt nicht erwähnen. Unseres Erachtens können gerade in diesem Bereich Befangenheits- und Abhängigkeitsprobleme auftreten. Antworten über die im letzten Jahr (bezogen auf die Erhebung von Richter) ausgeübten Tätigkeiten geben Auskunft über die Gewichtung der einzelnen Arbeitsbereiche.

Ausgeübte Tätigkeiten[61] (in %)

Sachgebiet	Ausgeübte Tätigkeiten	Wichtigstes Sachgebiet (Zeitaufwand)
1. Abschlußprüfungen	86,6	46,5
2. Sonstige Prüfungstätigkeit	61,0	–
3. Unternehmensberatungen	73,2	12,7
4. Steuerberatungen	80,5	35,2
5. Sonstige Tätigkeiten[a]	35,4	5,6
Insgesamt (absolut 276 Antworten)	–	100,0

[a] Treuhandtätigkeiten (Vergleichs-, Konkurs-, Vermögensverwalter, Testamentvollstrekker, daneben Rechtsberatung, Erstellen von Jahresabschlüssen und Innendienst.)

[59] Jacobs, S. 2240.

[60] Ebenda, S. 2240.

[61] Richter, S. 55.

Faßt man die Unternehmens- und Steuerberatung zusammen, so entfallen hierauf 47,9%, auf die Abschlußprüfungen aber nur 46,5%. Da in diese Kategorie auch ein Teil der sonstigen Tätigkeiten fallen dürfte, weist die beratende Funktion gut 50% des Zeitaufwandes auf. Wenn diese Ergebnisse generalisiert werden können, dann bedeutet dieses, daß die Wirtschaftsprüfer mehr Berater als Prüfer sind.

Nach Richter[62] waren bei den Wirtschaftsprüfern 78,1% und bei den Wirtschaftsjournalisten 74,3% bereits mit der Frage konfrontiert, daß die Unternehmensberatungen Auswirkungen auf die Unabhängigkeit haben können. Im Unterschied zu den Wirtschaftsprüfern sind die Wirtschaftsjournalisten der Ansicht, daß die Unternehmensberatungen die Unabhängigkeit des Abschlußprüfers schwächen:

Schwächt oder stärkt die Unternehmensberatung die Unabhängigkeit des Abschlußprüfers[63] (in %)

Auswirkungen auf die Unabhängigkeit	Wirtschaftsprüfer	Wirtschaftsjournalisten
1. Wesentliche Stärkung	10,4	3,3
2. Geringe Stärkung	6,5	2,2
3. Keine Auswirkungen	54,5	12,5
Zwischensumme	71,4	18,0
4. Geringe Beeinträchtigung	19,5	37,0
5. Starke Beeinträchtigung	9,1	45,1
Summe	absolut 77 = 100,0[a]	absolut 184 = 100,1[b]

[a] Keine Antwort: 3; nicht auswertbar: 2 Fälle
[b] Keine Antwort: 4; nicht auswertbar: 3 Fälle

Bemerkenswert sind die Unterschiede zwischen den Wirtschaftsprüfern und den Wirtschaftsjournalisten: „Die Wirtschaftsprüfer sind von ihrem Berufsethos überzeugt.[64] Mehr als zwei Drittel der Befragten glaubt, daß sie keinen Auftrag annehmen, wenn ihre Unabhängigkeit gefährdet erscheint. Diese hohe

[62] Richter, S. 61.

[63] Ebenda, S. 63.

[64] Siehe hierzu Joe R. Hunger: Die deutschen Wirtschaftsprüfer — Image und Selbstverständnis einer Profession, Schriftenreihe des Seminars für allgemeine Betriebswirtschaftslehre und für Wirtschaftsprüfung der Universität Köln, Band 4, Düsseldorf 1981: „Nahezu alle Befragten sind mit den postulierten Grundregeln für das Verhalten von Berufsangehörigen zufrieden und halten sie insgesamt für angemessen (Benutzer 95%; Wirtschaftsprüfer 92%). Nur sehr kleine Minderheiten bezeichnen das Niveau der formalisierten Berufsethik für entweder zu niedrig (Benutzer 1%; Wirtschaftsprüfer 2%) oder sogar für zu idealistisch hoch (Benutzer 3%; Wirtschaftsprüfer 3%).“ S. 204.

Meinung von sich selbst macht auch verständlich, warum Wirtschaftsprüfer in der Regel sehr empfindlich reagieren, wenn man ihre Unabhängigkeit anzweifelt. Im Vergleich dazu fällt auf, wie gering sie die Wirkung ihrer Berufsaufsicht und Berufsgerichtsbarkeit einstufen."[65] Ohne auf die weiteren Ergebnisse der Untersuchung von Richter einzugehen, sei lediglich darauf verwiesen, daß die Wirtschaftsprüfer und Wirtschaftsjournalisten unterschiedliche Vorstellungen über die Unabhängigkeit der WP haben:[66]

„Die Wirtschafts*journalisten* scheinen äußerst skeptisch zu sein, daß der Wirtschaftsprüfer ausreichend unabhängig ist; die Wirtschafts*prüfer* sind dagegen von ihrer Unabhängigkeit außerordentlich überzeugt."

Richter verfolgte mit seiner Erhebung nicht das Ziel, die faktische Unabhängigkeit des Wirtschaftsprüfers, sondern nur das *subjektive Urteil* der Befragten zu ermitteln. Er gelangte zu den folgenden Ergebnissen:[67]

(1) *Antworten der Wirtschaftsprüfer:* „Soweit es die Antworten der Wirtschaftsprüfer erkennen lassen, sind Unternehmensberatungen ein wichtiger Absatzzweig der Wirtschaftsprüfer. In aller Regel beraten sie ihre Prüfungsmandanten; überwiegend scheinen Prüfer und Berater sogar die gleichen Personen zu sein, auch wenn das Prüfungsunternehmen eine gesonderte Beratungsabteilung eingerichtet hat, d.h., die Konfliktsituation Prüfung-Beratung dürfte in der Realität sehr häufig sein."

(2) *Antworten der Wirtschaftsjournalisten:* „Die Wirtschaftsjournalisten befürchten dagegen im hohen Maße, daß ein Wirtschaftsprüfer nicht unabhängig sein kann, wenn er das Unternehmen auch berät. Sie wenden sich vor allem gegen Beratungstätigkeiten, die ihn für die Gesamtentwicklung des Unternehmens verantwortlich werden lassen, und gegen Beratungen im Rechnungswesen. Bei diesen Beratungen ist die Gefahr des Sich-selbst-Prüfens am ehesten gegeben. ... Die Bedenken der Wirtschaftsjournalisten sind außerordentlich ausgeprägt. Sie befürworten überwiegend ein generelles Verbot von Unternehmensberatungen für Prüfungsmandanten."

(3) *Sonstige Abhängigkeiten:* „Wirtschaftsprüfer und Wirtschaftsjournalisten halten übereinstimmend finanzielle, verwandtschaftliche und persönliche Beziehungen des Wirtschaftsprüfers zu der zu prüfenden Unternehmung und die Kundenabhängigkeit für gefährlicher als Unternehmensberatung. Von den Unternehmensberatungen gehen also nicht die größten Gefahren für die Unabhängigkeit des Wirtschaftsprüfers aus, wie die Häufigkeit der Behandlung dieses Themas in der Literatur hat vermuten lassen."

---

[65] Richter, S. 78.

[66] Ebenda, S. 79.

[67] Ebenda, S. 99f.

Sodann stellt Richter fest: „Die vorgelegten Befunde stimmen, was die grundsätzliche Beurteilung von Unternehmensberatungen und ihren Stellenwert im Vergleich zu anderen Gefährdungstatbeständen betrifft, mit früheren Untersuchungen in den USA überein."[68] Damit wird bestätigt, daß die *Doppelnatur der Wirtschaftsprüfer* kein spezifisch deutsches, sondern ein internationales Problem ist. Es ist Jacobs[69] zuzustimmen, daß „das (Problem) *der mangelnden inneren Freiheit* sich auch durch institutionelle Regelungen letztlich nicht völlig lösen (läßt). Es würde auch bei Trennung von Beratung und Prüfung bestehen bleiben, da die innere Freiheit von der charakterlichen Stärke des einzelnen abhängt. Auch diese Frage könnte jedoch bei Vermeidung von Personenidentität von Beratern und Prüfern entschärft werden."

Im Zusammehang mit der Verabschiedung des Bilanzrichtlinien-Gesetzes hat der Präsident der Wirtschaftsprüferkammer, Wolfgang Budde, zur berufspolitischen Situation auf einer Arbeitstagung des Instituts der Wirtschaftsprüfer am 15. Januar 1986 in Baden-Baden referiert:[70] Im Gesetzgebungsverfahren wurde bis zuletzt die *Forderung* nach der *Trennung von Prüfung und Beratung* erhoben. Die Bundessteuerberaterkammer, die SPD-Bundestagsfraktion, der Deutsche Gewerkschaftsbund und die Arbeitsgemeinschaft Selbstständiger Unternehmer trugen das Verlangen vor, die Prüfung und die Beratung bei demselben Auftraggeber für unvereinbar zu erklären. Diesen Vorschlägen ist der Gesetzgeber nicht gefolgt.

b) Erfahrungen mit der Unabhängigkeit der Wirtschaftsprüfer

Dürrhammer[71] hat bereits 1950 versucht darzulegen, daß die aktienrechtliche Pflichtprüfung den Ansprüchen des Gesetzgebers nicht in vollem Umfang gerecht wird. Bei der Neufassung des Aktiengesetzes 1965 hätte die Chance bestanden, diese Pflichtprüfung zu reformieren, man hat aber die bis dahin bestehenden Bestimmungen über die Prüfung in den wichtigen Punkten unverändert übernommen. Zwar besteht kein Zweifel, die Integrität des Berufsstandes der Wirtschaftsprüfer in Zweifel zu ziehen; denn in der Praxis sind nicht Fälle bekannt geworden, daß die mangelhafte Unabhängigkeit des Abschlußprüfers zu falschen Bilanzen und damit zu Schädigungen von Aktionären und Gläubigern von Gesellschaften geführt hätte. „Dieser Satz muß jedoch heute nach dem Fall der Düsseldorfer Bauunternehmung Boswau und Knauer AG und der Pintsch-Bamag AG relativiert werden. In der außerordentlichen Hauptversammlung der ersten Gesellschaft am 19. November 1963 hat zum ersten Mal in der Geschichte des deutschen Aktienwesens die Abberufung der

---

[68] Ebenda, S. 100.

[69] Jacobs, S. 2240 (Hervorhebung erfolgte durch uns, Jk.).

[70] WPK-Mitteilungen Nr. 119 vom 21. März 1986, S. 6-8, insbesondere S. 7.

[71] W.W. Dürrhammer: Unabhängigkeit des Abschlußprüfers im Aktiengesetz und in der Praxis, Schriftenreihe Der Betrieb, Düsseldorf, o.J. (1971).

von den Aktionären gewählten Wirtschaftsprüfungsgesellschaft auf der Tagesordnung gestanden. Es ist sozusagen der ‚klinische Fall', an dem praktisch das Problem der Unabhängigkeit des Abschlußprüfers studiert werden kann. ... Im Fall Pintsch-Bamag AG, Butzbach, stand die Hauptversammlung im Zeichen der unterschiedlichen Auffassungen zweier Wirtschaftsprüfungsgesellschaften in der Bewertung des Bilanzvermögens, wobei es sich um einen Betrag von über 18 Mio. DM handelt und wobei das Wort fiel: ‚Wenn es um den Erkenntnisstand so schlecht bestellt ist, taugt das ganze Wirtschaftsprüfungswesen nicht' ".[72] Der Aufsichtsratsvorsitzende hat dieser Einschätzung zugestimmt und hinzugefügt:[73] „In der Tat sind die Dinge auf eine Bahn gekommen, allerdings erst in den letzten Jahren, wo so komplexe Sachverhalte zu prüfen sind, daß vielleicht, wie Sie sehr klar dargelegt haben, unser Prüfungswesen einer Modernisierung bedarf, um den modernen Prüfungsnotwendigkeiten gerecht zu werden. Ich stimme in dieser Beziehung vollkommen mit Ihnen überein und teile die Schlußfolgerungen, die Sie gezogen haben."

Auch Dürrhammer[74] weist darauf hin, daß die Jahresabschlußprüfung die Aktivitäten der Wirtschaftsprüfer nicht ausfüllen könne, so daß sie sich der (steuerlichen) *Beratung* zuwenden. „Überhaupt ist die Beratung das andere große Betätigungsfeld, in dem der Wirtschaftsprüfer weitere Möglichkeiten für seine Aktivität findet. Die beratende Funktion überwiegt die der prüfenden, so daß es verständlich ist, wenn der Berufsstand mit der Bezeichnung ‚Wirtschaftsprüfer' sein Arbeitsgebiet in der Wirtschaft nicht mehr voll gedeckt sieht." Nach Dürrhammer macht der Anteil der Abschlußprüfungen ungefähr 15% aus, der der Steuerberatung ungefähr 40%, der Rest teilt sich in Wirtschaftsberatung mit etwa 30% und in Unternehmensberatung mit ca. 15%. Allerdings werden keine Angaben darüber gemacht, woher diese Angaben stammen und ob sie repräsentativ sind.

Die Unabhängigkeit des Abschlußprüfers soll durch gesetzliche Normen sowie durch eine strenge Berufsauffassung des Wirtschaftsprüfers selbst sowie durch die Aufsicht der Wirtschaftsprüferkammer gewährleistet werden. Da aber der Wirtschaftsprüfer auch Tätigkeiten (wie die Wirtschafts- oder Steuerberatung) ausüben darf, die seine Befangenheit verursachen können, müßte man diese ausschließen. Eine derartige Aufgabenbegrenzung sieht Dürrhammer als unrealistisch an.[75]

Die *‚faktische' Unabhängigkeit* des Wirtschaftsprüfers hängt im wesentlichen von der Anzahl der Mandate und damit des Gebührenaufkommens ab, d.h., eine Vielzahl von Mandanten gewährleistet eine hohe wirtschaftliche Unabhängigkeit von einem einzelnen Auftraggeber. „Faktische Unabhängigkeit des

[72] Ebenda, S. 7f.

[73] Ebenda, S. 8.

[74] Ebenda, S. 24f., zitiert S. 25.

[75] Ebenda, S. 34.

Abschlußprüfers bedeutet also den Tatbestand, daß die Existenz eines Wirtschaftsprüfers oder einer Wirtschaftsprüfungsgesellschaft durch den Verlust eines oder mehrerer Auftraggeber von Pflichtprüfungen nicht gefährdet werden kann. Erst wenn eine solche Gefährdung nicht gegeben ist, kann man von den Mitgliedern eines Berufsstandes besonders strenge Verhaltensmaßregeln verlangen und an ihre Integrität hohe Anforderungen stellen."[76] Dieser Aussage bzw. Forderung ist zuzustimmen. Sie dürfte bei großen WP-Gesellschaften sowie den genossenschaftlichen Prüfungsverbänden erfüllt sein.

Zutreffend verweist Dürrhammer[77] darauf, daß das Instrument der *Meinungsbeeinflussung* nicht grob, sondern geräuschlos gespielt wird:

> „Da meldet sich beispielsweise in der Praxis eines Wirtschaftsprüfers, der seit Jahren die Abschlüsse einer mittleren Aktiengesellschaft prüft, der Spitzenmanager eines weltweiten Konzerns an. Dieser steht in Verhandlungen über die Übernahme des Kapitals dieser Gesellschaft; aber es sind noch andere Interessenten da, die die Firma ebenfalls einverleiben möchten. Der ‚Boß' verharmlost die Motive seines Besuches; er schildert ihn als Gelegenheitsbesuch und motiviert im Gespräch, daß und warum dem Konzern am Erwerb der fraglichen Unternehmung viel gelegen ist. Man werde ein Bewertungsgutachten einholen und habe an den Abschlußprüfer als Gutachter gedacht, da er als Sachkenner besonders geeignet erschiene und einen ausgezeichneten Ruf genieße. Beim Abschiednehmen läßt der Besucher wie unbeabsichtigt einfließen, daß man, obwohl der Konzern von einer auswärtigen Prüfungsgesellschaft geprüft werde, keinen Grund sehen würde, der Hauptversammlung einen anderen Abschlußprüfer als den bisherigen für die aufzunehmende Gesellschaft vorzuschlagen. Unser Wirtschaftsprüfer, allein gelassen, hat Muße, über Besuch, Besucher und Gespräch nachzudenken; es ist ihm natürlich klar, in welcher Beziehung die Vorschläge Bewertungsgutachten und Abschlußprüfung zueinander stehen. Verliert er das Mandat, so bedeutet das die Einbuße eines beträchtlichen Teils seines Einkommens, ganz abgesehen von Einnahmen aus gelegentlichen Sonderaufträgen, die mit dem Dauermandat verbunden sind. Wir wollen die Geschichte nicht weiter verfolgen, sondern annehmen, daß die erwähnten Richtlinien für die Berufsausübung der Wirtschaftsprüfer unserem Abschlußprüfer den notwendigen Fingerzeig geben werden, das Richtige zu tun."

In der Literatur wird die Konfliktsituation Jahresabschlußprüfung — Beratung stärker beachtet als die Konfliktsituation, die auf die *Kundenabhängigkeit des Prüfers* zurückgeführt werden kann:[78]

„Ein Konflikt zwischen den Interessen des Wirtschaftsprüfers in seiner Eigenschaft als Berater und als Abschlußprüfer muß dann entstehen, wenn diese im Widerstreit zueinander stehen.[79] Ein solcher Widerstreit kann entstehen,

---

[76] Ebenda, S. 35.

[77] Ebenda, S. 36.

[78] Ebenda, S. 41.

[79] Hierzu bemerkt Leffson (S. 83): „Die Drohung einer Nichtwiederwahl braucht in der Regel nicht ausgesprochen zu werden. Die Gefahr, daß ein Abschlußprüfer, der in einem strittigen Punkt nicht nachgibt, von der Verwaltung nicht zur Wiederwahl vorgeschlagen wird, ist jedem der Beteiligten stets bewußt."

wenn Berater- und Prüfertätigkeit in zeitlicher Nachbarschaft stehen; aber es kann auch ein zeitlicher Abstand zwischen den Tätigkeiten gegeben sein." Unseres Erachtens ist das Zeitelement weniger entscheidend als der Tatbestand, daß eine wirtschaftliche Abhängigkeit vorliegt und bei der Steuerberatung (insbesondere bei Vertretungen vor den Finanzgerichten) der Wirtschaftsprüfer an die Weisungen seines Mandanten gebunden ist.

Eine weitere Konfliktsituation kann zwischen der Verwaltung (Vorstand bzw. Geschäftsführung) und dem Abschlußprüfer bestehen[80]. Dürrhammer stellte die Fälle Boswau und Knauer AG in Düsseldorf sowie Pintsch-Bamag AG in Butzbach dar.[81] Auf das Rederecht des Wirtschaftsprüfers soll im Zusammenhang mit der Besprechung des BGH-Urteils vom 15. Dezember 1954 weiter unten eingegangen werden.

In seinen Schlußfolgerungen sieht es Dürrhammer[82] als Mangel an, daß das Aktiengesetz 1965 das Verhältnis vom Abschlußprüfer zum Aktionär noch immer ungenügend geregelt hat; der Abschlußprüfer hat auf den Hauptversammlungen der Aktiengesellschaften weder etwas zu suchen, noch kann er sich rechtfertigen, wenn er — wie im Fall Boswau und Knauer — von der Verwaltung des Vertrauensbruchs bezichtigt wird. Daher kann der Wirtschaftsprüfer über Fehlentwicklungen nicht den Aktionären berichten bzw. auf deren Fragen antworten. „Das deutsche Aktienrecht hat die Tätigkeit und Wirksamkeit des Pflichtprüfers auf die Beziehungen zur Verwaltung abgestellt. ... An eine Verantwortung gegenüber den Aktionären ist nicht gedacht; das schwächt die Stellung des Abschlußprüfers und ist dem Prüfungswesen und seiner Bedeutung abträglich."[83] Dagegen haben die genossenschaftlichen Prüfungsverbände[84] das Recht, den AR-Vorsitzenden unmittelbar zu unterrichten, sie können an den Sitzungen der Organe teilnehmen und über das Ergebnis der Prüfung berichten, des weiteren können sie an der Generalversammlung teilnehmen und sogar eine außerordentliche Generalversammlung mit dem Gegenstand ‚Beseitigung festgestellter Mängel' einberufen.

Wenn die *Ideallösung* der absoluten Unabhängigkeit der Wirtschaftsprüfer *nicht erreicht* werden kann, dann sollte man institutionelle Konstruktionen anstreben, die die potentielle Gefährdung der Unabhängigkeit der Wirtschaftsprüfer minimierten. Unseres Erachtens müßte dazu gehören, daß insbesondere die Vertretung der Mandanten in *steuerlichen* Angelegenheiten von der Wirtschaftsprüfung getrennt wird (und zwar auch dann, wenn der Wirtschaftsprüfer

---

80 Dürrhammer, S. 46ff.

81 Ebenda, S. 47ff. bzw. S. 56ff.

82 Ebenda, S. 59ff.

83 Ebenda, S. 62f.

84 Siehe Jenkis: Die Pflichtprüfung der gemeinnützigen Wohnungsunternehmen — keine Besonderheit?, in: Die gemeinnützige Wohnungswirtschaft zwischen Markt und Sozialbindung, Schriften zum Genossenschaftswesen und zur Öffentlichen Wirtschaft, Berlin 1985, Bd. 14/II, S. 988-1007.

zugleich Steuerberater ist), da einmal die Weisungsgebundenheit durch den Mandanten sehr intensiv ist und zum anderen es sich hierbei häufig um namhafte Beträge für den Mandanten handelt. Das kann bedeuten, daß die Wiederbestellung als Abschlußprüfer direkt oder indirekt vom Erfolg der steuerlichen Beratung bzw. Interessenvertretung abhängig gemacht wird. Im Vergleich dazu würden wir das Konfliktpotential bei der betriebswirtschaftlichen Beratung geringer einschätzen, zumal diese Beratung sich nicht in der Öffentlichkeit — zum Beispiel vor dem Finanzgericht — vollzieht.

VI. Rechte und Pflichten der Wirtschaftsprüfer

Das Prüfungswesen im allgemeinen und das Recht der Wirtschaftsprüfung hat eine lange und wechselvolle Geschichte. Saage[1] hat treffend die Wirtschaftsprüfer als „Kinder der Not" bezeichnet.[2] Dieses gilt auch für die genossenschaftliche Prüfung, die nahezu hundert Jahre alt ist; denn sie wurde weniger freiwillig als unter dem Eindruck einer kommunalen Prüfung und Aufsicht eingeführt. Es war eine *Re*aktion auf krisenhafte Erscheinungen bei den Genossenschaften in der Gründerkrise und auf solche in der Weltwirtschaftskrise.

In der Gegenwart haben wir keine krisenhaften Erscheinungen, und man kann die Vermutung äußern, daß solche angesichts des entwickelten (staatlichen) Instrumentariums auch nicht auftreten. Dennoch ist aber unverkennbar, daß — wie eingangs skizziert — sowohl im Genossenschaftssektor als auch in der (freien) Wirtschaft Verluste und Zusammenbrüche zu verzeichnen sind, die trotz der Pflichtprüfung eingetreten sind. Das Schlagwort „Nach dem Testat die Pleite?"[3] grassiert. Es erhebt sich die Frage, ob nicht die Rechte und Pflichten fortentwickelt werden sollten.

Zumindest bis in die jüngste Zeit genossen die Wirtschaftsprüfer sowohl in der Wirtschaft als auch beim ‚Normalbürger' ein hohes Ansehen, sie haben dieses Image auch gepflegt. In der breiteren Öffentlichkeit kamen sie erst ‚ins Gerede', als trotz der Prüfungen und erteilten Testate spektakuläre Zusammenbrüche folgten.

1. Werden die Aufgaben der Wirtschaftsprüfer falsch verstanden?

Die eingangs zitierten Beispiele, daß wenige Wochen oder Monate nach der (aktienrechtlichen) Pflichtprüfung und nach Erteilung des uneingeschränkten Bestätigungsvermerkes das geprüfte Unternehmen in Konkurs geraten ist, hat

---

[1] Gustav Saage: Das Testat des Wirtschaftsprüfers aus der Sicht der Kreditgeber, in: Der Betrieb, Heft 22 (1975), S. 989-994.

[2] Ebenda, S. 989.

[3] So die Überschrift zu einem Bericht über Diskussionen auf einer Tagung des Instituts der Wirtschaftsprüfer in der Frankfurter Allgemeinen Zeitung vom 4. Februar 1987.

zur Kritik an den Wirtschaftsprüfern geführt. Die durch einen solchen Konkurs Geschädigten erheben den Vorwurf, daß entweder die Wirtschaftsprüfer nicht ihrer Pflicht nachgekommen oder die gesetzlichen Grundlagen für die Pflichtprüfungen unzureichend sind. Demgegenüber vertreten die Wirtschaftsprüfer die Ansicht, daß ihre Aufgaben mißverstanden, die Prüfungsberichte nicht immer richtig gelesen oder ausgewertet werden und daß schließlich der (uneingeschränkte) Bestätigungsvermerk unzutreffend beurteilt wird.

Die Aufgaben des (aktienrechtlichen) Abschlußprüfers haben sich seit dem Aktiengesetz 1937 nicht unerheblich gewandelt.

a) Die Regelungen des Aktiengesetzes 1937

Das Aktiengesetz von 1937 enthält umfassende Vorschriften über die Rechnungslegung, die Jahresabschlußformblätter, Vorschriften über die Prüfung des Jahresabschlusses usw. Gegenüber den Buchführungsvorschriften des HGB handelt es sich um eine Fortentwicklung dieses Rechtsgebietes. In diesem Zusammenhang sollen nur die Bestimmungen über den Prüfungsbericht interessieren.

aa) Die gesetzlichen Bestimmungen

Gemäß § 135 AktG 1937 ist der Jahresabschluß unter Einbeziehung der Buchführung und des Geschäftsberichts, soweit er den Jahresabschluß erläutert, von einem oder mehreren sachverständigen Prüfern (Abschlußprüfern) zu prüfen. Zu Abschlußprüfern dürfen öffentlich bestellte Wirtschaftsprüfer oder Wirtschaftsprüfungsgesellschaften gewählt oder bestellt werden (§ 137 AktG 1937). Die Abschlußprüfer haben über das Ergebnis ihrer Prüfung schriftlich zu berichten.

§ 139 AktG 1937

„(1) Die Abschlußprüfer haben über das Ergebnis der Prüfung schriftlich zu berichten. Im Bericht ist besonders festzustellen, ob die Buchführung, der Jahresabschluß und der Geschäftsbericht, soweit er den Jahresabschluß erläutert, den gesetzlichen Vorschriften entsprechen und ob der Vorstand die verlangten Aufklärungen und Nachweise erbracht hat. Die Prüfer haben den Bericht zu unterzeichnen.

(2) Der Bericht ist dem Vorstand und dem Aufsichtsrat vorzulegen."

§ 140 AktG 1937

„(1) Sind nach dem abschließenden Ergebnis der Prüfung keine Einwendungen zu erheben, so haben die Abschlußprüfer dies durch einen Vermerk zu bestätigen; der Bestätigungsvermerk muß ergeben, daß nach pflichtmäßiger Prüfung auf Grund der Bücher und der Schriften der Gesellschaft sowie der vom Vorstand erteilten Aufklärungen und Nachweise die Buchführung, der Jahresabschluß und der Geschäftsbericht, soweit er den Jahresabschluß erläutert, den gesetzlichen Vorschriften entsprechen.

(2) Sind Einwendungen zu erheben, so haben die Abschlußprüfer die Bestätigung zu versagen oder einzuschränken.

(3) Die Abschlußprüfer können die Bestätigung auch dann versagen oder einschränken, wenn der Geschäftsbericht, soweit in ihm der Geschäftsverlauf und die Lage der Gesellschaft dargelegt sind, offensichtlich eine falsche Darstellung von den Verhältnissen der Gesellschaft erweckt, die geeignet ist, das durch den Jahresabschluß vermittelte Bild von der Lage der Gesellschaft zu vermitteln."

Bei der aktienrechtlichen Abschlußprüfung ist somit zwischen dem Prüfungsbericht und dem Bestätigungsvermerk zu unterscheiden:

(1) Prüfungsbericht:[4]
Der Prüfungsbericht soll den Auftraggeber, bei aktienrechtlichen Pflichtprüfungen besonders den Aufsichtsrat, über Ergebnis und Umfang der Prüfung unterrichten. Der Prüfungsbericht dient unmittelbar internen Zwecken und ist daher vertraulich. Er soll nicht nur die Ergebnisse der Prüfung erläutern, sondern darüber hinaus auch als ein sachverständiges Gutachten eines unabhängigen Dritten über die betriebswirtschaftlichen Verhältnisse der geprüften Unternehmung dienen.

(2) Bestätigungsvermerk:[5]
Der Bestätigungsvermerk ist in der Hauptsache für die Öffentlichkeit bestimmt und bezweckt ihre Unterrichtung über die Ordnungsmäßigkeit des Jahresabschlusses, der Buchführung und des Geschäftsberichtes im Rahmen der gesetzlichen Bestimmungen; er ist die Bestätigung eines Positivbefundes, denn nur Positives kann bestätigt werden. Bei Pflichtprüfungen ist der Bestätigungsvermerk formelhaft festgelegt. Wann der Bestätigungsvermerk einzuschränken ist, kann nicht generell entschieden werden; der Prüfer wird daher jedesmal nach eigenem Ermessen zu entscheiden haben. Wenn die allgemeine Ordnungsmäßigkeit des Rechnungswesens und der Rechnungslegung verneint werden muß — die Buchführung, der Jahresabschluß oder der Geschäftsbericht als Ganzes abzulehnen ist —, dann ist der Bestätigungsvermerk zu verweigern.

Das Aktiengesetz 1937 hat keinen Bestätigungsvermerk vorgeschrieben. Das IdW (Institut der Wirtschaftsprüfer) hat die folgende Fassung für den uneingeschränkten Bestätigungsvermerk nach dem Aktiengesetz festgelegt:

„Nach dem abschließenden Ergebnis meiner (unserer) pflichtmäßigen Prüfung auf Grund der Bücher und der Schriften der Gesellschaft sowie der vom Vorstand erteilten Aufklärungen und Nachweise entsprechen die Buchführung, der Jahresabschluß und der Geschäftsbericht, soweit er den Jahresabschluß erläutert, den gesetzlichen Vorschriften."

Das Aktiengesetz 1937 brachte gegenüber den rechtlichen Vorschriften über Rechnungslegung und Prüfung[6] erhebliche Fortschritte. So zum Beispiel hat

---

[4] Wirtschaftsprüfer-Jahrbuch, Ausgabe 1951, Düsseldorf, o.J., S. 461-482.

[5] Ebenda, S. 438-461.

[6] Ebenda, S. 117ff.

sich die Industrie- und Handelskammer 1927 mit der Frage befaßt, ob eine Buchführung auf losen Blättern der Soll-Vorschrift des § 43 Abs. 2 HGB widerspricht; 1929 ging es um die Frage, ob Lochungssysteme und Lochkarten als technische Hilfmittel einer ordnungsmäßigen Buchhaltung anwendbar sind.[7]

bb) Das Urteil des Bundesgerichtshofes von 1954

Für die Weiterentwicklung der Aufgaben der Wirtschaftsprüfer ist das BGH-Urteil vom 15. Dezember 1954 (II ZR 322/53) von Bedeutung, denn durch dieses Urteil wurden die folgenden Grundsätze aufgestellt.[8]

„Ohne besonderen Auftrag hat der aktienrechtliche Abschlußprüfer nicht die Lage der Gesellschaft zu prüfen. Erkennt er aber bei der Durchführung seiner Pflichtaufgaben die Bedrohlichkeit oder daß sich eine ruinöse Entwicklung anbahnt, so hat er Vorstand und Aufsichtsrat auf seine Erkenntnisse hinzuweisen und mit ihnen die nach seiner Ansicht erforderlichen Maßnahmen zu besprechen." Dieses BGH-Urteil ist als *‚Redepflicht-Entscheidung'* in die Literatur eingegangen.

Eine Aktiengesellschaft (Klägerin) behauptete, daß die vom Wirtschaftsprüfer (Beklagter) geprüften Jahresabschlüsse grobe Fehler, Bilanzfälschungen und -frisuren enthielten, die Berichte deckten dieses nicht auf und seien in vieler Hinsicht falsch. „Unstreitig hat der Beklagte bei den Abschlußprüfungen die *wirtschaftliche Lage* der Gesellschaft *nicht geprüft* und in seinen Berichten über die Abschlußprüfungen nicht erörtert. Der Kläger ist der Ansicht, daß zu den Aufgaben des Abschlußprüfers auch Untersuchungen über die wirtschaftlichen Verhältnisse der Gesellschaft gehörten." Dagegen bestritt der beklagte Wirtschaftsprüfer diese Fehler:[9] „Er vertritt den Standpunkt, daß es *nicht* Aufgabe des Abschlußprüfers sei, die wirtschaftlichen Verhältnisse des Unternehmens zu prüfen und über die Vermögens-, Finanz- und Liquiditätslage und die Rentabilitäts-, Kosten- und Umsatzentwicklung Überlegungen anzustellen und sich hierzu zu äußern. ... Es sei auch nicht Aufgabe des Abschlußprüfers, sich darüber schlüssig zu werden, ob und wann die Gefahr eines wirtschaftlichen Zusammenbruchs oder des Konkurses des Unternehmens drohe.... Er verweist darauf, daß er in seinen Prüfungsberichten mehrfach zum Ausdruck gebracht hat, daß ihm ‚ein Auftrag zur Prüfung der Rentabilität und Liquidität der Bilanz nicht erteilt' worden sei."

Der Bundesgerichtshof hat seine im Leitsatz zitierte Entscheidung wie folgt begründet:[10]

---

[7] Siehe: Zur Prüfungs- und Berichterstattungspflicht sowie zur Haftung des Abschlußprüfers einer Aktiengesellschaft, in: Die Wirtschaftsprüfung, Heft 6 (1955), S. 138-142.

[8] Ebenda, S. 138 (Hervorhebung erfolgte durch uns, Jk.).

[9] Ebenda, S. 138 (Hervorhebung erfolgte durch uns, Jk.).

[10] Ebenda, S. 139-142.

Die Tätigkeit des Abschlußprüfers besteht aus der Prüfung (§ 135 AktG), dem Prüfungsbericht (§ 139 AktG) und dem Bestätigungsvermerk (§ 140 AktG). Zu diesen Prüfungsbereichen führt der BGH aus:[11]

(1) *Prüfung des Jahresabschlusses*
„Die Prüfung des Jahresabschlusses erstreckt sich gegenständlich auf die Bilanz und die Gewinn- und Verlustrechnung (§ 125 Abs. 1 Satz 1 AktG) unter Einbeziehung der Buchführung und des Geschäftsberichts, soweit er den Jahresabschluß erläutert (§ 135 Abs. 1 AktG). Ihren Umfang legt § 135 Abs. 2 AktG dahin fest, daß sowohl die sachgemäße Aufstellung des Jahresabschlusses und seine Übereinstimmung mit dem Bestandsverzeichnis und den Geschäftsbüchern als auch die Einhaltung der für den Jahresabschluß und den Geschäftsbericht gegebenen Vorschriften zu prüfen ist."

(2) *Prüfungsbericht:*
„Den Prüfungsbericht kennzeichnet § 139 AktG als den schriftlichen Bericht über das Ergebnis der Prüfung. In ihm ist besonders festzustellen, ob die Buchführung, der Jahresabschluß und der Geschäftsbericht, soweit er den Jahresabschluß erläutert, den gesetzlichen Vorschriften entsprechen und ob der Vorstand die verlangten Aufklärungen und Nachweise erbracht hat. Sind nach dem abschließenden Ergebnis der Prüfung keine Einwendungen zu erheben, so hat der Abschlußprüfer dies durch einen Vermerk zu bestätigen; der Bestätigungsvermerk muß ergeben, daß nach pflichtmäßiger Prüfung auf Grund der Bücher und der Schriften der Gesellschaft sowie der vom Vorstand erteilten Aufklärungen und Nachweise die Buchführung, der Jahresabschluß und der Geschäftsbericht, soweit er den Jahresabschluß erläutert, den gesetzlichen Vorschriften entsprechen (§ 140 Abs. 1 AktG). Sind Einwendungen zu erheben, so hat der Abschlußprüfer die Bestätigung zu versagen oder einzuschränken (§ 140 Abs. 2 AktG)."

(3) *Geschäftsbericht:*
„Der Geschäftsbericht zerfällt in zwei Teile: In dem einen sind der Geschäftsverlauf und die Lage der Gesellschaft darzulegen (§ 128 Abs. 1 AktG), im anderen ist der Jahresabschluß zu erläutern (§ 128 Abs. 2 AktG). Die §§ 135, 139 AktG und die beiden ersten Absätze des § 140 AktG beziehen in die Prüfungs-, Berichts- und Bestätigungsaufgabe des Abschlußprüfers nicht den vom Geschäftsverlauf und der Lage der Gesellschaft handelnden Teil des Geschäftsberichts, sondern übereinstimmend nur den den Jahresabschluß erläuternden Teil des Geschäftsberichts ein. Der Abschlußprüfer hat aber auch den ersten Teil des Geschäftsberichts zu beachten. Denn er kann die Bestätigung auch dann versagen oder einschränken, wenn der Geschäftsbericht, soweit in ihm der Geschäftsverlauf und die Lage der Gesellschaft dargestellt sind, offensichtlich eine falsche Darstellung von den Verhältnissen der Gesellschaft erweckt, die geeignet ist, das durch den Jahresabschluß vermittelte Bild von der Lage der Gesellschaft zu verfälschen (§ 140 Abs. 3 AktG), und ein Urteil hierüber ist ihm nur möglich, wenn er diesen Teil des Geschäftsberichts wenigstens kennt."

Der Jahresabschluß — der seine rechnerische Grundlage in der Buchführung hat — und der Geschäftsbericht sind die Mittel der Rechnungslegung; es ist

---

[11] Ebenda, S. 139 (ohne Hervorhebungen im Original, Jk.).

Aufgabe des Vorstandes, den Jahresabschluß aufzustellen und den Geschäftsbericht zu fertigen. Dem Abschlußprüfer obliegt es, die Rechnungslegung zu prüfen. Diese Aufgaben des Abschlußprüfers werden durch den BGH wie folgt definiert:[12]

> „Die aktienrechtliche Abschlußprüfung hat die Prüfung der Rechnungslegung des Vorstandes auf ihre sachliche Richtigkeit, ihre Ordnungsmäßigkeit und Gesetzlichkeit zum Inhalt. Sie ist eine *Rechnungslegungsprüfung* und *keine Prüfung* der von der Rechnungslegung erfaßten wirtschaftlichen Vorgänge und Tatsachen. Gewiß muß sich der Abschlußprüfer mit dem hinter Jahresabschluß und Geschäftsbericht stehenden Sachverhalt beschäftigen, um ihre Verwertung im Jahresabschluß und ihre Behandlung im Geschäftsbericht einwandfrei beurteilen zu können. Aber dieser Zweck begrenzt auch die Prüfungsaufgabe. Die aktienrechtliche Abschlußprüfung hat ihrer Sache und ihrer gesetzlichen Regelung nach *nicht das Ziel,* sämtliche Geschäftsvorfälle zum Gegenstand der Untersuchung zu machen, und ist nicht dazu da, Richtigkeit und Zweckmäßigkeit der Maßnahmen der Verwaltung beurteilen und sagen zu können, was im einzelnen anders oder besser hätte gemacht werden können oder sollen. Sie hat nicht die Aufgabe, die Geschäftsführung der Verwaltung zu untersuchen und zu beanstanden, fehlerhafte Entschlüsse zu verhindern oder Vorstand und Aufsichtsrat die Verantwortung abzunehmen. ... Nur die Ordnungs- und Gesetzmäßigkeit der Rechnungslegung selbst ist zu prüfen."

§ 135 Abs. 1 AktG bestimmt nicht, daß auch der Geschäftsverlauf und die Lage der Gesellschaft zu prüfen sind, sondern lediglich den Jahresabschluß unter Einbeziehung der Buchführung und des Geschäftsberichts, soweit er den Jahresabschluß erläutert. Es werden somit nur die Mittel der Rechnungslegung geprüft. Folglich trifft der *Bestätigungsvermerk* gemäß der eindeutigen Regelung in § 140 AktG nur eine Aussage über die Buchführung, den Jahresabschluß und den Geschäftsbericht, soweit er den Jahresabschluß erläutert. Zur Versagung bzw. Einschränkung des Bestätigungsvermerks führt der BGH aus:[13]

> „Der *Geschäftsverlauf und die Lage der Gesellschaft* berechtigen als solche auch nach § 140 Abs. 3 AktG *nicht* zur Versagung oder Einschränkung des Bestätigungsvermerks. ... Also *nur* eine *grob unrichtige Darstellung im Geschäftsbericht* über den Geschäftsverlauf und die wirtschaftliche Lage der Gesellschaft berechtigt oder verpflichtet zur Versagung oder Einschränkung des Bestätigungsvermerks, und dies auch nur dann, wenn die Darstellung der Verhältnisse der Gesellschaft derart falsch ist, daß sie das durch den Jahresabschluß über die Lage der Gesellschaft vermittelte Bild zu verfälschen geeignet ist. Aber selbst das genügt noch nicht, sondern die das Lagebild verfälschende Unrichtigkeit muß offensichtlich sein. Inhalt und Sinn dieser Regelung ist es nicht, die Rechnungslegungsprüfung zu einer Prüfung auch der Lage der Gesellschaft zu erweitern."

Der BGH macht mit diesen Feststellungen deutlich, daß die aktienrechtliche Abschlußprüfung, der Prüfungsbericht und der Bestätigungsvermerk einen *formalen Charakter* haben, d.h., wenn der Jahresabschluß richtig aus den

---

[12] Ebenda, S. 139f. (ohne Hervorhebungen im Original, Jk.).

[13] Ebenda, S. 140 (ohne Hervorhebungen im Original, Jk.).

Büchern entwickelt worden ist und der Geschäftsbericht keine falschen Vorstellungen von der Lage der Gesellschaft erweckt, dann ist selbst dann der uneingeschränkte Bestätigungsvermerk zu erteilen, wenn die wirtschaftliche Lage ungünstig ist; umgekehrt ist dann der Bestätigungsvermerk zu versagen oder einzuschränken, wenn zwar die wirtschaftliche Lage der Gesellschaft gut ist, aber der Jahresabschluß (formal) fehlerhaft aufgestellt oder in dieser Hinsicht der Geschäftsbericht ein negativeres Bild gibt, als es in Wirklichkeit der Fall ist.

Hier wird der Unterschied zwischen der aktienrechtlichen und der genossenschaftlichen Prüfung sowie der der Wirtschaftsbetriebe der öffentlichen Hand deutlich: Der aktienrechtliche Abschlußprüfer hat nicht die Lage der Gesellschaft zu prüfen (§ 135, 139, 140 AktG). Dieses aber schreiben § 53 GenG sowie § 10 der Durchführungsverordnung vom 30. März 1933 (RGBl. I, S. 180) zur Verordnung des Reichspräsidenten zur Sicherung von Wirtschaft und Finanzen vom 6. Oktober 1931 (RGBl. I, S. 562) vor. Diese Regelungen sind aber vom Gesetzgeber nicht in das Aktiengesetz 1937 übernommen worden. Folglich:[14] „Hat der aktienrechtliche Abschlußprüfer nicht die Lage der Gesellschaft zu prüfen, so kann es folgerichtig auch *nicht* die *Aufgabe des Prüfungsberichts* sein, die wirtschaftlichen Verhältnisse der Gesellschaft zu erörtern. Davon ist denn auch in § 139 AktG keine Rede."

Eine andere Frage ist, ob nicht der Abschlußprüfer die Aufgabe und Pflicht hatte, Bedenken gegen die hohen Investitionen vorzutragen, wenn er anläßlich seiner Abschlußprüfung die Bedrohlichkeit der Lage der Gesellschaft erkannte. Im Gegensatz zum Berufungsgericht hat der BGH diese Pflicht bejaht. Es ist dieses die sogenannte *Rede-Pflicht des Abschlußprüfers:*[15]

Der Abschlußprüfer übt seine Tätigkeit unabhängig vom Vorstand, dem Aufsichtsrat und der Hauptversammlung aus. Er leistet Arbeit, die eigentlich dem Aufsichtsrat obliegt, die er aber nicht zu leisten vermag.

Somit ist der Abschlußprüfer in die Organisation der Gesellschaft eingegliedert (§§ 138, 139 AktG). „Aus alledem ergibt sich, daß der *Abschlußprüfer Organ der Gesellschaft* ist."[16] Hierbei ist es unerheblich, daß der Abschlußprüfer keine Vertretungsmacht hat und die Gesellschaft nicht gemäß § 31 BGH haftbar machen kann. Seine Pflichten — Sorgfaltspflicht, Schweigepflicht, Haftung — sind nicht mit § 141 AktG erschöpft; denn weitere Pflichten ergeben sich aus dem Vertrag und aus seiner Stellung als Organ der Gesellschaft:[17]

> „Vertrag und Organgstellung ergeben ein besonderes *Vertrauensverhältnis* und begründen eine *Treuepflicht,* die es dem Abschlußprüfer gebietet, seine Stimme warnend zu erheben, wenn ihm bei der Abschlußprüfung schwerwiegende Bedenken gegen die

---

[14] Ebenda, S. 140 (ohne Hervorhebungen im Original, Jk.).

[15] Ebenda, S. 140f.

[16] Ebenda, S. 140f. (Hervorhebung vom Original, Jk.).

[17] Ebenda, S. 140 (ohne Hervorhebungen im Original, Jk.).

Geschäftsführung, die Rentabilität oder Liquidität kommen. Seine anläßlich der Abschlußprüfung gewonnenen Erkenntnisse darf er solchenfalls nicht für sich behalten, sondern muß darüber Vorstand und Aufsichtsrat oder doch eines von beiden Gremien unterrichten. ... Auch solchenfalls läuft eine *Redepflicht des Abschlußprüfers* nicht bloß auf die Offenbarung dessen hinaus, was aus dem Jahresabschluß ohnehin zu erkennen oder bereits sonstwie bekannt ist. Warnungen des Abschlußprüfers werden kraft seiner Stellung innerhalb der Gesellschaft, kraft seiner Sachkunde oder allein wegen der Bedeutung seiner Persönlichkeit zur Überprüfung des möglicherweise schon bezogenen Standpunkts führen. ... Aber er muß seine bei den Pflichtprüfungen gewonnene, wichtige Punkte betreffende Sachkenntnis einsetzen, damit sie bei Entschließungen der Verwaltung beachtet und der Gesellschaft nutzbar gemacht werden kann. Die Unterrichtung von Vorstand und Aufsichtsrat kann in einem *Sonderbericht oder mündlich* geschehen. Das wird vielfach zweckvoll sein, schon um Kreditschädigungen zu vermeiden. Der Abschlußprüfer kann allerdings keinesfalls haften, wenn seine Hinweise unbeachtet bleiben. ... Aber der Abschlußprüfer muß seine bei den Pflichtprüfungen gewonnenen Erkenntnisse vorbringen und darf *nicht schweigend zusehen*, wenn sich eine *ruinöse Entwicklung anbahnt* oder die Gefahr des Zusammenbruchs entsteht. Damit ist der Redepflicht zugleich die unerläßliche *Grenze* gesetzt."

Im ersten Teil seines Urteils hat der BGH eine sehr formale Interpretation der aktienrechtlichen Abschlußprüfung vorgenommen. Dann aber — und dieses ist für die Aufgaben und Pflichten der Wirtschaftsprüfer auch heute noch von Bedeutung — wird die Redepflicht postuliert, da der Abschlußprüfer eine (externe) Organstellung habe. Hieraus ergibt sich für den BGH nicht nur eine Haftung bei Nichterfüllung der ausdrücklich aufgeführten Pflichten, sondern auch für die aus der Redepflicht, wobei die aufgezeigten Grenzen zu beachten sind.

Schließlich hat der BGH ausgeführt, daß mit dem Auftrag an den Wirtschaftsprüfer, die Finanzlage des Unternehmens zu prüfen, „eine über den Pflichtprüfungsumfang hinausgehende Aufgabe zugewiesen werde. Diese Aufgabe hat er nur unzulänglich erfüllt."[18]

Dieses Urteil des BGH hat in der Fachliteratur eine erhebliche Diskussion und Kontroverse ausgelöst.

cc) Die Kontroverse um das Urteil des Bundesgerichtshofes

Moxter[19] schloß sich der restriktiven Auffassung des Bundesgerichtshofes an, wenn er darauf hinwies, daß der aktienrechtliche Abschlußprüfer nicht die wirtschaftliche Lage der Gesellschaft zu untersuchen habe, daher habe er sie auch nicht im Prüfungsbericht zu erörtern. Der aktienrechtliche Abschlußprüfer hat lediglich in einem Sonderbericht oder mündlich eine Redepflicht, wenn ihm schwerwiegende Bedenken gegen die Geschäftsführung, die Rentabilität oder Liquidität kommen. Dieser restriktiven Auffassung ist widersprochen worden:

[18] Ebenda, S. 142.

[19] Adolf Moxter: Der Aufgabenbereich des aktienrechtlichen Abschlußprüfers, in: Die Wirtschaftsprüfung, Heft 11/12 (1957), S. 273-276.

Girgensohn[20] weist darauf hin, daß der Bundesgerichtshof fast wörtlich die einschlägigen (damaligen) aktienrechtlichen Bestimmungen zitierte und „bei dieser streng formalen Betrachtung der Entwicklung der Berufsgrundsätze und der Übung der letzten Jahre keinen Raum (gibt). Der BGH kommt zu der Feststellung, daß die aktienrechtliche Abschlußprüfung die Prüfung der Rechnungslegung auf ihre sachliche Richtigkeit, ihre Ordnungsmäßigkeit und Gesetzlichkeit zum Inhalt hat. ... Im Ergebnis hat der Abschlußprüfer nach der Auffassung des BGH ‚nicht die Lage der Gesellschaft zu prüfen, sondern zu beurteilen und darzulegen' ".[21] An dieser streng formalen und engen Auslegung der damaligen aktienrechtlichen Bestimmungen meldet Girgensohn Bedenken an; denn der Prüfer habe sich vor Augen zu halten, daß der *wirtschaftliche Zweck der Prüfung* in der umfassenden Unterrichtung des Aufsichtsrates (unseres Erachtens auch des Vorstandes und vor allem der Aktionäre) liege. Folglich könne nur ein ‚hochwertiger' Prüfungsbericht diese Aufgabe erfüllen. Dagegen stimmt Girgensohn dem BGH zu, wenn dieser auf den (von uns bereits dargelegten) Unterschied zur genossenschaftlichen Prüfung verweist:[22] „Der BGH führt zutreffend aus, daß der aktienrechtliche Abschlußprüfer *nicht* die *wirtschaftlichen Verhältnisse* der Gesellschaft im Sinne des § 53 GenG zu prüfen und nicht über die zu berichten hat.[23] ... Es ist zutreffend, daß der Inhalt der Pflichfprüfung bei den Genossenschaften und Betrieben der öffentlichen Hand weitergeht, denn hier hat der Prüfer über die Darstellung der wirtschaftlichen Lage hinaus die Aufgabe, auch besondere Faktoren, welche sich auf die wirtschaftliche Lage auswirken, aufzuzeigen und zu beurteilen. So weit geht der Aufgabenbereich des aktienrechtlichen Pflichtprüfers nicht." Gemäß § 129 Abs. 1 AktG ist der Jahresabschluß so klar und übersichtlich aufzustellen, daß er einen möglichst sicheren Einblick in die Lage der Gesellschaft gewährt. Somit ist es Pflicht des Abschlußprüfers, „darauf zu achten, ob die Lage der Gesellschaft sich aus dem Jahresabschluß ergibt, und hierüber so zu berichten, daß die Lage der Gesellschaft klar herausgestellt wird".[24]

Die vom BGH vorgenommene Trennung zwischen der Prüfung der Rechnungslegung an sich und der Prüfung der von der Rechnungslegung erfaßten wirtschaftlichen Vorgänge und Tatsachen wird von Girgensohn abgelehnt. Ein ‚verschleierter Jahresabschluß' kann durchaus den gesetzlichen Gliederungs-

---

[20] Werner Girgensohn: Der Aufgabenbereich des aktienrechtlichen Abschlußprüfers, in: Die Wirtschaftsprüfung, Heft 7 (1955), S. 153-156; Rainer Ludewig: Die Darstellung der wirtschaftlichen Lage im Bericht über die aktienrechtliche Jahresabschlußprüfung, Schriftenreihe des Instituts der Wirtschaftsprüfer, Bd. 12, Düsseldorf 1955.

[21] Girgensohn, S. 153 (ohne Hervorhebung des Zitats aus dem BGH-Urteil, Jk.).

[22] Ebenda, S. 154 (Hervorhebung zum Teil abweichend vom Original, Jk.).

[23] Gemäß § 26 Abs. 4 WGG sind die genossenschaftlichen Prüfungsgrundsätze bei Genossenschaften unmittelbar, bei Gemeinnützigen Wohnungsunternehmen in anderer Rechtsform (d. h., in erster Linie Kapitalgesellschaften) sinngemäß anzuwenden.

[24] Girgensohn, S. 154.

und Bewertungsvorschriften entsprechen und es kann auch der Geschäftsbericht mit den gesetzlichen Vorschriften übereinstimmen, ohne die tatsächlichen wirtschaftlichen Verhältnisse offenzulegen. Über die Ordnungsmäßigkeit der Buchführung und der Übereinstimmung der ‚Rechtsbilanz' mit den gesetzlichen Vorschriften über Gliederung und Bewertung des Jahresabschlusses gibt der Bestätigungsvermerk Auskunft. Der Prüfungsbericht soll sich nicht nur auf die formale Rechnungsprüfung beschränken, er hat vielmehr den Jahresabschluß so zu verdeutlichen, daß dem bilanzkundigen Leser die Vermögens-, Finanz- und Ertragslage der Gesellschaft — also die Lage der Gesellschaft — erkenntlich wird. Durch diese Aufgabenstellung ergeben sich auch die Grenzen der aktienrechtlichen Pflichtprüfung, die von denen des Prüfers von Genossenschaften und Wirtschaftsbetrieben der öffentlichen Hand abweichen.

Neben dieser streng formalrechtlichen Betrachtung ist andererseits der BGH der Ansicht, daß der aktienrechtliche Abschlußprüfer als Organ der Gesellschaft anzusehen sei[25], so daß aus seiner Treuepflicht über die Berichterstattung hinaus eine *Redepflicht* bestehe, wenn sich eine ruinöse Entwicklung anbahnt oder die Gefahr eines Zusammenbruchs droht. Diese über den schriftlichen Prüfungsbericht hinausgehende Redepflicht wird aber von Girgensohn abgelehnt. Seines Erachtens führt der BGH zutreffend aus, „daß die Prüfung nicht dazu da sei, die Richtigkeit und Zweckmäßigkeit der Maßnahmen der Verwaltung zu beurteilen und sagen zu können, was im einzelnen anders oder besser hätte gemacht werden können oder sollen. Sie habe nicht die Aufgabe, die Geschäftsführung der Verwaltung zu untersuchen und zu beanstanden, fehlerhafte Entschlüsse zu verhindern oder Vorstand und Aufsichtsrat die Verantwortung abzunehmen".[26] Vereinfacht könnte man sagen: Unternehmer und Risikoträger ist der Vorstand, Aufsicht übt der Aufsichtsrat aus, der Wirtschaftsprüfer ist — wie ein Arzt gegenüber dem Patienten — der sachverständige Prüfer, der untersucht und wertfrei berichtet. Wie der Patient, so kann auch das geprüfte Unternehmen aus den Feststellungen Folgerungen ziehen. Im übrigen kann das Unternehmen über die Pflichtprüfung hinaus den betriebswirtschaftlichen bzw. steuerrechtlichen Rat des Wirtschaftsprüfers einholen.

Nach Girgensohn[27] hat der BGH mit seinem Urteil vom 14. Dezember 1954 die im (damaligen) Aktiengesetz enthaltenen Unklarheiten nicht beseitigt; denn einerseits hat er die Funktionen aus formaler Sicht zu stark eingeengt, indem er Aussagen über die wirtschaftliche Lage der Gesellschaft ausschließt, andererseits hat er mit der Redepflicht des Wirtschaftsprüfers eine durch das damalige Aktiengesetz nicht gedeckte Aufgabenausweitung vorgenommen. Dennoch hat dieses BGH-Urteil die Rechtsentwicklung beeinflußt.

---

[25] Diese Auffassung ist umstritten und wird abgelehnt, vielmehr wird der Prüfer als sachverständiges Hilfsorgan betrachtet.

[26] Girgensohn, S. 155.

[27] Ebenda, S. 156.

Moxter[28] hat sich eingehend mit Girgensohns und Ludewigs Kommentar zum BGH-Urteil vom 15. Dezember 1954 auseinandergesetzt. Dabei geht es Moxter erstens um die Frage, ob entgegen der streng formalen Betrachtung des Aktiengesetzes 1937 die Ansicht vertreten werden kann, daß bei den Wirtschaftsprüfern ein Gewohnheitsrecht entstanden ist, das über die formale Abschlußprüfung hinausgeht. Außerdem habe der Bundesgerichtshof den Begriff ‚wirtschaftliche Verhältnisse' mit dem Terminus ‚Lage der Gesellschaft' gleichgesetzt; dieses sei aber mißverständlich. Schließlich hat Girgensohn darauf hingewiesen, daß § 129 AktG verlange, daß der Jahresabschluß so klar und übersichtlich aufzustellen ist, daß er einen möglichst sicheren Einblick in die Lage der Gesellschaft gibt. Aber — so Girgensohn — in der Praxis gewährt ein nach aktienrechtlichen Vorschriften aufgestellter Jahresabschluß nur selten einen klaren und sicheren Einblick in die Vermögens-, Finanz- und Ertragslage der Gesellschaft; ein verschleierter Jahresabschluß kann durchaus den gesetzlichen Gliederungs- und Bewertungsvorschriften entsprechen. Nach Girgensohn hat der Abschlußprüfer nicht nur die *‚externe Rechtsbilanz'* zu prüfen und hierüber zu berichten, sondern tiefer einzusteigen und die *‚interne Wirtschaftsbilanz'* zu verdeutlichen.

Moxter[29] folgt aus den folgenden Gründen nicht der Auffassung von Girgensohn und Ludewig:

Zur Frage des *Gewohnheitsrechts* — der BGH habe der Entwicklung der Berufsgrundsätze und der Übung der letzten Jahre keinen Raum gegeben — erscheint Moxter die Einlassung von Girgensohn bedenklich; denn für das Entstehen von Gewohnheitsrecht genügt nicht die Entwicklung von Berufsgrundsätzen bzw. eine Berufsausübung, es muß vielmehr ein Rechtsgeltungswille vorhanden sein. „Es muß aber bezweifelt werden, ob ein solcher Rechtsgeltungswille von der Mehrzahl der Berufsangehörigen bejaht wird."[30]

Nach Moxter ist es nicht einzusehen, weshalb der *synonyme Gebrauch der Begriffe* ‚wirtschaftliche Lage' bzw. ‚wirtschaftliche Verhältnisse' und ‚Lage der Unternehmung' durch den BGH mißverständlich sei oder sogar einen Fehler darstelle. Auch Ludewig[31] vertritt die Ansicht, daß beiden Begriffen ein sachlicher Unterschied zugrunde liege.

(1) *Wirtschaftliche Lage:*
Es handelt sich um einen *aktienrechtlichen Begriff,* der gegenüber der genossenschaftlichen Prüfung enger ist. Mit dem Wort ‚Lage' wird ein bestehender Zustand, werden die ‚augenblicklichen Verhältnisse' bezeichnet. Daher kann der Prüfer zum Beispiel den Bestätigungsvermerk nicht verweigern oder einschränken, wenn die Personalpolitik, die Handha-

---

[28] Moxter, S. 273f.

[29] Ebenda, S. 274f.

[30] Ebenda, S. 274.

[31] Ludewig, S. 34ff., Insbesondere S. 42ff.

bung des Einkaufs oder des Verkaufs oder die Investitionspolitik zu Beanstandungen Anlaß gibt. Die aktienrechtliche Pflichtprüfung kann „weder eine exakte Untersuchung der Wirtschaftlichkeit, noch eine Kritik der Maßnahmen der Geschäftsführung sein. Damit ist sie also eine reine Auswertung des Jahresabschlusses auf Grund der Erkenntnisse, die der Abschlußprüfer im Rahmen seiner Prüfung gewinnt. Sie wird daher niemals — und das muß man klar erkennen — eine allen betriebswirtschaftlichen Anforderungen gerechtwerdende Darstellung der Vermögenslage, der Finanzlage und der Ertragslage sein."[32]

(2) *Wirtschaftliche Verhältnisse:*
Es handelt sich um einen *genossenschaftlichen Begriff* (§ 53 GenG), der wesentlich weiter gefaßt ist. Die Genossenschaftsprüfung ist eine umfassende Gesamtprüfung, die kein Gebiet außer Acht lassen darf. „Aus dieser der aktienrechtlichen Pflichtprüfung gegenüber unterschiedlichen Aufgabenstellung der genossenschaftlichen Pflichtprüfung folgt, daß der Prüfung und Darstellung der ‚wirtschaftlichen Verhältnisse' (genossenschaftliche Prüfung) eine viel größere Bedeutung zukommt als der ‚wirtschaftlichen Lage' (aktienrechtliche Prüfung). Damit soll gesagt sein, daß die Darstellung der wirtschaftlichen Verhältnisse auch eine Kritik der Geschäftsführung umfaßt, also z.B. zu Fragen der Personalpolitik, des Ein- und Verkaufs, der Investitionen Stellung nimmt."[33]

Nach Moxter wäre die Argumentation von Girgensohn völlig zutreffend, wenn die Begriffe ‚wirtschaftliche Lage' und ‚wirtschaftliche Verhältnisse' dem gesetzlichen Sprachgebrauch entsprächen. Aber: „Davon kann keine Rede sein. ... Es heißt in § 53 GenG ausdrücklich, daß zwecks Feststellung der wirtschaftlichen Verhältnisse *und* der Ordnungsmäßigkeit der Geschäftsführung die Genossenschaft zu prüfen sei. Die Feststellung der wirtschaftlichen Verhältnisse ist folglich nach dem Sprachgebrauch des Gesetzes nicht der genossenschaftlichen Prüfung gleichzusetzen. ... Es deutet nichts darauf hin, daß er (der BGH, Jk.) eine Prüfung der wirtschaftlichen Verhältnisse als eine Prüfung der Ordnungsmäßigkeit der Geschäftsführung umfassend ansieht, das Zitat zeigt vielmehr eindeutig, daß der Bundesgerichtshof dies gerade nicht tut."[34] Somit ist nicht einzusehen, welcher Unterschied zwischen den Ausdrücken ‚wirtschaftliche Verhältnisse' und ‚wirtschaftliche Lage' bzw. ‚Lage der Unternehmung' bestehen soll.

Der Aufsichtsrat muß, wenn er die ihm zugedachten Aufgaben (insbesondere Mitwirkung bei der Feststellung des Jahresabschlusses) erfüllen will, die betriebswirtschaftliche Lage der Gesellschaft kennen. Ebensowenig besteht ein Zweifel, daß er die (wahre) Lage der Gesellschaft nicht allein aus dem

[32] Ebenda, S. 44f.

[33] Ebenda, S. 43f.

[34] Moxter, S. 274f.

Jahresabschluß erkennen kann. „Fraglich ist aber, ob es nach dem Willen des Gesetzgebers Aufgabe des Abschlußprüfungsberichts ist, dem Aufsichtsrat diese von ihm benötigten Informationen zu verschaffen."[35] Hierzu sagt § 139 AktG nichts aus. Dagegen legt § 135 AktG den Umfang der Prüfung — nämlich Prüfung der Rechnungslegung — eindeutig fest. „Dies schließt zwar eine Prüfung der wirtschaftlichen Tatsachen, die der Rechnungslegung zugrunde liegen, also der Aktiv- und Passivpositionen der Bilanz und der Aufwands- und Ertragsposten der Gewinn- und Verlustrechnung ein, *nicht* aber eine Prüfung der *wirtschaftlichen Lage,* exakt: nicht der betriebswirtschaftlich richtigen Lage der Unternehmung, die wir ja allein meinen, wenn wir in diesem Zusammenhang von der wirtschaftlichen Lage sprechen. Die aktienrechtliche Abschlußprüfung bedeutet natürlich eine Prüfung der wirtschaftlichen Lage, wie sie im veröffentlichten Jahresabschluß nach dem Willen des Gesetzgebers der Öffentlichkeit gegenüber zum Ausdruck kommen soll. ... Eine Prüfung der — betriebswirtschaftlich richtigen — wirtschaftlichen Lage fordert das Gesetz vom Prüfer dagegen eindeutig nicht."[36] Zwar soll der Jahresabschluß einen möglichst sicheren Einblick in die Lage der Gesellschaft gewähren, aber hieraus zu schließen, daß es Pflicht des Abschlußprüfers sei, darauf zu achten, ob die Lage sich aus dem Jahresabschluß ergibt (so Girgensohn), ist nach Moxter irrig. Das schließt jedoch nicht aus, daß der Prüfer eine überschlägige oder wenigstens eine grobe Vorstellung von dem tatsächlichen Betriebsgewinn und der zu erwartenden Liquiditätslage hat. „Hat der aktienrechtliche Abschlußprüfer aber die wirtschaftliche Lage nicht zu prüfen, so kann er sich ohne Überschreitung der ihm vom Gesetzgeber gebotenen Grenzen auch kein zuverlässiges, genaues Bild von der wirtschaftlichen Lage machen, und es ist nicht einzusehen, wie er etwas, was er gar nicht, mindestens nicht exakt, kennt, im Bericht über seine Prüfung überhaupt darlegen könnte, geschweige denn müßte."[37]

Diese aktienrechtliche Regelung 1937 bedeutet, daß der Aufsichtsrat sich einen Einblick in die tatsächliche Rentabilitäts-, Liquiditäts- und Vermögenslage zu verschaffen hat. Dieses liegt im Rahmen seiner Aufsichtsratpflicht (§ 95 AktG) und der Aufgabe, den Jahresabschluß sowie den Vorschlag über die Gewinnverteilung und den Geschäftsbericht zu prüfen (§ 96 AktG). Nach Einführung der Pflichtprüfung „(darf) der Aufsichtsrat unterstellen, daß die Bücher ordnungsgemäß geführt sind und der Jahresabschluß mit den Büchern, Verzeichnissen und Belegen der Gesellschaft (...) übereinstimmt."[38] Allerdings ist die Mehrheit der Aufsichtsräte diesen Aufgaben weder sachlich noch zeitlich gewachsen. Daher regt Moxter an, die Aufgabenstellung der Aufsichtsorgane bei Großunternehmen (warum nur bei diesen?, Jk.) im Rahmen einer künftigen Aktienreform grundsätzlich zu überprüfen.[39] Dagegen fragen wir, warum nicht

[35] Ebenda, S. 275.

[36] Ebenda, S. 275 (Hervorhebungen erfolgten durch uns, Jk.).

[37] Ebenda, S. 276.

[38] Ebenda, S. 276.

auch und gerade die Aufgabenstellung der Abschlußprüfer auf die Prüfung der wirtschaftlichen Lage und der Ordnungsmäßigkeit der Geschäftsführung erweitert werden soll, wie es bereits im Genossenschafts- und Haushaltsgrundsätzegesetz zwingend vorgeschrieben ist. (Weiter unten werden wir diesen Vorschlag machen.)

Wie man auch immer das BGH-Urteil vom 15. Dezember 1954 und die sich daran anschließende Kontroverse bewertet bzw. interpretiert, die folgenden Tendenzen erscheinen erkennbar:

(1) Auch bei einer formalen Interpretation der Regelungen des Aktiengesetzes 1937 über den Jahresabschluß und seine Prüfung hat der BGH dem Abschlußprüfer dann eine *Redepflicht* auferlegt, wenn sich eine ruinöse Entwicklung anbahnt oder die Gefahr des Zusammenbruchs entsteht. Damit hat der BGH die Aufgaben des Abschluß-(Wirtschafts-)prüfers gegenüber dem Aktiengesetz 1937 erweitert.

(2) Es ist umstritten, ob die durch den BGH postulierte Pflicht zur Prüfung der ‚wirtschaftlichen Verhältnisse' der Gesellschaft mit der genossenschaftlichen Prüfung (§ 53 GenG) gleichgesetzt werden kann. Während das Genossenschaftsgesetz auch die Prüfung der Ordnungsmäßigkeit der Geschäftsführung fordert, wird dieser Prüfungsinhalt vom BGH nicht genannt. Da man nicht dem BGH unterstellen kann, daß er seine Begriffe nicht willkürlich gewählt hat,[40] kann man davon ausgehen, daß zwar mit dem BGH-Urteil eine Erweiterung der Pflichten des Abschluß-(Wirtschafts-)prüfers vorgenommen wurden, aber dennoch die aktienrechtliche Pflichtprüfung nicht die Qualität der genossenschaftlichen erreicht.

(3) Somit bleibt auch nach dem BGH-Urteil vom 15. Dezember 1954 die genossenschaftliche Pflichtprüfung die umfassendste Prüfung. Bei den Wirtschaftsbetrieben der öffentlichen Hand waren gemäß § 10 der DVO vom 30. März 1933 lediglich die wirtschaftlichen Verhältnisse, nicht aber die Ordnungsmäßigkeit der Geschäftsführung zu prüfen.

---

[39] Ebenda, S. 276.

[40] Demgegenüber ist Ludewig (S. 99) anderer Auffassung: „Es darf schon jetzt darauf hingewiesen werden, daß allein die Schilderung des Sachverhalts im Rahmen dieses Urteils erkennen läßt, daß sich auch der Bundesgerichtshof über den doch wesentlichen Unterschied zwischen den Begriffen der ‚wirtschaftlichen Lage' und ‚wirtschaftlichen Verhältnisse' und den damit verbundenen Darstellungen in den verschiedenen Prüfungsberichten nicht im klaren war."

Im übrigen kommt Ludewig (S. 105) zu einem Ergebnis über das BGH-Urteil vom 15. Dezember 1954: Man hätte meinen sollen, daß der Bundesgerichtshof sich zumindest „mit einer Untersuchung über den Zweck des Prüfungsberichtes ganz besonders im Gegensatz zum Bestätigungsvermerk befaßt. Aber das hat er versäumt und er gelangt damit zu einem Ergebnis über den Umfang der Pflichtprüfung und Berichterstattung, das kaum zufriedenstellen kann und, wie ich (Ludewig, Jk.) nachgewiesen habe, ja auch im wesentlichen auf unzureichenden Untersuchungen und unter Mißachtung des Charakters der betreffenden Vorschrift des Aktiengesetzes, die ja doch nur Rahmenvorschrift ist, zustandegekommen ist."

Diese Auffassung wird auch von Leffson[41] geteilt: In Deutschland ist es üblich, den Prüfungsbericht um einen Teil zu erweitern, der der Darstellung der wirtschaftlichen Lage dienen soll. Aber: „Nach der heute herrschenden Meinung gehört ein Bericht über die wirtschaftliche Lage nicht zum gesetzlichen Inhalt des Prüfungsberichts."[42] Zwar hat man versucht, eine derartige rechtliche Verpflichtung aus anderen Gesetzen abzuleiten, doch ist — nach Leffson — ein solcher Nachweis nirgendwo überzeugend gelungen.

Sowohl das Aktiengesetz von 1965 als auch das Bilanzrichtlinien-Gesetz haben die Prüfungsaufgaben der Wirtschaftsprüfer erweitert, aber die Prüfung der wirtschaftlichen Lage und der Ordnungsmäßigkeit der Geschäftsführung im Sinne des Genossenschaftsgesetzes nicht in die aktienrechtliche Abschlußprüfung aufgenommen.

b) Die Erweiterung der Prüfungsaufgaben durch das Aktiengesetz 1965

Mit Wirkung vom 6. September 1965 (BGBl. I, S. 1089) wurde das gesamte Rechtsgebiet fortentwickelt. In diesem Zusammenhang sollen nur die Vorschriften interessieren, die die Pflichtprüfung durch die Wirtschaftsprüfer betreffen.[43]

Wie gemäß AktG 1937 wählt auch gemäß AktG 1965 die Hauptversammlung den Abschlußprüfer (§ 163 Abs. 1 AktG). Abschlußprüfer kann nur ein Wirtschaftsprüfer bzw. eine Wirtschaftsprüfungsgesellschaft sein (aus Gründen der Vereinfachung künftig als ‚Wirtschaftsprüfer' bezeichnet). § 166 AktG regelt den Prüfungsbericht und § 167 AktG den Bestätigungsvermerk:

§ 166 AktG 1965 Prüfungsbericht:

„(1) Die Abschlußprüfer haben über das Ergebnis der Prüfung schriftlich zu berichten. Im Bericht ist besonders festzustellen, ob die Buchführung, der Jahresabschluß und der Geschäftsbericht, soweit er den Jahresabschluß erläutert, den gesetzlichen Vorschriften entsprechen und ob der Vorstand die verlangten Aufklärungen und Nachweise erbracht hat. Die Posten des Jahresabschlusses sind aufzugliedern und ausreichend zu erläutern.

(2) Stellen die Abschlußprüfer bei Wahrnehmung ihrer Aufgaben Tatsachen fest, die den Bestand des Unternehmens gefährden oder seine Entwicklung wesentlich beeinträchtigen können oder die schwerwiegende Verstöße des Vorstandes gegen die Satzung erkennen lassen, so haben sie auch darüber zu berichten.

(3) Die Abschlußprüfer haben den Bericht zu unterzeichnen und dem Vorstand vorzulegen."

---

[41] Leffson, S. 336ff.

[42] Ebenda, S. 336.

[43] Siehe hierzu Adler / Düring / Schmaltz: Rechnungslegung und Prüfung der Aktiengesellschaften, 4. Auf., Suttgart 1971, Bd. 2, S. 251 - 291 (künftig: ADS).

Zwischen dem Aktiengesetz von 1937 (§ 139) und 1965 (§ 165) besteht der Unterschied darin, daß in Abs. 1 der Satz eingefügt wurde: „Die Posten des Jahresabschlusses sind aufzugliedern und ausreichend zu erläutern.“ Um den Aufsichtsrat zu unterrichten, werden im Regelfall die Erläuterungen im Prüfungsbericht eingehender sein als die des Vorstandes im Geschäftsbericht. Aber: „In § 166 Abs. 1 Satz 3 AktG wird nur eine Erläuterung der einzelnen Posten des Jahresabschlusses verlangt, *nicht* aber eine Analyse der *wirtschaftlichen Lage* der Gesellschaft auf Grund der Zahlen des Jahresabschlusses, also eine Darstellung der Vermögens- und Ertragslage.“[44] Zwar würde durch eine derartige Analyse die Aussagekraft des Prüfungsberichts erhöht, aber sowohl das Reichsgericht (Urteil vom 16. Juni 1944) als auch der Bundesgerichtshof (Urteil vom 15. Dezember 1954) haben zum Aktiengesetz 1937 entschieden, daß derartige Erläuterungen nicht zum Mindestinhalt des Prüfungsberichts gehören. „Auch der Gesetzgeber des Aktiengesetzes von 1965 hat es nicht für angezeigt gehalten, die Abschlußprüfer zu einer solchen Darstellung zu verpflichten. Er hat jedoch die Erwartung ausgesprochen, daß es bei der bisherigen Berufsübung auch ohne gesetzliche Regelung bleiben wird.[45] Auch im ADS wird diese Ansicht vertreten, daß der Bericht über die Abschlußprüfung als wesentliches Informationsmaterial über den Jahresabschluß angesehen wird. „(Es) entsprach guter Berufsübung und häufig auch einem ausdrücklichen Wunsch der geprüften Gesellschaft, die Berichterstattung nicht auf die Pflichtfeststellungen zu beschränken, sondern darüber hinaus auch auf die wirtschaftliche Lage der Gesellschaft einzugehen.“[46] Leffson[47] weist darauf hin, daß weder § 139 AktG noch § 166 AktG 1965 explizit fordern, daß der Abschlußprüfer über die wirtschaftliche Lage zu berichten habe. Er widerspricht der Ansicht von Adler / Düring / Schmaltz[48], die aus der Verpflichtung zur Aufgliederung und Erläuterung der einzelnen Posten des Jahresabschlusses auch eine Verpflichtung zur Darstellung der Vermögens- und Ertragslage ableiten.

Im Fachgutachten 2/77 des IdW über die Grundsätze ordnungsmäßiger Berichterstattung bei Abschlußprüfungen heißt es: „Eine *generelle Verpflichtung,* die Berichterstattung auch auf die Entwicklung der wirtschaftlichen Grundlagen und auf die Veränderungen in den rechtlichen Verhältnissen zu erstreben, *besteht nicht;* doch können Angaben hierzu zweckmäßig oder sogar notwendig sein.“

Auch wenn keine gesetzliche Verpflichtung zur Darstellung der wirtschaftlichen Lage vorliegt, so wird diese als sinnvoll und berufsüblich angesehen, da sie

[44] WP-Handbuch 1985/86, Bd. I, S. 841 (Hervorhebung zum Teil abweichend vom Original, Jk.).

[45] Ebenda, S. 841.

[46] ADS, S. 260 (Rd.-Nr. 19).

[47] Leffson, S. 336f.

[48] ADS, S. 270 (Rd.-Nr. 338).

den Informationsstand des Vorstandes und insbesondere des Aufsichtsrats verbessert.

Gegenüber dem Aktiengesetz 1937 ist in § 166 AktG 1965 der Absatz 2 eingefügt, durch den dem BGH-Urteil vom 15. Dezember 1954 Rechnung getragen wird:[49]

Es besteht dann eine Pflicht zum Eingehen auf die wirtschaftliche Lage im Prüfungsbericht, wenn der Abschlußprüfer Tatsachen feststellt, die den Bestand des Unternehmens gefährden oder seine Entwicklung wesentlich beeinträchtigen können. Es handelt sich um die *Redepflicht,* die durch das BGH-Urteil vom 15. Dezember 1954 postuliert wurde. Zwar besteht die Berichterstattungspflicht nur in schwerwiegenden Fällen, aber sie muß so frühzeitig vorgenommen werden, daß genug Zeit für Maßnahmen bleibt, die den Fortbestand der Gesellschaft sichern können.

Außerdem hat der Abschlußprüfer nach § 166 Abs. 2 AktG dann zu berichten, wenn er bei Wahrnehmung seiner Aufgaben schwerwiegende Verstöße gegen Gesetz und Satzung feststellt. Dabei handelt es sich um Verstöße außerhalb der Rechnungslegung, die zum Beispiel die moralische fachliche Eignung von Vorstandsmitgliedern betreffen. Hierauf hat der Abschlußprüfer auch dann einzugehen, wenn sie bereits dem Vorstand bzw. Aufsichtsrat bekannt sind. „Liegen nach § 166 Abs. 2 AktG berichtspflichtige Tatsachen vor, so muß der Prüfungsbericht dies eindeutig erkennen lassen; versteckte oder verklausulierte Hinweise reichen nicht aus."[50] Die Redepflicht der Abschlußprüfer besteht dann, wenn sie ‚bei Wahrnehmung ihrer Aufgaben' die angeführten Tatsachen feststellen. Nach Leffson[51] ist die Redepflicht auch dann gegeben, wenn der Abschlußpüfer auch bei einer anderen Gelegenheit als der Jahresabschlußprüfung Kenntnisse über die Gefährdung des Unternehmens oder eine Gesetzesübertretung erlangt. Gleicher Ansicht ist auch das IdW in seinem Fachgutachten 2/77. Andererseits ist aber ein Abschlußprüfer nicht verpflichtet, nach derartigen Sachverhalten zu suchen. „Werden solche Tatbestände oder Verstöße bei späterer Gelegenheit offenbar, so wird es ihm (dem Wirtschaftsprüfer, Jk.) nicht leicht fallen, sich von dem Vorwurf zu entlasten, er hätte nicht sorgfältig geprüft. Vorstand und Aufsichtsrat könnten ihm vorwerfen, sofern er sorgfältiger geprüft hätte, hätte er diese Tatbestände ohne Frage erkennen müssen. Hier fehlen offensichtlich sorgsam erarbeitete Grundsätze ordnungsgemäßer Prüfung."[52]

Man kann dieser Forderung zustimmen. Bei einer praktikablen Umsetzung wird man feststellen, daß dieses schwierig ist und daß Abgrenzungsprobleme weiterhin bestehen bleiben dürften. Warum wird nicht von den Wirtschaftsprü-

---

[49] ADS, S. 277-283 (Rd.-Nr. 54-69).

[50] WP-Handbuch 1985/86, Bd. I, S. 843.

[51] Leffson, S. 341.

[52] Ebenda, S. 341.

fern selbst die Forderung erhoben, daß auch bei der aktienrechtlichen Prüfung die Ordnungsmäßigkeit der Geschäftsführung wie bei der Prüfung der Genossenschaften und den Betrieben der öffentlichen Hand bereits gesetzlich vorgeschrieben ist? Was bei diesen Abschlußprüfungen als selbstverständlich ist, könnte auch für die Aktiengesellschaft zur Regel werden.

In *drei Fällen* hat der Abschlußprüfer eine *Redepflicht:*

Einmal die Gefährdung des Unternehmens, zum anderen die Beeinträchtigung der Entwicklung des Unternehmens und schließlich Verstöße des Vorstandes gegen die Satzung. Unseres Erachtens sind die (schwerwiegenden) Satzungsverstöße relativ einfach festzustellen, dagegen ist die Redepflicht bei den beiden erstgenannten Fällen nicht frei von Problemen; denn: „Eine Berichterstattungspflicht nach § 166 Abs. 2 AktG besteht jedoch nur in schwerwiegenden Fällen und nicht auch dann, wenn die Lage der Gesellschaft nur angespannt ist. Auf der anderen Seite muß die Berichterstattung jedoch so frühzeitig vorgenommen werden, daß genug Zeit für Maßnahmen bleibt, die den Fortbestand der Gesellschaft sichern können.“[53]

Hier wird deutlich, daß dem Abschluß-(Wirtschafts-)prüfer ein Ermessensspielraum gegeben ist: Die Grenzziehung zwischen einer ‚angespannten Lage‘ und einem ‚schwerwiegenden Fall‘ ist außerordentlich schwierig. Außerdem ist zu berücksichtigen, daß externe Einflüsse — zum Beispiel Kursschwankungen des Dollars, Börsenkrach — innerhalb einer relativ kurzen Frist selbst eine ‚normale Lage‘ umschlagen und die Existenz des Unternehmens gefährden kann. Berichtet und warnt der Abschlußprüfer *zu früh,* so können Überreaktionen nicht nur beim Aufsichtsrat, sondern auch bei den Kreditgebern eintreten, die in der Regel den Prüfungsbericht erhalten; warnt er *zu spät,* so kommt der Vorwurf, daß auf den (uneingeschränkten) Bestätigungsvermerk die Pleite folgte. Unter ‚normalen‘ Bedingungen wird diese Problematik kaum sichtbar, unter extremen dagegen wird dem Abschlußprüfer der Vorwurf gemacht, daß der Abschlußprüfung und dem Testat die Pleite folgte.

Absatz 3 in § 166 AktG weicht gegenüber § 139 Abs. 2 AktG 1937 insofern ab, daß der Prüfungsbericht nicht mehr dem Aufsichtsrat, sondern dem Vorstand vorzulegen ist, der ihn an den Aufsichtsrat weiterleitet.

§ 167 AktG 1965 regelt den Bestätigungsvermerk:[54]

§ 167 AktG 165: Bestätigungsvermerk

(1) Sind nach dem abschließenden Ergebnis der Prüfung keine Einwendungen zu erheben, so haben die Abschlußprüfer dies durch folgenden Vermerk zum Jahresabschluß zu bestätigen:

Die Buchführung, der Jahresabschluß und der Geschäftsbericht entsprechen nach meiner (unserer) pflichtmäßigen Prüfung Gesetz und Satzung.

---

[53] WP-Handbuch 1985/86, Bd. I, S. 842.

[54] ADS, S. 293-336; Leffson, S. 347-365.

(2) Sind Einwendungen zu erheben, so haben die Abschlußprüfer die Bestätigung einzuschränken oder zu versagen.

(3) Die Abschlußprüfer haben den Bestätigungsvermerk mit Angabe von Ort und Tag zu unterzeichnen. Der Bestätigungsvermerk ist auch in den Prüfungsbericht aufzunehmen.

Materiell lehnt sich § 167 AktG 1965 an § 140 AktG 1937 an, allerdings mit der Maßgabe, daß nunmehr für den Bestätigungsvermerk der Wortlaut gesetzlich festgelegt worden ist. Dieser obligatorische Inhalt des Bestätigungsvermerks wurde gegenüber dem früheren Inhalt dahingehend erweitert, daß auch die Übereinstimmung der Rechnungslegung mit der Satzung bestätigt werden muß; diese Erweiterung bedeutet aber keine materielle Rechtsänderung. Schließlich hat das neue Aktiengesetz die Unterzeichnung des Bestätigungsvermerks mit Angabe von Ort und Tag ausdrücklich vorgeschrieben (§ 167 Abs. 3).

Auf die mit dem Bestätigungsvermerk verbundenen (überhöhten) Erwartungen wird weiter unten eingegangen.

c) Die Pflichten des Abschlußprüfers nach dem Bilanzrichtlinien-Gesetz

Mit dem Bilanzrichtlinien-Gesetz wurden die bisher im Aktiengesetz enthaltenen Vorschriften (§§ 162 bis 169 AktG 1965) aufgehoben und sind in das Handelsgesetzbuch eingefügt worden (§§ 316 bis 323 HGB neu).

Gemäß § 316 Abs. 1 HGB sind der Jahresabschluß und der Lagebericht von Kapitalgesellschaften, die nicht kleine im Sinne von § 267 Abs. 1 HGB sind,[55] durch einen Abschlußprüfer zu prüfen. Als Abschlußprüfer können Wirtschaftsprüfer und Wirtschaftsprüfungsgesellschaften sein (§ 319 Abs. 1 Satz 1 HGB). Abschlußprüfer von Jahresabschlüssen und Lageberichten mittelgroßer Gesellschaften[56] mit beschränkter Haftung (§ 267 Abs. 2 HGB) können auch vereidigte Buchprüfer und Buchprüfungsgesellschaften sein.

Die Wirtschaftsprüfer bzw. Wirtschaftsprüfungsgesellschaften, die Abschlußprüfer der großen Kapitalgesellschaften[57] sind, können neben den

---

[55] *Kleine Kapitalgesellschaften* sind solche, die mindestens zwei der drei nachstehenden Merkmale nicht überschreiten:
(1) 3,9 Mill. DM Bilanzsumme nach abzug eines auf der Aktivseite ausgewiesenen Fehlbetrages (§ 268 Abs. 3 HGB);
(2) 8,0 Mill. DM Umsatzerlöse in den zwölf Monaten vor dem Abschlußtag;
(3) Im Jahresdurchschnitt 50 Arbeitnehmer (§ 267 Abs. 1 HGB).

[56] *Mittelgroße Kapitalgesellschaften* sind solche, die mindestens zwei der drei in § 267 Abs. 1 HGB bezeichneten Merkmale überschreiten und jeweils mindestens zwei der drei nachstehenden Merkmale überschreiten:
(1) 15,5 Mill. DM Bilanzsumme nach Abzug eines auf der Aktivseite ausgewiesenen Fehlbetrages (§ 268 Abs. 3 HGB);
(2) 32,0 Mill. DM Umsatzerlöse in den zwölf Monaten vor dem Abschlußtag?
(3) Im Jahresdurchschnitt 250 Arbeitnehmer (§ 267 Abs. 2 HGB).

vereidigten Buchprüfern bzw. Buchprüfungsgesellschaften, auch die mittelgroßen Kapitalgesellschaften prüfen.

Für Abschlußprüfungen von *Aktiengesellschaften* sind seit 1931 nur Wirtschaftsprüfer zugelassen. Durch das Bilanzrichtlinien-Gesetz werden die *großen und mittelgroßen Gesellschaften mit beschränkter Haftung* der Prüfungspflicht unterworfen. Es ergab sich die Frage, ob für diese Kapitalgesellschaften auch nur die Wirtschaftsprüfer die Prüfungsbefugnis haben sollten. Dieses war ursprünglich vorgesehen, hiergegen wandten sich aber die Steuerberater. In der letzten Phase des Gesetzgebungsverfahrens zum Bilanzrichtlinien-Gesetz kam es zu einer Kompromißlösung, d. h., der Berufsstand der vereidigten Buchprüfer bzw. Buchprüfungsgesellschaften wurde wieder eröffnet und zur Prüfung von mittelgroßen Gesellschaften mit beschränkter Haftung zugelassen, die gemäß § 128 WPO gleichfalls der Berufsaufsicht der Wirtschaftsprüferkammer unterliegen.

In diesem Zusammenhang sollen wiederum nur die Vorschriften über den Prüfungsbericht interessieren:

§ 321 HGB: Prüfungsbericht

„(1) Der Abschlußprüfer hat über das Ergebnis der Prüfung schriftlich zu berichten. Im Bericht ist besonders festzustellen, ob die Buchführung, der Jahresabschluß, der Lagebericht, der Konzernabschluß und der Konzernlagebericht den gesetzlichen Vorschriften entsprechen und die gesetzlichen Vertreter die verlangten Aufklärungen und Nachweise erbracht haben. Die Posten des Jahresabschlusses sind aufzugliedern und ausreichend zu erläutern. Nachteilige Veränderungen der Vermögens-, Finanz- und Ertragslage gegenüber dem Vorjahr und Verluste, die das Jahresergebnis nicht unwesentlich beeinflußt haben, sind aufzuführen und ausreichend zu erläutern.

(2) Stellt der Abschlußprüfer bei Wahrnehmung seiner Aufgaben Tatsachen fest, die den Bestand eines geprüften Unternehmens gefährden oder seine Entwicklung wesentlich beeinträchtigen können oder die schwerwiegende Verstöße der gesetzlichen Vertreter gegen Gesetz, Gesellschaftsvertrag oder Satzung erkennen lassen, so hat er auch darüber zu berichten.

(3) Der Abschlußprüfer hat den Bericht zu unterzeichnen und den gesetzlichen Vertretern vorzulegen."

Das Bilanzrichtlinien-Gesetz enthält eine Reihe von Abweichungen und Erweiterungen gegenüber dem Aktiengesetz von 1965; hierbei ist zwischen formellen und materiellen Änderungen zu unterscheiden. So zum Beispiel sind

---

[57] *Große Kapitalgesellschaften* sind solche, die mindestens zwei der drei in § 267 Abs. 2 HGB bezeichneten Merkmale überschreiten. Eine Kapitalgesellschaft gilt stets als große, wenn Aktien oder andere von ihr ausgegebene Wertpapiere an einer Börse in einem Mitgliedstaat der Europäischen Wirtschaftsgemeinschaft zum amtlichen Handel zugelassen oder in den geregelten Freiverkehr einbezogen sind oder Zulassung zum amtlichen Handel oder zum geregelten Freiverkehr beantragt ist (§ 267 Abs. 3 HGB).

an die Stelle des ‚Vorstandes' nunmehr die ‚gesetzlichen Vertreter' getreten. In § 321 Abs. 1 Satz 2 ist der Konzernabschluß und der Konzernlagebericht neu eingefügt worden.

In § 321 Abs. 1 HGB wird der *Lagebericht*, den Kapitalgesellschaften gem. § 264 Abs. 1 Satz 1 HGB zusammen mit dem — um den Anhang erweiterten — Jahresabschluß aufzustellen haben, erläutert. „Der Lagebericht ist inhaltlich weitgehend mit dem Bericht identisch, den AG und KGaA nach § 160 Abs. 1 AktG 1965 bisher aufzustellen hatten und der in der Praxis ebenfalls als Lagebericht bezeichnet worden war."[58] Der Inhalt des Lageberichts wird in erster Linie durch § 289 HGB bestimmt: Er soll den Geschäftsverlauf und die Lage der Gesellschaften so darstellen, daß ein den tatsächlichen Verhältnissen entsprechendes Bild vermittelt wird; es ist auch auf Vorgänge von besonderer Bedeutung einzugehen, die nach Schluß des Geschäftsjahrs eingetreten sind. Der Lagebericht „(ist) nicht nur ein Mittel der Rechenschaftslegung des Geschäftsführungsorgans gegenüber den Aktionären / Gesellschaftern, sondern daß er sich — sieht man einmal von der Ausnahmevorschrift für kleine Kapitalgesellschaften in § 326 Satz 1 HGB ab — in gleicher Weise an die Öffentlichkeit, insbesondere an die Gläubiger der Gesellschaft sowie an bestehende und potentielle Geschäftspartner der Gesellschaft richtet."[59]

§ 321 Abs. 1 Satz 2 HGB bestimmt die *Pflichtfeststellungen im Prüfungsbericht:* Im Prüfungsbericht ist besonders festzustellen, ob die Buchführung, der Jahresabschluß und der Lagebericht den gesetzlichen Vorschriften entsprechen und ob die gesetzlichen Vertreter die verlangten Aufklärungen und Nachweise erbracht haben (§ 321 Abs. 1 Satz 2 HGB). Gegenüber § 166 Abs. 1 Satz 2 AktG 1965 erstrecken sich die Pflichtfeststellungen nunmehr auch auf den Lagebericht. Stellt der Abschlußprüfer Mängel der Buchführung oder der Rechnungslegung fest, die nicht ganz geringfügig sind, „so hat er auf diese Mängel auch dann einzugehen, wenn sie nach seiner Auffassung keine Einwendungen begründen und daher nicht zu einer Einschränkung oder Versagung des Bestätigungsvermerks führen."[60] Die Entscheidung darüber, auf welche geringfügigen Mängel nicht bzw. auf welche Mängel dagegen hingewiesen werden müssen, ist danach zu beurteilen, ob die Kenntnis des Mangels für die Berichtsempfänger — in erster Linie der Aufsichtsrat bzw. die Gesellschafter — von Bedeutung sein kann.

Diese Hinweise machen deutlich, daß der Abschluß-(Wirtschafts-)prüfer die Aufgabe und Pflicht hat, ausführlich auf Mängel in der Buchführung, den Jahresabschluß und den Lagebericht einzugehen. Es ist aber noch zu früh um zu beurteilen, ob und in welchem Umfange die Wirtschaftsprüfer tatsächlich nachkommen.

---

[58] WP-Handbuch 1985/86, Bd. II, S. 264.

[59] Ebenda, S. 265 (ohne Hervorhebungen im Original, Jk.).

[60] Ebenda, S. 524.

Durch das Bilanzrichtlinien-Gesetz sind in das Handelsgesetzbuch zwei Sachverhalte eingefügt worden, die den Abschlußprüfer veranlassen, zur *wirtschaftlichen Lage* Stellung zu nehmen:

(1) *§ 321 Abs. 1 Satz 4 HGB:* Wenn nachteilige Veränderungen der Vermögens-, Finanz- und Ertragslage gegenüber dem Vorjahr vorliegen und Verluste eingetreten sind, die das Jahresergebnis nicht unwesentlich beeinflußt haben.

(2) *§ 321 Abs. 2 HGB:* Wenn Tatsachen festgestellt werden, die den Bestand des Unternehmens gefährden oder seine Entwicklung wesentlich beeinträchtigen oder schwerwiegende Verstöße der gesetzlichen Vertreter vorliegen.

Mit diesen neuen Vorschriften wird *keine* Erweiterung des Prüfungsumfanges — insbesondere keine Geschäftsführungsprüfung — vorgenommen, sondern lediglich der Umfang und die Art der Darstellung im Prüfungsbericht verbessert:

Hinsichtlich des ersten Falles ist nicht jede, sondern nur eine *nachteilige* Veränderung zu erläutern. „Der Sinn und Zweck der neuen Vorschrift ist darin zu sehen, daß nachteilige Veränderungen der wirtschaftlichen Lage in zusammengefaßter und gesonderter Darstellung für den Berichtsleser hervorgehoben werden.“[61] Hierin ist weniger eine Kritik an der bisherigen Berichterstattung der Abschlußprüfer zu sehen als vielmehr das Faktum, „daß regelmäßig Vorstellungen und Kenntnisstand von Berichtsersteller und Berichtsempfänger nicht völlig deckungsgleich sind. Je umfangreicher der Prüfungsbericht und die dargestellten Einzelinformationen sind, desto größer ist die Gefahr, daß wichtige Feststellungen von den Berichtsempfängern übersehen oder ihre weitergehende Bedeutung verkannt wird.“[62] Diese Aussage enthält ein grundlegendes Problem in den Beziehungen zwischen dem Abschluß-(Wirtschafts-)prüfer als Berichtsersteller und dem Vorstand bzw. Aufsichtsrat als Berichtsempfänger.

Nach § 321 Abs. 2 HGB hat der Abschlußprüfer auch über schwerwiegende Verstöße der gesetzlichen Vertreter gegen Gesetz, Gesellschaftsvertrag oder Satzung zu berichten; diese Bestimmung ist aus § 166 Abs. 2 1965 übernommen worden. Damit werden Verstöße außerhalb der Rechnungslegung — auch moralischer oder fachlicher Eignung — erfaßt. Berichtspflichtige Tatsachen dürfen nicht in versteckter oder verklausulierter Form erwähnt werden, unter Umständen ist es zweckmäßig oder sogar notwendig, einen Sonderbericht (auch in Briefform) zu erstatten, der an den Aufsichtsratsvorsitzenden oder an die Gesellschafter gerichtet werden kann. Der Abschlußprüfer muß aber eindeutig auf § 321 Abs. 2 HGB Bezug nehmen, um Verwechslungen mit der abgestuften Berichtspflicht nach § 321 Abs. 1 Satz 4 HGB auszuschließen.

---

[61] Ebenda, S. 526.

[62] Ebenda, S. 526.

Überblickt man die durch das Bilanzrichtlinien-Gesetz in § 321 HGB enthaltenen Regelungen, so gewinnt man den Eindruck, daß sie sehr detailliert und vor allen Dingen sehr weitgehend sind. Hieraus könnte man schließen, daß auf der Grundlage dieser Gesetzgebung Fehlleistungen, wie sie eingangs zitiert wurden, nicht mehr eintreten können. Dieser Eindruck erscheint aber zu positiv: Mit Ausnahme des Satzes „Nachteilige Veränderungen der Vermögens-, Finanz- und Ertragslage gegenüber dem Vorjahr und Verluste, die das Jahresergebnis nicht unwesentlich beeinflußt haben, sind aufzuführen und ausreichend zu erläutern" enthält § 321 HGB *keine* wesentlichen *materiellen Neuerungen,* die die Prüfungs- und Berichtspflicht des Abschlußprüfers erweitern. Weder ist die im Genossenschaftsgesetz enthaltene Pflicht der Prüfung der Ordnungsmäßigkeit der Geschäftsführung noch die der wirtschaftlichen Lage eine Pflichtaufgabe; denn: „Mit der neuen Vorschrift, die von der 4. EG-Richtlinie nicht verlangt wird, wird keine Erweiterung des Prüfungsumfangs begründet; namentlich wird der Abschlußprüfer nicht verpflichtet, eine Geschäftsprüfung vorzunehmen. Erweitert wird allein Umfang und Art der Darstellung des Prüfungsberichts."[63]

Damit werden sehr deutlich die Grenzen durch die neueste Gesetzgebung gezogen. Es ist daher nicht zu erwarten, daß die in der jüngsten Vergangenheit aufgetretenen Probleme beseitigt und nicht mehr vorhanden sein werden. Dieses gilt insbesondere dann, wenn ein schneller Strukturwandel nicht nur die Rahmendaten für die gesamte Volkswirtschaft, sondern für ganze Branchen oder einzelne Unternehmen verändert werden. Die Abschlußprüfer werden sich auch weiterhin in einem *Dilemma* befinden: Sie sollen auf Veränderungen, die das Unternehmen gefährden oder seine Entwicklung wesentlich beeinträchtigen können, so frühzeitig hinweisen, daß Zeit für Gegenmaßnahmen bleibt. Wird zu früh gewarnt, so kann dieses zu Fehlreaktionen des Aufsichtsrates, der Gesellschafter oder Kreditgeber führen und das Gegenteil — den Zusammenbruch des Unternehmens — bewirken; dasUnternehmen wird ‚kaputt geprüft'. Wird dagegen zu spät auf eine bedrohliche Lage oder Entwicklung hingewiesen, dann kommt der Vorwurf, daß der Prüfung (und dem uneingeschränkten Bestätigungsvermerk) die Pleite folgte.

Trotz der Fortentwicklung und der „guten Berufsübung' verbleibt beim Abschlußprüfer ein nicht näher zu erfassendes Quantum an Fingerspitzengefühl bei der Beurteilung einer bestimmten wirtschaftlichen Lage und letztlich sogar ein wenig Fortune, zum richtigen Augenblick das falsche zu unterlassen und das richtige zu tun. Dieses können weder die Gesetzgebung noch die Berufsrichtlinien abnehmen.

[63] Ebenda, S. 526.

2. Die Überbewertung des Bestätigungsvermerks[64]

Bei den zu prüfenden Unternehmen nimmt der (uneingeschränkte) Bestätigungsvermerk einen sehr hohen Stellenwert ein, d.h., dem Testat wird in der Öffentlichkeit mehr Bedeutung als dem (umfangreichen) Prüfungsbericht beigemessen.

a) Die Entwicklung des Bestätigungsvermerks

In den Aktiengesetzen 1937 bzw. 1965 sind zum Teil unterschiedliche Bestimmungen über den Bestätigungsvermerk enthalten:

§ 140 AktG 1937: Bestätigungsvermerk:

(1) Sind nach dem abschließenden Ergebnis der Prüfung keine Einwendungen zu erheben, so haben die Abschlußprüfer dies durch einen Vermerk zu bestätigen; der Bestätigungsvermerk muß ergeben, daß nach pflichtmäßiger Prüfung auf Grund der Bücher und der Schriften der Gesellschaft sowie der vom Vorstand erteilten Aufklärungen und Nachweise die Buchführung, der Jahresabschluß und der Geschäftsbericht, soweit er den Jahresabschluß erläutert, den gesetzlichen Vorschriften entsprechen.

(2) Sind Einwendungen zu erheben, so haben die Abschlußprüfer die Bestätigung zu versagen oder einzuschränken.

(3) Die Abschlußprüfer können die Bestätigung auch dann versagen oder einschränken, wenn der Geschäftsbericht, soweit in ihm der Geschäftsverlauf und die Lage der Gesellschaft dargelegt sind, offensichtlich eine falsche Darstellung von den Verhältnissen der Gesellschaft erweckt, die geeignet ist, das durch den Jahresabschluß vermittelte Bild von der Lage der Gesellschaft zu verfälschen.

Der Bestätigungsvermerk ist bei Pflichtprüfungen ein Positivbefund[65], denn nur Positives kann bestätigt werden. Das Aktiengesetz 1937 enthält keine Formulierung des Bestätigungsvermerks, das Institut der Wirtschaftsprüfer hat die folgende Fassung festgelegt:[66]

„Nach dem abschließenden Ergebnis meiner (unserer) pflichtmäßigen Prüfung auf Grund der Bücher und der Schriften der Gesellschaft sowie der vom Vorstand erteilten Aufklärungen und Nachweise entsprechen die Buchführung, der Jahresabschluß und der Geschäftsbericht, soweit er den Jahresabschluß erläutert, den gesetzlichen Vorschriften."

Der Bestätigungsvermerk ist in erster Linie an die Öffentlichkeit gerichtet und bezweckt ihre Unterrichtung über die Ordnungsmäßigkeit des Jahresabschlus-

---

[64] Wegen der grundsätzlichen Bedeutung dieses Komplexes wird zum Teil eine Wiederholung in Kauf genommen.

[65] WP-Handbuch 1951,S. 438ff.

[66] Ebenda, S. 440.

ses, der Buchführung sowie des Geschäftsberichtes, soweit er den Jahresabschluß erläutert. Dagegen soll der Prüfungsbericht den Vorstand und den Aufsichtsrat unterrichten, d.h., er ist vornehmlich ‚nach innen' gerichtet.

Das Aktiengesetz 1965 hat die Formulierung des Bestätigungsvermerks in den Gesetzestext aufgenommen:[67]

§ 167 AktG 1965: Bestätigungsvermerk:

(1) Sind nach dem abschließenden Ergebnis keine Einwendungen zu erheben, so haben die Abschlußprüfer dies durch folgenden Vermerk zum Jahresabschluß zu bestätigen:
Die Buchführung, der Jahresabschluß und der Geschäftsbericht entsprechen nach meiner (unserer) pflichtmäßigen Prüfung Gesetz und Satzung.

(2) Sind Einwendungen zu erheben, so haben die Abschlußprüfer die Bestätigung einzuschränken oder zu versagen.

(3) Die Abschlußprüfer haben den Bestätigungsvermerk mit Angabe von Ort und Tag zu unterzeichnen. Der Bestätigungsvermerk ist auch in den Prüfungsbericht aufzunehmen.

§ 167 AktG 1965 lehnt sich an den materiellen Inhalt des § 140 Abs. 1 und 2 AktG 1937 an, allerdings ist er nunmehr im Wortlaut festgelegt und dabei inhaltlich prägnanter gefaßt. Abwandlungen von dieser Formel waren unzulässig. „Wie nach der Regelung des Aktiengesetzes 1937 ist der Bestätigungsvermerk die formelhafte Zusammenfassung des im Prüfungsbericht (§ 166) im einzelnen erläuterten und dargestellten Prüfungsergebnisses; während jedoch der *Prüfungsbericht* als internes Informationsmaterial für Vorstand und Aufsichtsrat fungiert (§ 170 Abs. 1), ist der *Bestätigungsvermerk* dazu bestimmt, die Öffentlichkeit über die Satzungs- und Gesetzmäßigkeit des Jahresabschlusses zu unterrichten."[68] Daher wird verlangt, daß in allen vorgeschriebenen Veröffentlichungen und Vervielfältigungen des Jahresabschlusses der Bestätigungsvermerk bekanntzumachen ist. Da der Bestätigungsvermerk gemäß Aktiengesetz 1965 nur von Wirtschaftsprüfern bzw. Wirtschaftsprüfungsgesellschaften erteilt werden kann, „genießt er seit Einführung der aktienrechtlichen Pflichtprüfung eine Art öffentlichen Glaubens."[69] Allerdings kann hieraus keine Haftung gegenüber Dritten abgeleitet werden.

Mit dem Bilanzrichtlinien-Gesetz wurden die Vorschriften über den Bestätigungsvermerk nicht unwesentlich erweitert:[70]

---

[67] ADS, Bd. 2, S. 293-336; ferner: Richard Karoli/Klaus Tomfohrde: Zweifelsfrage zum Bestätigungsvermerk nach neuem Aktienrecht, in: Die Wirtschaftsprüfung, Heft 7 (1967), S. 169-177; Leffson, S. 350-365.

[68] ADS, S. 296 (Hervorhebungen erfolgten durch uns, Jk.).

[69] Ebenda, S. 297.

[70] Gerhard Gross: Zur Fortentwicklung der Grundsätze über die Erteilung von Bestätigungsvermerken und Bescheinigungen durch Wirtschaftsprüfer, in: Die Wirtschaftsprüfung, Heft 9 (1979), S. 213-221. (Dieser Aufsatz befaßt sich mit den Auswir-

§ 322 HGB: Bestätigungsvermerk:

(1) Sind nach dem abschließenden Ergebnis der Prüfung keine Einwendungen zu erheben, so hat der Abschlußprüfer dies durch folgenden Vermerk zum Jahresabschluß und zum Konzernabschluß zu bestätigen:
„Die Buchführung und der Jahresabschluß entsprechen / Der Konzernabschluß entspricht nach meiner/unserer pflichtgemäßen Prüfung den gesetzlichen Vorschriften. Der Jahresabschluß / Konzernabschluß vermittelt unter Beachtung der Grundsätze ordnungsgemäßer Buchführung ein den tatsächlichen Verhältnissen entsprechendes Bild der Vermögens-, Finanz- und Ertragslage der Kapitalgesellschaft / des Konzerns. Der Lagebericht / Konzernlagebericht steht im Einklang mit dem Jahresabschluß / Konzernabschluß."

(2) Der Bestätigungsvermerk ist in geeigneter Weise zu ergänzen, wenn zusätzliche Bemerkungen erforderlich erscheinen, um einen falschen Eindruck über den Inhalt der Prüfung und die Tragweite des Bestätigungsvermerks zu vermeiden. Auf die Übereinstimmung mit dem Gesellschaftsvertrag oder der Satzung ist hinzuweisen, wenn diese in zulässiger Weise ergänzende Vorschriften über den Jahresabschluß oder den Konzernabschluß enthalten.

(3) Sind Einwendungen zu erheben, so hat der Abschlußprüfer den Bestätigungsvermerk einzuschränken oder zu versagen. Die Versagung ist durch einen Vermerk zum Jahresabschluß oder zum Konzernabschluß zu erklären. Die Einschränkung und die Versagung sind zu begründen. Einschränkungen sind so darzustellen, daß deren Tragweite deutlich erkennbar wird. Ergänzungen des Bestätigungsvermerks nach Absatz 2 sind nicht als Einschränkungen anzusehen.

(4) Der Abschlußprüfer hat den Bestätigungsvermerk oder den Vermerk über seine Versagung unter Angabe von Ort und Tag zu unterzeichnen. Der Bestätigungsvermerk oder der Vermerk über seine Versagung ist auch in den Prüfungsbericht aufzunehmen.

Gegenüber der Regelung des Aktiengesetzes 1965 bringt das Bilanzrichtlinien-Gesetz zwei wesentliche Änderungen:[71]

(1) Zum einen ist das bisherige knappe Formaltestat erweitert worden, d. h., neben der Übereinstimmung von Buchführung und Jahresabschluß mit den gesetzlichen Vorschriften hat der Abschlußprüfer künftig gesondert zu bestätigen, daß der Jahresabschluß unter Beachtung der Grundsätze ordnungsgemäßer Buchführung ein den tatsächlichen Verhältnissen entsprechendes Bild der Vermögens-, Finanz- und Ertragslage der Gesellschaft vermittelt und daß der Lagebericht in Einklang steht mit dem Jahresabschluß.

(2) Zum anderen fordert § 322 Abs. 2 HGB ausdrücklich, daß der Bestätigungsvermerk in geeigneter Weise zu ergänzen ist, wenn zusätzliche Bemerkungen erforderlich erscheinen, um einen falschen Eindruck über den Inhalt der Prüfung und die Tragweite des Bestätigungsvermerks zu vermeiden. Damit ist die Möglichkeit und Pflicht von Zusätzen zum Bestätigungsvermerk auf eine gesetzliche Grundlage gestellt.

---

kungen der 4. EG-Richtlinie auf die Grundsätze für die Erteilung von Bestätigungsvermerken und Bescheinigungen.)

[71] WP-Handbuch 1985/86, Bd. 2, S. 552.

„Mit der Erteilung des Bestätigungsvermerks übernimmt der Abschlußprüfer die Mitverantwortung für den Jahresabschluß und den Lagebericht, ohne daß hieraus allerdings eine Haftung gegenüber jedem Dritten abgeleitet werden könnte. Der Bestätigungsvermerk genießt also eine Art öffentlichen Glaubens."[72]

Während in Deutschland der ‚standardisierte' Bestätigungsvermerk *(‚short-form-report')* verwendet wird, findet in den USA ein Kurzbericht Anwendung *(‚long-term-report')*, der neben der in der Regel standardisierten Bestätigung auf Besonderheiten des Abschlusses oder der Abschlußprüfung hinweist.[73] In den USA wird zu einem der SEC[74] eingereichten Jahresabschluß nur ein ‚short-form-report' verfaßt, der Abschlußprüfer kann jedoch den Bestätigungsvermerk auch in der ‚long-form-report' erteilen. „Dieser enthält Hinweise auf einzelne vorgenommene Prüfungshandlungen, Empfehlungen zur Verbesserung des internen Kontrollsystems und eine allgemeine Beurteilung der Unternehmen. Der ‚long-form-report' gilt im allgemeinen der *internen* Berichterstattung des Abschlußprüfers vor Vorstand und Aufsichtsrat; zur externen Berichterstattung gegenüber den Aktionären ist er nicht üblich."[75] Es wäre zu überlegen, ob diese ‚Longfassung' des Bestätigungsvermerks nicht auch in Deutschland eingeführt wird. Aber auch der *‚short-form-report'* in den USA weicht gegenüber dem deutschen Bestätigungsvermerk ab:[76]

Es wird auf die allgemein anerkannten Prüfungsgrundsätze hingewiesen. Dieser Hinweis fehlt im deutschen Bestätigungsvermerk. Der Informationsempfänger unterstellt aber, daß die Prüfung sorgfältig und gemäß irgendwelchen — ihm in der Regel unbekannten Normen — stattgefunden hat. Ferner enthält der amerikanische Bestätigungsvermerk ausdrücklich den Hinweis, daß der Jahresabschluß die Vermögenslage der Gesellschaft und das Ergebnis der Geschäftstätigkeit im Berichtsjahr ‚fairly' (gewissenhaft) wiedergibt. Hier hat das Bilanzrichtlinien-Gesetz eine Verbesserung gebracht; denn es wird nicht nur eine ‚gewissenhafte' Bestätigung der finanziellen Lage der geprüften Gesellschaft gefordert, sondern „ein den tatsächlichen Verhältnissen entsprechendes Bild der Vermögens-, Finanz- und Ertragslage" bestätigt. Die in den USA enthaltene Formulierung ‚generally accepted accounting principles' entspricht den deut-

---

[72] Ebenda, S. 551f.

[73] Leffson, S. 347f.

[74] In den USA wurde 1934 die Securities and Exchange Commission (SEC) geschaffen, die zur Sicherung vertrauenswürdiger Urteile die Tätigkeit der Urteilspersonen und die von ihnen abgegebenen Urteile beaufsichtigt, da die Öffentlichkeit — insbesondere die Aktionäre und die Wirtschaftsprüfer — weder über ausreichende Informationen noch über eine ausreichende Durchsetzungsmöglichkeit verfügen, um beurteilen zu können, ob die Bedingungen für ein vertrauenswürdiges Urteil in allen Fällen gegeben sind. Die notwendigen Informationen kann sich die SEC weitgehend beschaffen und vermutete Verstöße wirksam verfolgen. So Leffson, S. 104.

[75] Leffson, S. 348 (Hervorhebung erfolgte durch uns, Jk.).

[76] Ebenda, S. 348f.

schen GOB (Grundsätze ordnungsmäßiger Buchführung); diese sind nunmehr in den Bestätigungsvermerk aufgenommen worden.

Im Bestätigungsvermerk wird ein positives Urteil abgegeben; in den USA hingegen heißt es: ‚Nach unserer Ansicht...'. „Mit dem Hinweis ‚in our opinion' wollten die amerikanischen Abschlußprüfer die Leser deutlich darauf hinweisen, daß ein Abschlußprüfer nur ein Urteil abgeben, aber nicht die Fakten bestätigen kann. Das einzige Faktum, das er bestätigen kann, ist, daß er geprüft hat. Ein Urteil ist aber bereits, ob er in ausreichendem Umfang geprüft hat. Der Abschlußprüfer kann nicht einmal sicher bestätigen, daß das, was er an Dokumenten vorgefunden hat, der Realität entspricht. ... Der Informationsempfänger muß wissen, daß es sich um ein *Urteil nach bestem Wissen und Gewissen* — aber nicht mehr — handelt."[77] Wir halten diesen Hinweis für bedeutsam; denn durch den Hinweis auf das (subjektive) Urteil wird deutlich gemacht, daß es sich möglicherweise um eine ‚relative' Erkenntnis bzw. Aussage, nicht aber um eine absolute und somit unumstößliche Bestätigung handelt. Mit dieser Relativierung könnten die zu hohen Erwartungen an den uneingeschränkten Bestätigungsvermerk zurückgeschraubt werden.

b) Der Bestätigungsvermerk als Formaltestat

Mit dem Hinweis, daß der Bestätigungsvermerk eine Art öffentlichen Glaubens genieße, wird erkennbar, daß mit ihm eine hohe Erwartung verbunden ist. Insbesondere ist häufig bei den Testatempfängern — den geprüften Unternehmen — die Annahme vorhanden, daß mit dem *un*eingeschränkten Bestätigungsvermerk zugleich auch eine (positive) Aussage über die wirtschaftliche Lage verbunden sei.

Es wurde bereits darauf hingewiesen, daß der Prüfungsbericht sich vornehmlich nach innen, d. h., an den Vorstand und den Aufsichtsrat richtet, während der Bestätigungsvermerk nach außen gerichtet ist und die Aktionäre, die Gläubiger, Marktpartner und die sonstige interessierte Öffentlichkeit unterrichten soll. Daher ist bei allen Pflichtveröffentlichungen des Jahresabschlusses der Bestätigungsvermerk im vollen Wortlaut wiederzugeben.

Der (uneingeschränkte) Bestätigungsvermerk ist ein Positivbefund, d. h., daß der Abschlußprüfer sich ein positives Gesamturteil über die Buchführung und die Rechnungslegung des Vorstandes gebildet hat. „Die Funktion des Testats besteht in der Mitteilung einer in ihrer Tragweite abgrenzbaren und verständlichen rechtlichen und wirtschaftlichen Aussage über die Rechnungslegung der Gesellschaft."[78] Damit wird bereits deutlich gemacht, daß der Bestätigungsvermerk über die wirtschaftliche Lage *keine* unmittelbare Aussage enthält, er bringt

---

[77] Ebenda, S. 349 (Hervorhebung erfolgte durch uns, Jk.).

[78] So Hans-Jürgen Martens: Der Aussagewert des Bestätigungsvermerks nach neuem Aktienrecht, in: Die Wirtschaftsprüfung, Heft 20 (1967), S. 537-548, zitiert S. 538.

lediglich zum Ausdruck, daß die wirtschaftliche Lage in dem Ausmaß in den Publizitätsmitteln — Jahresabschluß und Geschäftsbericht — dargestellt wurde, wie es das Gesetz fordert. „Die Adressaten der aktienrechtlichen Rechnungslegung sind daher zwar nicht der Notwendigkeit enthoben, sich auf Grund des Jahresabschlusses und des Geschäftsberichts ein eigenes Urteil über die Lage der Gesellschaft zu bilden, der Bestätigungsvermerk besagt jedoch, daß sie sich bei ihrer Urteilsbildung auf das Zahlenwerk des Jahresabschlusses und die Angaben im Geschäftsbericht stützen können.“[79]

Martens[80] weist darauf hin, daß die Formulierung in § 167 AktG 1965 sich insoweit an § 140 AktG 1937 anlehnt, „daß der Gesetzgeber an einem grundsätzlich *subjektiven Charakter* des Bestätigungsvermerks in bezug auf Prüfungsdurchführung und Anwendung der Rechnungslegungsvorschriften festgehalten hat. Wenn das Gesetz in § 167 Abs. 1 Satz 2 von pflichtmäßiger Prüfung spricht, so zeigt dieser Hinweis, daß die Abschlußprüfung keine apodiktische und objektive Bestätigung einer Rechenschaftslegung erreichen will und kann, sondern daß der Gedanke der Ausübung des *verantwortungsbewußten Ermessens* des Abschlußprüfers nach wie vor die Vermerksanwendung beherrscht.“

Diese Feststellung ergänzt die vorangegangene Feststellung dahingehend, daß der Bestätigungsvermerk nicht nur keine Auskunft über die wirtschaftliche Lage des geprüften Unternehmens gibt, sondern daß er auch subjektive Elemente des Abschlußprüfers enthält. Dieser Charakter des Bestätigungsvermerks wird in der Öffentlichkeit nicht immer — vielleicht sogar nur selten — erkannt; denn: „Die vielfach in der Öffentlichkeit anzutreffende Vorstellung, daß ein vom Abschlußprüfer uneingeschränkt bestätigter Jahresabschluß Gewähr für die Gesundheit des Unternehmens biete, verkennt die Aufgabenstellung der Jahresabschlußprüfung und den Charakter des Bestätigungsvermerkes. Der Abschlußprüfer hat *nicht* zu bestätigen, daß die *wirtschaftlichen Verhältnisse* in Ordnung sind, sondern daß die Rechnungslegung des Vorstandes normengerecht ist. Daher ist der *Abschlußprüfer verpflichtet,* den Bestätigungsvermerk auch dann *un*eingeschränkt zu erteilen, wenn die Lage der Gesellschaft zu ernsten Besorgnissen Anlaß gibt oder wenn gar der Zusammenbruch des Unternehmens droht — sofern nur der Jahresabschluß ordnungsgemäß erstellt und im Geschäftsbericht in dem gesetzlich gebotenen Umfang auf die Lage der Gesellschaft eingegangen wurde.“[81] In diesem Zusammenhang ist auch zu berücksichtigen, daß sowohl die Rechnungslegung als auch die Abschlußprüfung vergangenheits- und stichtagsbezogen sind. Allein aus diesem Grunde kann der Bestätigungsvermerk nicht die künftigen wirtschaftlichen Verhältnisse beurteilen; er ist kein ‚Wegweiser in die Zukunft‘, sondern hat die Funktion einer

[79] WP-Handbuch 1985/86, Bd. 1, S. 856.

[80] Martens, S. 539 (Hervorhebungen erfolgten durch uns, Jk.).

[81] WP-Handbuch 1985/86, Bd. 1, S. 856 (Hervorhebungen erfolgten durch uns, Jk.).

Beglaubigungs- und Mitteilungsfunktion. Daher hat man den *Bestätigungsvermerk* als *Formal-Testat* bezeichnet.

Es wird auch nicht immer erkannt, daß der Bestätigungsvermerk kein Urteil über die Geschäftsführung enthält: Selbst dann, wenn der Abschlußprüfer schwerwiegende Verstöße des Vorstandes gegen Gesetz und Satzung im Sinne von § 166 Abs. 2 AktG festgestellt hat, sind hieraus — die Ordnungsmäßigkeit des Jahresabschlusses vorausgesetzt — keine Folgerungen zu ziehen; auf diese Verstöße ist nur im Prüfungsbericht einzugehen. Der Vorstandsvorsitzende des Instituts der Wirtschaftsprüfer, Hans Luik, hat sich anläßlich der Fachtagung dieses Instituts am 7. Oktober 1983 in Stuttgart gleichfalls mit dem Inhalt und der Aussagekraft des Bestätigungsvermerks befaßt:[82] „Durch den Bestätigungsvermerk wird verantwortlich die Gesetz- und Ordnungsmäßigkeit des Jahresabschlusses, der zugrundeliegenden Buchführung und des Geschäftsberichtes bestätigt. Mit der Erteilung des Bestätigungsvermerkes wird jedoch *keine* Beurteilung der wirtschaftlichen Lage oder der Bonität des Unternehmens zum Ausdruck gebracht. Ist die wirtschaftliche Lage eines geprüften Unternehmens gefährdet, so berechtigt dies nicht, den Bestätigungsvermerk einzuschränken oder gar zu versagen, wenn die Bewertung diesen Voraussetzungen entspricht und im Geschäftsbericht die Lage der Gesellschaft zutreffend dargestellt ist." Sodann zitiert Luik Wirtschaftsprüfer Karl-Heinz Forster[83]: „. . . das Testat (trifft) keine Aussage darüber, ob die Bilanzen gut oder schlecht sind, sondern nur, ob sie richtig oder falsch sind."

Vereinfacht ausgedrückt kann man sagen, daß der Bestätigungsvermerk nur eine *formale,* nicht aber eine materielle Aussage trifft. Diese formale Aussage besteht darin, daß der Abschlußprüfer lediglich bestätigt, daß die Rechnungslegung des Vorstandes normengerecht ist. Das bedeutet:

(1) Wenn die wirtschaftliche Lage des geprüften Unternehmens schlecht ist, aber die Rechnungslegung formal richtig, dann muß der *un*eingeschränkte Bestätigungsvermerk erteilt werden.

(2) Ist die wirtschaftliche Lage des geprüften Unternehmens gut, die Rechnungslegung formal aber nicht korrekt erfolgt, dann muß der Bestätigungsvermerk *ein*geschränkt werden.

Der Empfänger des Bestätigungsvermerks kann sich lediglich darauf verlassen, daß das Zahlenwerk des Jahresabschlusses und die Angaben im Geschäfts- bzw. Lagebericht korrekt sind. Auf dieser Basis muß bzw. kann er sich dann ein Urteil bilden.

---

[82] Siehe die bereits zitierten beiden Aufsätze von Hans Luik: Die Aufgabe des Wirtschaftsprüfers wird falsch verstanden, in: FAZ Blick durch die Wirtschaft vom 13. Oktober 1983 (Teil I) und 20. Oktober 1983 (Teil II). Zitate erfolgen aus diesen beiden Aufsätzen, insbesondere aus Teil I.

[83] Karl-Heinz Forster: Werden Bilanzen richtig geprüft?, in: Münchener Merkur vom 13./14. Mai 1979, S. 6.

Insbesondere in wirtschaftlich angespannten Zeiten können sich die Abschlußprüfer in einem Zielkonflikt befinden: Sie haben einerseits das Unternehmerinteresse und andererseits den Vertrauensschutz der Gläubiger zu beachten. Es kann im Interesse des Unternehmens liegen, vom going-concern-Prinzip (Grundsatz der Unternehmensfortführung) auszugehen, da im Falle der Annahme der Liquidation Zerschlagungs-(Versilberungs-)werte anzusetzen sind, die in der Regel erhöhte Wertberichtigungen oder Abschreibungen erfordern. „In diesen Fällen steht der Abschlußprüfer vor schwerwiegenden Problemen, da der Ansatz zu Zerschlagungswerten die Gläubiger erst richtig wachrüttelt, den Rest der Kreditwürdigkeit zerstört und eine eventuell mögliche Sanierung vollends verhindert.“[84] Hält man aber am gesetzlichen Inhalt bzw. dem damit verbundenen Auftrag des Bestätigungsvermerks fest, dann ist er nur ein Testat über die Richtigkeit und Ordnungsmäßigkeit von Jahresabschluß und Geschäfts-(Lage-)bericht. Begrenzt auf diese Aufgabenstellung erfüllt der Bestätigungsvermerk seine Funktion. „Die Gesundheit eines Unternehmens kann und soll aus dem Bestätigungsvermerk nicht abgeleitet werden, so daß es auch zukünftig ‚Pleiten nach dem Testat‘ geben wird“[85]. Interessenten wie Kreditinstitute oder Aktionäre müssen sich zusätzliche Informationen — Geschäfts-(Lage-)bericht und Prüfungsbericht — beschaffen, um einen Einblick in die wirtschaftliche und finanzielle Lage des Unternehmens zu erhalten. Aber auch hierbei ist zu berücksichtigen, daß diese Unterlagen lediglich Vergangenheitswerte enthalten.

Es wurde bereits darauf hingewiesen, daß durch das Bilanzrichtlinien-Gesetz § 322 HGB Erweiterungen gegenüber § 167 AktG 1965 enthält, d.h., der Abschlußprüfer hat nunmehr zu bestätigen, daß der Jahresabschluß unter Beachtung der Grundsätze ordnungsgemäßer Buchführung ein den tatsächlichen Verhältnissen entsprechendes Bild der Vermögens-, Finanz- und Ertragslage der Gesellschaft vermittelt, ferner, daß der Lagebericht in Einklang mit dem Jahresabschluß steht. Der Abschlußprüfer hat auch ausdrücklich zu bestätigen, daß der Generalnorm des § 264 Abs. 2 HGB mit dem geprüften Jahresabschluß entsprochen wird.[86]

Gegenüber dem Aktiengesetz 1937 bzw. 1965 handelt es sich um eine nicht unwesentliche Erweiterung; denn hier wird — erstmalig — Bezug auf Grundsätze ordnungsgemäßer Buchführung auf die Vermögens-, Finanz- und Ertragslage

---

[84] Wolfgang Nahlik: Der Bestätigungsvermerk — Erwartungshaltung und Wirklichkeit, in: Zeitschrift für das gesamte Kreditwesen, Heft 14 (1985), S. 16-20, zitiert S. 19.

[85] Ebenda, S. 20.

[86] § 264 Abs. 2 HGB hat den folgenden Wortlaut: „Der Jahresabschluß der Kapitalgesellschaft hat unter Beachtung der Grundsätze ordnungsgemäßer Buchführung ein den tatsächlichen Verhältnissen entsprechendes Bild der Vermögens-, Finanz- und Ertragslage der Kapitalgesellschaft zu vermitteln. Führen besondere Umstände dazu, daß der Jahresabschluß ein den tatsächlichen Verhältnissen entsprechendes Bild im Sinne des Satzes 1 nicht vermittelt, so sind im Anhang zusätzliche Angaben zu machen.“

genommen, d.h., der Abschlußprüfer muß bestätigen, daß der Jahres-/Konzernabschluß die tatsächlichen Verhältnisse darstellt. Damit sind sowohl die Prüfungsaufgaben aber auch der Bestätigungsvermerk erweitert, aber — wie noch darzulegen sein wird — keine Beurteilung der wirtschaftlichen Lage des Unternehmens bzw. eine Geschäftsführung (wie nach dem Genossenschafts- und Haushaltsgrundsätzegesetz) verbunden. Aufgrund dieser neuen gesetzlichen Regelung hat der Abschlußprüfer eine *doppelte* Feststellung im Bestätigungsvermerk zu treffen: Einmal, die Übereinstimmung von Buchführung und Jahresabschluß und zum anderen, daß der Jahresabschluß unter Beachtung der Grundsätze ordnungsgemäßer Buchführung ein den tatsächlichen Verhältnissen entsprechendes Bild der Vermögens-, Finanz- und Ertragslage vermittelt.

Gegenüber der bisherigen Rechtslage ist es ein Fortschritt, daß auf die für den Jahresabschluß und seine Prüfung geltenden Maßstäbe hingewiesen wird. „Ob damit aber bereits sämtliche *falschen Vorstellungen,* die häufig bei den Bilanzlesern hinsichtlich der Aussagefähigkeit des Jahresabschlusses und der Leistungen des Abschlußprüfers bestehen, abgebaut werden können, dürfte zweifelhaft sein.“[87] Zu diesen unzutreffenden Erwartungen über den erweiterten Bestätigungsvermerk gemäß § 322 HGB wird im WP-Handbuch ausgeführt:

Mit § 322 Abs. 1 HGB hat der Gesetzgeber Bezug auf die Generalnorm des § 264 Abs. 2 HGB genommen. Eigentlich ist bereits mit der Feststellung, daß die Buchführung und der Jahresabschluß übereinstimmen, diese Generalnorm bestätigt. „Mit Satz 2 des Bestätigungsvermerks wird daher keine neue Feststellung getroffen, sondern eine bereits in Satz 1 mit enthaltene Aussage wiederholt und besonders hervorgehoben. Durch die ausdrückliche Aufnahme in den Bestätigungsvermerk wird die besondere Bedeutung der Generalnorm herausgestellt... Andererseits läßt sich nicht ausschließen, daß mit dem explizierten Hinweis auf ein ‚den tatsächlichen Verhältnissen entsprechendes Bild der Vermögens-, Finanz- und Ertragslage‘ die bei den Adressaten des Bestätigungsvermerks bestehenden, teilweise *falschen Vorstellungen* über die Möglichkeiten des Abschlußprüfers *eher verstärkt* statt abgebaut werden.“[88] Was offensichtlich vom Gesetzgeber bezweckt war — dem Bestätigungsvermerk mehr Substanz und Klarheit zu geben —, kann in das Gegenteil umschlagen.

Theoretisch ist es möglich, daß durch die gesonderte Feststellung zur Einhaltung der gesetzlichen Vorschriften einerseits und der Generalnorm andererseits der Abschlußprüfer zu unterschiedlichen Urteilen gelangen kann.[89] Die Grenzziehung zwischen der Erfüllung bzw. Nicht-Erfüllung der Generalnorm bei gleichzeitiger Einhaltung aller Einzelvorschriften ist im Einzelfall außerordentlich schwierig und problematisch.

---

87 WP-Handbuch 1985/86, Bd. 2, S. 552.

88 Ebenda, S. 559 (Hervorhebungen erfolgten durch uns, Jk.).

89 Siehe hierzu ebenda, S. 560ff.

Unabhängig von diesen Zweifelsfragen läßt sich über den Aussage- und Erkenntniswert des uneingeschränkten *Bestätigungsvermerks zum Lagebericht* folgendes sagen:[90]

„Der Wortlaut des § 322 Abs. 1 Satz 3 HGB besagt zunächst, daß der Lagebericht Gegenstand der Abschlußprüfung ist. Da der Lagebericht notwendigerweise durch die subjektiven und persönlichen Auffassungen des Vorstandes bzw. der Geschäftsführung beeinflußt wird, ist der Lagebericht nach allgemeiner Auffassung nur in eingeschränktem Umfang zu prüfen. Die Prüfung hat sich weniger auf Details als vielmehr auf den Gesamteindruck und die Tendenzaussagen des Lageberichts zu erstrecken. Eingeschränkte Prüfungspflicht für den Lagebericht heißt nicht, daß Teile des Lageberichts nicht der Prüfung unterliegen, sondern vielmehr, daß ein weiter gefaßter Prüfungsmaßstab zur Anwendung kommt, womit der von der Sache her gegebenen Unschärfe des Prüfungsobjektes Rechnung getragen wird. Dementsprechend unterliegen auch die zukunftsorientierten Angaben des Lageberichts der Prüfungspflicht."

Trotz dieser *rechtlichen Grenzen* hat der Bestätigungsvermerk in der Praxis eine erhebliche *tatsächliche Bedeutung*, „denn die Gesellschaftsorgane bemühen sich in aller Regel mit Rücksicht auf das Ansehen der Gesellschaft, einen Bestätigungsvermerk zu erhalten, der ihnen die Ordnungsmäßigkeit der Rechnungslegung uneingeschränkt testiert. ... Daher ist der Bestätigungsvermerk das wirksamste Instrument des Abschlußprüfers zur Erreichung einer den gesetzlichen Vorschriften entsprechenden Rechnungslegung."[91]

Seit dem Aktiengesetz 1937 haben sich der Umfang und der Inhalt der Pflichtprüfung sowie der Bestätigungsvermerk nicht unerheblich gewandelt, d. h., sie sind erweitert worden. Aber der Bestätigungsvermerk — der in der Öffentlichkeit ein ‚hohes Ansehen' genießt — hat sich im Grunde nicht gewandelt, denn er ist ein *Formal-Testat geblieben*, der sich auf die Rechnungslegung, nicht aber auf die wirtschaftliche Lage bezieht. Auch für die Zukunft ist nicht auszuschließen, daß kurz nach dem uneingeschränkten Testat die Pleite folgen kann. Insofern werden die Aufgaben des Wirtschaftsprüfers auch in Zukunft falsch verstanden.

Dieses Mißverständnis könnte reduziert werden, wenn auch bei den Kapitalgesellschaften — wie nach dem Genossenschafts- und Haushaltsgrundsätzegesetz — die wirtschaftliche Lage und die Ordnungsmäßigkeit der Geschäftsführung in die Pflichtprüfung einbezogen sowie in den Bestätigungsvermerk aufgenommen werden würden. Die Vorgänge im Genossenschaftssektor haben aber auch gezeigt, daß selbst diese Prüfungskriterien Unternehmenszusammenbrüche nicht verhindern können.

---

[90] Ebenda, S. 564.

[91] Ebenda, S. 557 bzw. S. 558.

c) Die Unterschiede zwischen dem Absender- und Empfängerhorizont

Seit dem Aktiengesetz 1937 liegt hinsichtlich des Bestätigungsvermerks sowie des Prüfungsberichts die folgende Entwicklung vor:

Der Gesetzgeber von 1937 hatte noch keinen Bestätigungsvermerk vorgeschrieben, dieser wurde vielmehr vom Institut der Wirtschaftsprüfer entwickelt und dann in das Aktiengesetz 1965 aufgenommen. Seitdem ist der standardisierte Bestätigungsvermerk zur Pflicht geworden. Dagegen liegen für den Aufbau bzw. Inhalt des Prüfungsberichtes keine gesetzlichen Vorschriften vor: „Wie der Abschlußprüfer seinen Bericht gliedert, bleibt seinem pflichtgemäßen Ermessen überlassen."[92] Es haben sich berufsübliche Formen herausgebildet:[93]

> „Der Hauptteil des Prüfungsberichtes sollte so gestaltet werden, daß der Leser sich möglichst leicht einen Überblick über das Prüfungsergebnis verschaffen und die einzelnen Feststellungen mühelos auffinden kann. Auch für die Gliederung des Hauptteils hat sich eine weitgehend einheitliche Berufsübung herausgebildet. In der bisherigen Praxis hat sich die folgende, durch das neue Recht zu erweiternde Gliederung bewährt, die den nachstehenden Erläuterungen zum Inhalt des Hauptteils zugrundegelegt werden soll:
>
> A. Prüfungsauftrag und Auftragsdurchführung
> B. Veränderungen in den rechtlichen Verhältnissen
> C. Entwicklung der wirtschaftlichen Grundlagen
> D. Der Jahresabschluß zum . . . .
> I. Bestandsnachweise, Gliederung und Bewertung
> II. Bilanzanalyse (Vermögens- und Finanzlage)
> III. Wesentlicher Bilanzinhalt
> IV. Ergebniserrechnung im Vergleich zum Vorjahr (Ertragslage)
> V. Feststellungen zu nachteiligen Veränderungen und nicht unwesentlichen Verlusten
> E. Die Buchführung
> F. Der Anhang und der Lagebericht
> G. Schlußbemerkung und Bestätigungsvermerk."

Der Abschlußprüfer sollte über seine Feststellungen nach § 321 Abs. 1 Satz 4 HGB in einem gesonderten Abschnitt berichten. Für die eventuell zusätzlich nach § 321 Abs. 2 HGB erforderlichen besonderen Berichtsfeststellungen empfiehlt es sich, einen weiten Berichtsabschnitt in die Gliederung des Hauptteils einzufügen.

Nicht nur der gesetzliche Prüfungsauftrag, sondern auch die berufsübliche Prüfung und Berichterstattung sind so umfangreich und subtil geworden, daß sie nicht immer richtig (aus-)gewertet werden. Je höher die gesetzlichen Anforderungen und/oder je perfekter die Prüfungspraxis, um so größer kann der Abstand zur Verwertung dieser Erkenntnisse werden. Der Unterschied

---

[92] WP-Handbuch 1985/86, Bd. I, S. 844.

[93] WP-Handbuch 1985/86, Bd. II, S. 535.

zwischen dem Absenderhorizont des Prüfers und dem Empfängerhorizont dürfte beim (hauptamtlichen) Vorstand gering sein, dieses gilt auch für ‚professionelle' Aufsichtsratsmitglieder, die aus Banken oder anderen Großunternehmen kommen. Anders dürfte es bei den Genossenschaften, den Betrieben der öffentlichen Hand, bei Familienunternehmen und bei den nunmehr prüfungspflichtig gewordenen mittelgroßen Gesellschaften mit beschränkter Haftung (sofern letztere überhaupt einen Aufsichtsrat haben) sein: Diese Aufsichtsräte werden zum Beispiel mit Genossenschaftsmitgliedern, mit (Kommunal-)Politikern oder Familienangehörigen besetzt, die nicht immer nach ihren Fachkenntnissen ausgewählt und berufen werden. Sie haben nicht immer die wirtschaftlichen und rechtlichen Kenntnisse oder nehmen sich nicht die Zeit, um umfangreiche Prüfungsberichte zu lesen; auch sind sie nur selten mit der ‚Fachsprache' der Wirtschaftsprüfer vertraut. Zwar sollen die Aussagen des Prüfers in seinem Prüfungsbericht nicht „verschlüsselt, versteckt oder beschönigend gemacht werden"[94], dennoch sind Formulierungen vorhanden, die häufig vom Empfänger anders verstanden werden als vom Absender. Dieses gilt vor allem für den Bestätigungsvermerk. Aus diesen Gründen ist nicht zu Unrecht wiederholt die Forderung erhoben worden, daß nicht nur Vorstandsmitglieder bzw. Geschäftsführer bestimmte Qualifikationen haben müssen, sondern vergleichbare Anforderungen auch an die Aufsichtsratsmitglieder zu stellen sind; dieses ist die Forderung nach dem *‚Diplom-Aufsichtsrat'*. Wenn diese (berechtigte) Forderung erfüllt werden würde, dann könnten die Abschluß-(Wirtschafts-) Prüfer die Gewißheit haben, daß ihre detaillierten und umfangreichen Prüfungsberichte nicht nur gelesen, sondern auch verstanden werden.

Diese Diskrepanz wird möglicherweise noch durch die Prüfung der Veränderungen der Vermögens-, Finanz- und Ertragslage erweitert: Sie setzt eine Beurteilung durch den Abschlußprüfer voraus, bei der er allgemeine und betriebswirtschaftliche Kriterien heranziehen wird. „Ebenso wie die bisherigen aktienrechtlichen Vorschriften verlangen auch die neuen handelsrechtlichen Vorschriften *nicht*, daß in den Prüfungsberichten generell eine Analyse der *wirtschaftlichen Lage* der Gesellschaft aufgrund der Zahlen des Jahresabschlusses, also eine Darstellung der Vermögens- und Ertragslage, aufzunehmen ist."[95] Diese Verpflichtung besteht nur in den Grenzen und unter den Voraussetzungen des § 321 Abs. 1 Satz 4 HGB und ist somit nicht mit der Prüfung von öffentlichen Betrieben, von Genossenschaften bzw. gemeinnützigen Wohnungsunternehmen zu vergleichen. Neben dieser Berichterstattungspflicht besteht die Verpflichtung, dann auf die wirtschaftliche Lage nach § 321 Abs. 2 HGB einzugehen, wenn der Abschlußprüfer bei Wahrnehmung seiner Aufgaben Tatsachen feststellt, die den Bestand des geprüften Unternehmens gefährden oder seine Entwicklung wesentlich beeinträchtigen können. Liegen derartige berichtspflichtige Tatsachen vor, dann müssen diese im Prüfungsbericht eindeu-

---

[94] WP-Handbuch 1985/86, Bd. I, S. 833.

[95] WP-Handbuch 1985/86, Bd. II, S. 528.

tig angesprochen werden, versteckte oder verklausulierte Hinweise reichen nicht aus.

Es ist nicht auszuschließen, daß diese Prüfungs- und Berichtspflicht den Erwartungshorizont erhöht, insbesondere auch dann, wenn die Abschlußprüfer zukunftsorientierte Analysen durchführen.

Insbesondere in Zeiten wirtschaftlicher Anspannung (unseres Erachtens gilt dieses auch und gerade für den sich beschleunigenden Strukturwandel) kommt der Analyse der Unternehmenslage zunehmende Bedeutung zu. Da der Abschlußprüfung die abwertende Einschätzung anhaftet, sie sei vergangenheitsorientiert, erhebt sich die Frage, wie die *zukunftsorientierte Analyse* der wirtschaftlichen Lage in die Abschlußprüfung einbezogen werden kann. Werden dieser Analyse die Werte des Jahresabschlusses zugrunde gelegt, so enthält diese alle Mängel der Bilanzierung und der Bilanzpolitik. „Die Möglichkeiten und Grenzen sowie die Gefahren der Bilanzanalyse sind heute evident. ... Alle Schlußfolgerungen auf einzelne Ursachen, die aus Bilanzkennzahlen gezogen werden, bergen daher stets die Gefahr einer Fehlinterpretation. Verwendet der Abschlußprüfer Kennzahlen in seinem Bericht über die wirtschaftliche Lage, zum Beispiel über die Liquidität der Unternehmung, so läßt sich nicht ausschließen, daß den Berichtsempfängern irreführende Informationen geliefert werden. Hierfür könnte der Abschlußprüfer im Extremfall von der Gesellschaft haftbar gemacht werden.“[96]

Trotz und gerade wegen dieser — gesetzlich nicht normierten — Pflicht des Abschlußprüfers, besteht eine Diskrepanz zwischen den Erwartungen der Bilanzleser und der Rechtswirklichkeit. Luik wirft daher die Frage auf, ob die Vorwürfe in der Öffentlichkeit ‚Nach dem Testat kam die Pleite‘ zu Recht bestehen oder ob nicht der ‚Schwarze Peter‘ vom Vorstand und Aufsichtsrat dem Abschlußprüfer zugespielt werden soll. Es ist aber auch kritisch zu fragen, ob nicht zwischen dem Absenderhorizont (des Wirtschaftsprüfers) und dem Empfängerhorizont (dem Vorstand, dem Aufsichtsrat und unter Umständen der Aktionäre) eine Diskrepanz besteht, die selbst bei Einführung der Prüfung der wirtschaftlichen Lage und der Geschäftsführung nicht geschlossen werden kann. Weder kann der Abschlußprüfer zum ‚Über-Geschäftsführer‘ hochstilisiert werden noch kann er die insbesondere in Krisenzeiten vorhandenen überzogenen Erwartungen dämpfen und schließlich kann er auch nicht die unter Umständen fehlenden Kenntnisse beseitigen. Auch eine zukunftsorientierte Prüfung kann diese Probleme nicht lösen, denn man muß davon ausgehen, daß ein Wirtschaftsprüfer keine besseren prognostischen Fähigkeiten haben dürfte als der Vorstand oder der (professionelle) Aufsichtsrat.

Die Diskrepanz zwischen dem Absender- und Empfängerhorizont läßt sich möglicherweise reduzieren, letztlich aber nicht beseitigen. Mit dieser Problema-

[96] Leffson, S. 338 bzw. 339.

tik müssen sowohl die Wirtschaftsprüfer als auch die Unternehmen in Zukunft leben.

3. Die Auswahl des Abschlußprüfers

Nicht nur für die Qualität, sondern auch für die Unabhängigkeit ist die Auswahl des Abschlußprüfers entscheidend.[97] Die Qualität wurde dadurch sichergestellt, daß 1931 nur Wirtschaftsprüfer als Abschlußprüfer zugelassen wurden. Erst mit dem Aktiengesetz 1937 wurden Regelungen für die Auswahl des Abschlußprüfers getroffen:

§ 137 AktG 1937: Auswahl der Abschlußprüfer:

(1) Als Abschlußprüfer dürfen nur öffentlich bestellte Wirtschaftsprüfer oder Wirtschaftsprüfungsgesellschaften gewählt oder bestellt werden.

(2) Mitglieder des Vorstands oder des Aufsichtsrats sowie Angestellte der Gesellschaft dürfen als Prüfer weder gewählt noch bestellt werden; gleiches gilt für die Mitglieder des Vorstands oder des Aufsichtsrats sowie Angestellte einer anderen Gesellschaft, die von der zu prüfenden Gesellschaft abhängig ist oder sie beherrscht, sowie für Personen, auf deren Geschäftsführung eine dieser Gesellschaften maßgebenden Einfluß hat.

§ 137 AktG 1937 entsprach Artikel VI, § 262c[98] des ersten Teiles der Verordnung des Reichspräsidenten über Aktienrecht, Bankenaufsicht und über eine Steueramnestie vom 19. September 1931. Die Hauptstelle für die öffentlich bestellten Wirtschaftsprüfer hatte bereits Bestimmungen erlassen, die über die des Aktiengesetzes 1937 hinausgingen[99]: Zusätzlich ist die Unabhängigkeit dann nicht gegeben, wenn ein Einzel-(Wirtschafts-)prüfer „ein Inhaber, persönlich haftender Gesellschafter oder gesetzlicher Vertreter des zu prüfenden Unternehmens mit dem Wirtschaftsprüfer oder dessen Ehefrau im ersten oder zweiten Grade verwandt ist“. Ein ‚maßgebender Einfluß‘ liegt nicht nur dann vor, wenn der Wirtschaftsprüfer bei dem zu prüfenden Unternehmen Aufsichtsratmitglied ist oder im Dienst-, Anstellungs- oder einem ähnlichen Verhältnis steht, sondern auch dann, wenn solche Beziehungen zu einem Konzernunternehmen besteht; dieses gilt auch dann, wenn derartige Beziehungen innerhalb der letzten fünf Jahre vor Erteilung des Auftrages vorlagen. Für Wirtschaftsprüfungsgesellschaften galten ähnliche Bestimmungen. In der ehemaligen amerikanischen und britischen Besatzungszone galten in der Nachkriegszeit zum Teil weitergehende Bestimmungen über die Unabhängigkeit der Abschlußprüfer.[100]

---

[97] Zur Auswahl und Unbefangenheit siehe Leffson, S. 326-332.

[98] Es handelt sich um § 262c Abs. 1 HGB in der Fassung der Verordnung des Reichspräsidenten vom 19. September 1931 (RGBl. I, S. 493).

[99] WP-Handbuch 1951, S. 20f.

[100] Ebenda, S. 19-21.

Waren die gesetzlichen Bestimmungen des Aktiengesetzes 1937 noch relativ knapp, die berufsrechtlichen Regelungen der Hauptstelle aber recht ausführlich, brachte das Aktiengesetz 1965 weitergehende Vorschriften über die Auswahl des Abschlußprüfers, durch die die Unabhängigkeit gesichert werden soll:

§ 164 AktG 1965: Auswahl der Abschlußprüfer:

(1) Nur Wirtschaftsprüfer und Wirtschaftsprüfungsgesellschaften können Abschlußprüfer sein.

(2) Ein Wirtschaftsprüfer kann nicht Abschlußprüfer sein, wenn er
1. Mitglied des Vorstands oder des Aufsichtsrats oder Angestellter der zu prüfenden Gesellschaft ist oder in den letzten drei Jahren vor seiner Bestellung war;
2. gesetzlicher Vertreter oder Mitglied des Aufsichtsrats einer juristischen Person, Gesellschafter einer Personengesellschaft oder Inhaber eines Unternehmens ist, sofern die juristische Person, die Personengesellschaft oder das Einzelunternehmen mit der zu prüfenden Gesellschaft verbunden ist;
3. Angestellter eines Unternehmens ist, das mit der zu prüfenden Gesellschaft verbunden ist.

(3) Eine Wirtschaftsprüfungsgesellschaft kann nicht Abschlußprüfer sein,
1. wenn sie oder ein mit ihr verbundenes Unternehmen mit der zu prüfenden Gesellschaft verbunden ist;
2. wenn bei Wirtschaftsprüfungsgesellschaften, die juristische Personen sind, ein gesetzlicher Vertreter, bei anderen Wirtschaftsprüfungsgesellschaften ein Gesellschafter nach Absatz 2 nicht Abschlußprüfer sein könnte;
3. Wenn ein Aufsichtsratmitglied der Wirtschaftsprüfungsgesellschaft nach Absatz 2 Nr. 1 nicht Abschlußprüfer sein könnte.

Gegenüber § 137 Abs. 2 AktG 1937 enthält § 164 Abs. 2 und 3 AktG 1965 wesentliche Änderungen:[101] Während das Aktiengesetz 1937 diese Materie weitgehend durch eine Generalklausel regelte, erfolgte nunmehr im Interesse der Rechtssicherheit die Ausschließung von Personen als Abschlußprüfer durch einen numerus clausus aufgezählter Tatbestände. „Zum Teil ist dabei der Anwendungsbereich dieser Ausschlußvorschriften erweitert worden; besonders ist dabei den im neuen Gesetz geregelten Unternehmensverbindungen Rechnung getragen worden. ... Die Vorschriften des § 164 bilden zwingendes Recht."[102] Ziel dieser Vorschrift ist, solche Wirtschaftsprüfer bzw. Wirtschaftsprüfungsgesellschaften von der Abschlußprüfung auszuschließen, bei denen Interessenkollisionen bestehen können. Es handelt sich um die unwiderlegbare Vermutung, daß die Besorgnis einer nicht unbefangenen Abschlußprüfung besteht. Die in § 164 Abs. 2 und 3 AktG 1965 aufgeführten Tatbestände sind überwiegend gesellschaftsrechtlicher Art. Die Nennung dieser Tatbestände mag darauf zurückzuführen sein, daß der Gesetzgeber in diesen Fällen typische

---

[101] ADS, Bd. 2 (1971), S. 220.

[102] Ebenda, S. 220.

Gefahrenlagen vermutete sowie daran liegen, daß dieser Tatbestandsbereich eindeutig regelbar erschien. „Es ist vielmehr noch eine Reihe von Beeinflussungsmöglichkeiten anderer Art denkbar, in denen die Unparteilichkeit des Abschlußprüfers in nicht geringem Maße in Frage gestellt wird (z.B. nahe Verwandtschaft, finanzielle Abhängigkeit). Solche anderen Fälle wären nur viel schwerer für Dritte erkennbar und ihre Gewichtigkeit läßt sich zudem nur unter individueller Würdigung der besonderen Umstände des Einzelfalles beurteilen."[103] Diese Fälle können nur im Rahmen des § 163 AktG 1965 — Besorgnis der Befangenheit — erfaßt und geregelt werden.

Gemäß § 49 WPO hat ein Wirtschaftsprüfer seine Tätigkeit dann zu versagen, „wenn sie für eine pflichtwidrige Handlung in Anspruch genommen werden soll oder die Besorgnis der Befangenheit bei der Durchführung eines Auftrages besteht". Die in § 164 Abs. 2 und 3 AktG 1965 aufgeführten Fälle sind als Sonderfälle der Besorgnis der Befangenheit anzusehen und fallen somit unter § 49 WPO.

„Daraus folgt jedoch nicht, daß umgekehrt nach § 49 WPO weitere Fälle gesellschaftsrechtlicher Art gebildet werden könnten, in denen ein Wirtschaftsprüfer oder eine Wirtschaftsprüfungsgesellschaft von der Abschlußprüfung ausgeschlossen wäre. § 164 Abs. 2 und 3 zählen diese Fälle vielmehr bereits erschöpfend auf; . . ."[104].

Wird ein Abschlußprüfer gewählt, der nicht die Qualifikation eines Wirtschaftsprüfers oder einer Wirtschaftsprüfungsgesellschaft hat oder aber von der Abschlußprüfung ausgeschlossen ist, so ist der Wahlbeschluß gemäß § 241 Nr. 3 AktG 1965 nichtig. Die Rechtslage hat sich gegenüber dem Aktiengesetz 1937 nicht verändert.

Mit dem Bilanzrichtlinien-Gesetz ist § 319 HGB eingefügt, der die Auswahl der Abschlußprüfer regelt:

§ 319 HGB: Auswahl der Abschlußprüfer:

(1) Abschlußprüfer können Wirtschaftsprüfer und Wirtschaftsprüfungsgesellschaften sein. Abschlußprüfer von Jahresabschlüssen und Lageberichten mittelgroßer Gesellschaften mit beschränkter Haftung (§ 267 Abs. 2) können auch vereidigte Buchprüfer und Buchprüfungsgesellschaften sein.

(2) Ein Wirtschaftsprüfer oder vereidigter Buchprüfer darf nicht Abschlußprüfer sein, wenn er oder eine Person, mit der er seinen Beruf gemeinsam ausübt,
1. Anteile an der zu prüfenden Kapitalgesellschaft besitzt;
2. gesetzlicher Vertreter oder Mitglied des Aufsichtsrats oder Arbeitnehmer der zu prüfenden Kapitalgesellschaft ist oder in den letzten drei Jahren vor seiner Bestellung war;

---

[103] Ebenda, S. 224.

[104] Ebenda, S. 225.

3. gesetzlicher Vertreter oder Mitglied des Aufsichtsrats einer juristischen Person, Gesellschafter einer Personengesellschaft oder Inhaber eines Unternehmesn ist, sofern die juristische Person, die Personengesellschaft oder das Einzelunternehmen mit der zu prüfenden Kapitalgesellschaft verbunden ist oder von dieser mehr als zwanzig vom Hundert der Anteile besitzt;
4. Arbeitnehmer eines Unternehmens ist, das mit der zu prüfenden Kapitalgesellschaft verbunden ist oder an dieser mehr als zwanzig vom Hundert der Anteile besitzt, oder Arbeitnehmer einer natürlichen Person ist, die an der zu prüfenden Kapitalgesellschaft mehr als zwanzig vom Hundert der Anteile besitzt;
5. bei der Führung der Bücher oder der Aufstellung des zu prüfenden Jahresabschlusses der Kapitalgesellschaft über die Prüfungstätigkeit hinaus mitgewirkt hat;
6. gesetzlicher Vertreter, Arbeitnehmer, Mitglied des Aufsichtsrats oder Gesellschafter einer juristischen oder natürlichen Person oder einer Personengesellschaft oder Inhaber eines Unternehmens ist, sofern die juristische oder natürliche Person, die Personengesellschaft oder einer ihrer Gesellschafter oder das Einzelunternehmen nach Nummer 5 nicht Abschlußprüfer der zu prüfenden Kapitalgesellschaft sein darf;
7. bei der Prüfung eine Person beschäftigt ist, die nach den Nummern 1 bis 6 nicht Abschlußprüfer sein darf;
8. in den letzten fünf Jahren jeweils mehr als die Hälfte der Gesamteinnahmen aus seiner beruflichen Tätigkeit aus der Prüfung und Beratung der zu prüfenden Kapitalgesellschaft und von Unternehmen, an denen die zu prüfende Kapitalgesellschaft mehr als zwanzig vom Hundert der Anteile besitzt, bezogen hat und dies auch im laufenden Geschäftsjahr zu erwarten ist; zur Vermeidung von Härtefällen kann die Wirtschaftsprüferkammer befristete Ausnahmegenehmigungen erteilen.

(3) Eine Wirtschaftsprüfungsgesellschaft oder Buchprüfungsgesellschaft darf nicht Abschlußprüfer sein, wenn

1. sie Anteile an der zu prüfenden Kapitalgesellschaft besitzt oder mit dieser verbunden ist oder wenn ein mit ihr verbundenes Unternehmen an der zu prüfenden Kapitalgesellschaft mehr als zwanzig vom Hundert der Anteile besitzt oder mit dieser verbunden ist;
2. sie nach Abs. 2 Nr. 6 als Gesellschafter einer juristischen Person oder eine Personengesellschaft oder nach Abs. 2 Nr. 5, 7 oder 8 nicht Abschlußprüfer sein darf;
3. bei einer Wirtschaftsprüfungsgesellschaft oder Buchprüfungsgesellschaft, die juristische Person ist, ein gesetzlicher Vertreter oder ein Gesellschafter, der fünfzig vom Hundert oder mehr der den Gesellschaftern zustehenden Stimmrechte besitzt, oder bei anderen Wirtschaftsprüfungsgesellschaften oder Buchprüfungsgesellschaften ein Gesellschafter nach Absatz 2 Nr. 1 bis 4 nicht Abschlußprüfer sein darf;
4. einer ihrer gesetzlichen Vertreter oder einer ihrer Gesellschafter nach Absatz 2 Nr. 5 oder 6 nicht Abschlußprüfer sein darf oder
5. einer ihrer Aufsichtsratsmitglieder nach Absatz 2 Nr. 2 oder 5 nicht Abschlußprüfer sein darf.

(4) Die Absätze 2 und 3 sind auf den Abschlußprüfer des Konzernabschlusses entsprechend anzuwenden.

Die Pflichtprüfung von Aktiengesellschaften wurde 1931 nur öffentlich bestellten Wirtschaftsprüfern bzw. nur den in der Liste der Hauptstelle eingetragenen Wirtschaftsprüfungsgesellschaften vorbehalten. Mit der Einbeziehung großer und mittelgroßer Gesellschaften mit beschränkter Haftung ergab sich die Frage, ob auch für diese Prüfungsgruppe nur die Wirtschaftsprüfer zugelassen sein sollten. Wie weiter oben dargelegt, wurde der ‚auslaufende' Berufsstand der vereidigten Buchprüfer bzw. Buchprüfungsgesellschaften wieder eröffnet und für die Prüfung mittelgroßer Gesellschaften mit beschränkter Haftung zugelassen. Auf diese Erweiterung der Prüfungsträger soll nicht weiter eingegangen werden.

§ 319 Abs. 2 und 3 HGB regelte (wie das Aktiengesetz 1937 und 1965) über den Ausschluß von der Abschlußprüfertätigkeit die Unabhängigkeit der Wirtschaftsprüfer.[105] Während der Katalog in § 164 Abs. 2 und 3 AktG 1965 sich im wesentlichen auf bestimmte gesellschaftsrechtliche Tatbestände abstellte, enthält § 319 HGB zusätzliche Ausschließungsgründe teils gesellschaftsrechtlicher und teils anderer Art.[106] Bemerkenswert ist, daß gemäß § 319 Abs. 2 Ziff. 8 die *Umsatz- bzw. Kundenabhängigkeit* als Ausschlußgrund des Abschlußprüfers geregelt wird, da die Unabhängigkeit dann beeinträchtigt werden kann, wenn ein wesentlicher Teil des Einkommens von einem Mandanten stammt. Ob die durch das Bilanzrichtlinien-Gesetz eingeführte Grenze von mehr als die Hälfte der Gesamteinnahmen des Wirtschaftsprüfers bereits als ausreichend betrachtet werden kann, ist nicht frei von Zweifeln[107].

Überblickt man die Rechtsentwicklung seit Anfang der 30er Jahre, so stellt man fest, daß die gesetzlichen Vorschriften bzw. die Berufsrichtlinien über die Auswahl der Abschlußprüfer immer umfangreicher und auch detaillierter geworden sind. Es dürfte kein Zweifel bestehen, daß sowohl der Gesetzgeber als auch die Wirtschaftsprüferkammer bestrebt sind, über diese Regelungen die Unabhängigkeit und damit die Interessenneutralität des Abschlußprüfers zu stärken. Letztlich läßt sich aber eine mangelnde innere Freiheit bzw. Unabhängigkeit nicht durch gesetzliche oder berufsrechtliche Vorschriften herbeiführen. Dieses gilt nicht nur für Wirtschaftsprüfer, sondern für sämtliche Berufe. Da aber die Wirtschaftsprüfer sich das Image des unabhängigen, sachkundigen und nahezu unfehlbaren Prüfers und Beraters gegeben haben und diesen Nimbus pflegen, werden auch hohe und geradezu unerfüllbare Erwartungen an diesen Berufsstand gestellt. Es ist daher die Frage, ob die Wirtschaftsprüfer die an sie gestellten Erwartungen erfüllen können.

---

[105] ADS, 5. Aufl., Kommentierung zu § 319 HGB, S. 1-53, insbesondere S. 16ff.; WP-Handbuch 1985/86, Bd. II, S. 11ff.

[106] ADS, S. 16f.

[107] Siehe hierzu Ziff. 9 zur Unabhängigkeit und Unbefangenheit des Wirtschaftsprüfers, in: Berufsrichtlinien, S. 9.

4. Unzutreffende Erwartungen an die Abschlußprüfung?

Auf der 26. Arbeitstagung des Instituts der Wirtschaftsprüfer in Deutschland (IdW) in Baden-Baden am 14. November 1984 hat Clemm[108] einen vielbeachteten Vortrag gehalten, der sich mit den Erwartungen an die Abschlußprüfung befaßt.

Die Prüfungspflicht wurde — wie dargestellt — 1931 als Folge von spektakulären Zusammenbrüchen eingeführt. Damit sollte die Ordnungsmäßigkeit der Buchführung, des Jahresabschlusses und des Geschäftsberichtes garantiert werden. In den letzten Jahren ist aber die Frage aufgeworfen worden, ob die Abschlußprüfer auch eine *‚Frühwarnung' vor Unternehmenskrisen* bewirken sollen;[109] diese Frage ist nicht eindeutig zu beantworten. „Es könnte allerdings sein, daß der damalige Gesetzgeber der Auffassung war, die durch die Prüfung gewährleistete Einhaltung der Rechnungslegungsvorschriften biete bereits ausreichenden Schutz vor überraschenden Unternehmenskrisen und -zusammenbrüchen" (S. 646). Dagegen war unumstritten, daß *keine* Geschäftsführungsprüfung stattfinden sollte; ob dagegen die wirtschaftliche Lage geprüft werden sollte, ist offenbar kaum diskutiert worden. Auf die Krisenwarnfunktion des Abschlußprüfers hat der Bundesgerichtshof in seinem Urteil vom 15. Dezember 1954 hingewiesen (sogenannte ‚Redepflicht').

Dieser gesetzlichen Aufgabenstellung — die man auch als die *‚Erwartung des Gesetzgebers'* bezeichnen kann — stellt Clemm die *Erwartungen der ‚Adressaten'* gegenüber, wobei man zwischen den internen und externen Erwartungen unterscheiden muß.

Den *internen und externen Erwartungen* ist gemeinsam, daß das fachliche Niveau der Abschlußprüfer hoch ist und sich an die technischen Entwicklungen — zum Beispiel im Bereich der EDV — anpaßt. Dagegen erscheint es fragwürdig, ob sich die Abschlußprüfung auch auf die Aufdeckung oder Verminderung von Unkorrektheiten erstrecken soll. Die Erwartungen an die Unabhängigkeit und Unbefangenheit des Abschlußprüfers sind gleichfalls hoch. Hierbei geht es aber nicht nur um personelle Verflechtungen zwischen dem zu prüfenden Unternehmen und dem Prüfer, sondern auch um die wirtschaftliche (finanzielle) Unabhängigkeit des Prüfers sowie um die Vereinbarkeit von Prüfung und Beratung bei demselben Unternehmen. „Daß die Abschlußprüfer wirtschaftlich unabhängig sein müssen, d. h. insbesondere nicht vom prüfungspflichtigen Unternehmen und seiner Leitung ‚abhängig' sein dürfen, ist wohl unumgänglich. Die Gefahr einer solchen Abhängigkeit (oder Beeinflußbarkeit)

---

[108] Hermann Clemm: Erwartungen an die Abschlußprüfung, in: Die Wirtschaftsprüfung, Heft 23/24 (1984), S. 645-655. (Wir folgen diesem Aufsatz, die Seitenangaben erfolgen im Text.) Dieser Aufsatz enthält zahlreiche Quellenangaben, die hier nicht wiederholt werden.

[109] Siehe hierzu Wilhelm Strobel: Das Krisenwarnproblem des Wirtschaftsprüfers nach § 116 II AktG, in: Der Betrieb, Heft 46 (1977), S. 2153-2156.

scheint mir aber — auch bei höchster Charakterstärke der Berufsangehörigen — dann gegeben zu sein, wenn die Honorare, die ein Prüfer von einem Prüfungsmandanten bezieht, einen erheblichen Teil seines Umsatzes ausmachen. Die hierzu im Bilanzrichtlinien-Gesetz-Entwurf vorgesehene 50%-Grenze erscheint unter diesen Angaben als sehr — m. E. wesentlich — zu hoch.[110] Die Meinung, daß die Unbefangenheit und Unabhängigkeit des Abschlußprüfers auch — ohne Rücksicht auf die Höhe der Honorare — dann gefährdet sei, wenn er das zu prüfende Unternehmen zugleich — z.B. steuerlich — berät, halte ich (Clemm) für unrichtig" (S. 648). Clemm fügt aber hinzu, daß die Beantwortung dieser Frage davon abhänge, welche ‚Grundhaltung' man vom Abschlußprüfer erwarte; aus seiner Sicht sollte der Abschluß-(Wirtschafts-)prüfer sowohl die Unternehmensleitung als auch den Aufsichtsrat beraten und unterstützen. Allerdings erfordere die Kombination von Prüfung und Beratung[111] „größere Anforderungen an die Standfestigkeit des Prüfers" als bei der ‚reinen' Prüfungstätigkeit (S. 649). Die Tätigkeit mancher Wirtschaftsprüfer bei den Steuersparmodellen machen diese Problematik deutlich.

Die *internen Adressaten* — Unternehmensleitung und Aufsichtsrat — haben die Erwartung, daß der Abschlußprüfer Auskunft darüber erteilt, welche Qualität das Rechnungswesen aufweist, daß der Aufsichtsrat der ihm obliegenden Überwachung der Geschäftsführung nachgekommen ist. Dieser erwartet aber auch, daß in Krisenfällen der Abschlußprüfer von seiner Redepflicht Gebrauch macht und seine warnende Stimme erhebt. Auch die *externen Adressaten* haben Erwartungen; diese sind die eigentlichen Adressaten der Rechnungslegung. Hierzu gehören die Anteilseigener, die Gläubiger und die Arbeitnehmer. Auch wenn die Interessenlage der externen Adressaten unterschiedlich ist — die Anteilseigner sind zum Beispiel an einer hohen Gewinnausschüttung, die Arbeitnehmer hingegen an Gewinnthesaurierungen interessiert —, so sind doch alle auf die Aussagen und Informationen des Abschlußprüfers angewiesen. Zu den externen Adressaten gehört auch die Öffentlichkeit und insbesondere die Wirtschaftspresse. Zwischen der Informationspflicht der Unternehmen und den Erwartungen der Massenmedien besteht häufig ein Spannungsverhältnis, gerade die Wirtschaftspresse verlangt nicht nur vom Unternehmen, sondern auch vom Abschlußprüfer, daß diese frühzeitig Krisen-

---

[110] Diese 50%-Grenze ist in § 319 Abs. 2 Ziff. 8 aufgenommen worden, d.h., ein Wirtschaftsprüfer oder vereidigter Buchprüfer darf nicht Abschlußprüfer sein, wenn „8. in den letzten fünf Jahren jeweils mehr als die Hälfte der Gesamteinnahmen aus seiner beruflichen Tätigkeit aus der Prüfung und Beratung der zu prüfenden Kapitalgesellschaft und von Unternehmen, an denen die zu prüfende Kapitalgesellschaft mehr als zwanzig vom Hundert der Anteile besitzt, bezogen und dies auch im laufenden Geschäftsjahr zu erwarten ist; zur Vermeidung von Härtefällen kann die Wirtschaftsprüfungskammer befristete Ausnahmegenehmigungen erteilen".

[111] Weiter oben haben wir zwischen der wirtschaftlichen und der steuerlichen Beratung unterschieden, da unseres Erachtens zwischen diesen beiden Beratungsformen Unterschiede bestehen.

fälle offenlegen. Hier begegnen sich die Zweifel der Journalisten an den Wirtschaftsprüfern wie — umgekehrt — die der Wirtschaftsprüfer an den Journalisten. Beide Berufe stimmen insofern überein, da sie die Aufgabe haben, die Öffentlichkeit wahrheitsgetreu zu informieren.

„Alle externen Adressatengruppen erwarten von der Abschlußprüfung, daß sie die Einhaltung der Rechnungslegungspflichten garantiere und damit die Befriedigung der vom Gesetzgeber als berechtigt anerkannten Informationsinteressen. ... Alle Adressaten erwarten von der Rechnungslegung zutreffende Aussagen über den Geschäftsverlauf und die wirtschaftliche Lage sowie deren voraussichtliche künftige Entwicklung. Denn hiervon hängen der Wert der Anteile am Unternehmen, die Sicherheit der Arbeitsplätze sowie evtl. Auswirkungen auf die Entlohnungs- und Arbeitsbedingungen ebenso ab wie die Kreditwürdigkeit des Unternehmens. Von der Abschlußprüfung wird insoweit erwartet, daß sie die zutreffende Darstellung der wirtschaftlichen Lage im Jahresabschluß und Geschäftsbericht sicherstellt oder, bei unzutreffender Darstellung, hierauf im Bestätigungsvermerk aufmerksam macht" (S. 652).

Es ist ganz offensichtlich ein *hoher Erwartungshorizont* vorhanden. Hierbei sollte man „allerdings nicht die von der Natur der Sache her begrenzte Aussagefähigkeit der Jahresabschlüsse und die Unsicherheit der Prognosen, die sich teilweise auf die Bewertung einzelner Bilanzpositionen, zum Teil auf die gesamte künftige Entwicklung des Unternehmens, ggf. sogar auf seine Überlebens-Fähigkeit, beziehen, übersehen werden". (S. 652). Diese *begrenzte Aussagefähigkeit* führt zu Schwierigkeiten und Konsequenzen bei der Abschlußprüfung:

Trotz zahlreicher und detaillierter Bilanzierungs-, Gliederungs- und Bewertungsvorschriften ist ein Einblick in die Gesamtlage des Unternehmens nur bedingt möglich. Dieses liegt zum Teil an den Bilanzierungsprinzipien und den Bewertungsregeln (zum Beispiel bei Rückstellungen für ungewisse Verbindlichkeiten, der Beurteilung von technischen Risiken). „Wer die Realität kennt, weiß, wie zahlreich und gewichtig die Positionen sind oder sein können, deren Bewertung, weil notwendigerweise auf Schätzungen beruhend, kaum exakt ermittelt und entsprechend kontrolliert werden kann" (S. 653). Es gibt somit „unaufhebbare Ungenauigkeiten der Jahresabschlüsse" (so Clemm). Daher sollten sich die Wirtschaftsprüfer verstärkt dem *Lagebericht* (als Teil des Geschäftsberichts) zuwenden, der alles Wesentliche nicht nur über die Lage, sondern auch über die künftige Entwicklung des Unternehmens aussagen soll. Insbesondere dann, wenn man von den Wirtschaftsprüfern und der Abschlußprüfung eine Krisenwarnfunktion erwartet, muß man an diesem Punkt ansetzen.

Aber auch hier muß man die Grenzen erkennen; denn: Was macht die ‚Gesundheit' bzw. die ‚Schwäche' eines Unternehmens aus? Wie werden diese Zustände analysiert, wie kann das Ergebnis dieser Analyse überprüft und wie soll sie im Lagebericht dargestellt werden? Man kann wohl davon ausgehen, daß die Stärke eines Unternehmens darin besteht, daß die Produktpalette marktgerecht ist, die Forschungs- und Entwicklungsarbeit für Innovationen sorgt, der Vertrieb funktioniert, daß Personal motiviert ist, die Produktion kostengünstig erfolgt und schließlich die Finanzierung gewährleistet ist. „Dieser Zustand ist allerdings nicht ohne weiteres an den Zahlen der Jahresabschlüsse und den hierin ausgewiesenen Erfolgen abzulesen; auch Fehlentscheidungen und Fehlentwicklungen wirken sich meist erst in späteren Jahresabschlüssen aus; wenn dies eintrete, sei es dann häufig auch schon für Sanierungsmaßnahmen zu spät, Vergleichs- oder gar Konkursverfahren seien häufig unvermeidbar" (S. 653). Diese Erfahrungen machen deutlich, wie schwierig zuverlässige Aussagen über die wirtschaftlichen Verhältnisse eines Unternehmens sind. Aus diesem Grunde lehnt Clemm den zum damaligen Zeitpunkt (d.h. November 1984) vorgelegten Entwurf zum Bilanzrichtlinien-Gesetz als gefährlich ab, da der Jahresabschluß ein den tatsächlichen Verhältnissen entsprechendes Bild der Vermögens-, Finanz- und Ertragslage zu vermitteln hat[112], weil diese Forderung *„unerfüllbare Erwartungen* der Adressaten an Rechnungslegung und Prüfung weckt" (S. 654).

Um dem Abschlußprüfer einen möglichst sicheren Einblick in die wirtschaftliche Lage des Unternehmens und seine künftige Entwicklung zu geben, sind mehrere Vorschläge gemacht worden: Ein Vorschlag geht dahin, die Unternehmensplanung in die Prüfung einzubeziehen, ein anderer zielt auf den Aufbau eines EDV-gestützten Kennzahlensystems ab, um hieraus Entwicklungstendenzen abzuleiten. Zu diesen Vorschlägen gehört auch das *Going-Concern-Concept*[113], dem ‚Fortführungsprinzip'". „Daß sich der Abschlußprüfer hier auf einem schmalen Grat bewegt, sollte man sich klarmachen. Zum einen ist nämlich von ihm gefordert, etwas zu prognostizieren, was nicht nur von der Entwicklung äußerer Umstände, sondern ganz wesentlich auch von den Fähigkeiten, dem Willen und den künftigen Handlungen der Unternehmensleitung zur Abwendung der Gefahren abhängt; insoweit kann er wohl einer Beurteilung auch der Qualität der Unternehmensleitung kaum ausweichen. (...) Außerdem wird sich der Prüfer wohl ein Bild von der voraussichtlichen künftigen Haltung der Großgläubiger und der Kapitaleigner in bezug auf deren Bereitschaft zu Unterstützungs- und Sanierungsmaßnahmen machen müssen" (S. 654).

Damit ist die *prognostische Einschätzung der künftigen Entwicklung* des Unternehmens angesprochen:[114] Der Abschlußprüfer hat sich hinreichende Gewißheit darüber zu verschaffen, daß alle verfügbaren Informationen verwendet wurden, daß die Annahmen realistisch und widerspruchsfrei sind, daß die

---

[112] Durch das Bilanzrichtlinien-Gesetz nunmehr als § 321 HGB eingefügt.

[113] Siehe hierzu Carl Janssen: Überlegungen zum ‚Going Concern Concept', in: Die Wirtschaftsprüfung, Heft 13 (1984), S. 341-348; Ulrich Leffson: Die Going-Concern-Prämisse bei Unsicherheit über den Fortbestand der Unternehmung, ebenda, Heft 22 (1984), S. 604-606.

[114] Siehe WP-Handbuch 1985/86, Bd. II, S. 688.

angewandten statistischen Verfahren richtig gehandhabt wurden usw. Es besteht kein Zweifel, daß bei derartigen prognostischen Einschätzungen neben rationalen Überlegungen und nachprüfbaren Sachverhalten auch Intuition eine nicht unerhebliche Rolle spielt.

Daher: „Die Prüfung von Aussagen über Zukunftserwartungen kann naturgemäß nicht wie die Prüfung der Verbuchung eines abgeschlossenen Geschäftsvorfalls mit dem definitiven Urteil ‚richtig' oder ‚falsch' abschließen, sondern sie kann als Plausibilitätsprüfung im Ergebnis nur zu einer Einschätzung im Sinne von ‚glaubwürdig / unglaubwürdig', ‚realistisch / unrealistisch' oder einer ähnlichen Umschreibung führen."[115]

Mit der prognostischen Einschätzung der künftigen Entwicklung des Unternehmens befinden sich die *Wirtschaftsprüfer in einem Dilemma:*

(1) Wird die Going-Concern-Prämisse *zu früh verneint,* dann wird der Zusammenbruch des Unternehmens begünstigt oder sogar herbeigeführt (man könnte sogar sagen: ‚herbeigeprüft').

(2) Wird dagegen die Going-Concern-Prämisse *zu lange bejaht* und das Unternehmen bricht zusammen, dann wird gegenüber dem Abschlußprüfer der Vorwurf erhoben, daß nach dem Testat die Pleite folgt.

In beiden Fällen haben sowohl die internen als auch die externen Adressaten zu hohe Erwartungen an den Abschlußprüfer. Ihre Kritik wird in der Regel nicht aus dem ex ante-Informationsstand des Abschlußprüfers abgeleitet, sondern aus dem ex post-Informationsstand. Aus den zu hohen Erwartungen gegenüber den Wirtschaftsprüfern ergibt sich eine Überforderung. Der Wirtschaftsprüfer wird aus diesem Dilemma nur dann befreit, wenn er neben seinem hohen Fachwissen und der Anwendung berufsüblicher Prüfungsgrundsätze und -verfahren auch Gespür und Intuition für die künftige Entwicklung der Gesamtwirtschaft, einer Branche und des betreffenden Unternehmens hat. Mit anderen Worten: Eine gewisse Portion ‚Glück' gehört auch zum Prüferberuf — damit befindet man sich aber im Bereich des Irrationalen.

Vom unbefangenen, unabhängigen hochqualifizierten Abschlußprüfer wird nicht nur ein Urteil über die Gesetz- und Ordnungsmäßigkeit der Rechnungslegung der Unternehmensleitung erwartet, sondern (zumindest indirekt) auch eine Beurteilung der wirtschaftlichen Lage des Unternehmens. Allerdings: „Der Abschlußprüfer kann und soll auch nicht ein ‚Ober-Unternehmer' sein, der alles weiß oder sorgar besser weiß als die Unternehmer, die Manager und die Aufsichtsräte (S. 655)." Die Erfahrung allerdings lehrt, daß nur zu häufig die Abschlußprüfer als ‚Besserwisser' abgetan und — wenn das Unternehmen in eine Krise gerät — gerade deshalb kritisiert werden, weil sie es nicht besser gewußt haben. Diese Feststellungen gelten nicht nur für die (freien) Wirtschaftsprüfer, sondern auch für die bei den genossenschaftlichen und gemeinnützig-

---

[115] Ebenda, S. 688.

keitsrechtlichen Prüfungsverbänden sowie bei den Sparkassen und Giroverbänden angestellten (Wirtschafts-)Prüfer. Da aber die genossenschaftliche[116] Pflichtprüfung über die aktienrechtliche hinausgeht — sie beinhaltet auch die wirtschaftliche Lage und die der Ordnungsmäßigkeit der Geschäftsführung — sind die Akzente etwas anders zu setzen.

Unabhängig davon ist aber festzustellen, daß nicht nur in der breiten Öffentlichkeit (zum Beispiel in den Medien), sondern auch bei den zu prüfenden Unternehmen eine sehr ‚hohe Meinung' von den Wirtschaftsprüfern vorhanden ist und daß dieses Image auch auf den Bestätigungsvermerk und die an die Prüfer gestellten Erwartungen übertragen wird. Da die Wirtschaftprüfer selbst dieses Image gepflegt haben, ist die Kritik um so härter ausgefallen, als Mitte der 70er Jahre dem Testat die Pleite folgte. Zum Teil schlugen die überhöhten Erwartungen nunmehr in eine überzogene und unsachliche Kritik um, wobei offenkundig wurde, daß die Rechte und Pflichten, aber auch die Grenzen der Prüfung nicht immer bekannt waren.

[116] Dieses gilt auch für die gemeinnützigen Wohnungsunternehmen. Gemäß § 53 HGrG (Haushaltsgrundsätzegesetz) ist bei privatrechtlichen Unternehmen, an denen die öffentliche Hand maßgeblich beteiligt ist, unabhängig von der Rechtsform auch die Ordnungsmäßigkeit der Geschäftsführung zu prüfen.

Nach Fertigstellung des Manuskriptes wurde durch das Steuerreformgesetz 1990 vom 2. August 1988 (BGBl. I, S. 1098) das Wohnungsgemeinnützigkeitsgesetz zum 31. Dezember 1989 aufgehoben. Siehe Helmut Jenkis (Herausgeber): Kommentar zum Wohnungsgemeinnützigkeitsrecht und zur WGG-Aufhebungsgesetzgebung, Hamburg 1988, S. 485ff.

Dritter Teil

Überlegungen zur Fortentwicklung des Berufs der Wirtschaftsprüfer

Der Überblick über den Ursprung der Wirtschaftsprüfung hat deutlich gemacht, daß sowohl hinsichtlich der Entwicklung als auch hinsichtlich des Prüfungsumfanges zwischen der genossenschaftlichen und der aktienrechtlichen Pflichtprüfung unterschieden werden muß. Auch hinsichtlich der organisatorischen Struktur ergeben sich Unterschiede: Die Genossenschaften und gemeinnützigen Wohnungsunternehmen sind Pflichtmitglieder von Prüfungsverbänden (§ 54 GenG, § 14 WGG), die die Abschlußprüfungen — erweitert um die wirtschaftliche Lage und die Ordnungsmäßigkeit der Geschäftsführung (§ 53 GenG, § 26 WGG) — durchführen. Die bisherige aktienrechtliche Pflichtprüfung ist auf Grund des Bilanzrichtlinien-Gesetzes in das Handelsgesetzbuch § 316ff. HGB) aufgenommen worden. Der Jahresabschluß und der Lagebericht von Kapitalgesellschaften, die nicht kleine im Sinne des § 267 Abs. 1 HGB sind, sind durch den Abschlußprüfer zu prüfen. Abschlußprüfer können Wirtschaftsprüfer und Wirtschaftsprüfungsgesellschaften sein; Abschlußprüfung mittelgroßer Gesellschaften mit beschränkter Haftung (§ 267 Abs. 2 HGB) können auch vereidigte Buchprüfer und Buchprüfungsgesellschaften sein (§ 319 Abs. 1 HGB). Der Abschlußprüfer wird von den Gesellschaftern gewählt; den Abschlußprüfer des Konzernabschlusses wählen die Gesellschafter des Mutterunternehmens (§ 318 Abs. 1 HGB). Während die Genossenschaften und gemeinnützigen Wohnungsunternehmen der Prüfung durch den Prüfungsverband unterliegen, wählen die prüfungspflichtigen Unternehmen (jährlich) ihren Abschlußprüfer, d. h., es stehen sich *Pflichtmitgliedschaft* und *freie Prüferwahl* gegenüber.

Obgleich die Prüferwahl und der Prüfungsumfang unterschiedlich sind, ist beiden Formen der Jahresabschlußprüfung mindestens eines gemeinsam: Sie haben in jüngster Zeit weder im Bereich der genossenschaftlichen Verbandsprüfung nach der ‚freien' Wirtschaftsprüfung verhindern können, daß geprüfte Unternehmen zusammenbrachen (‚Dem Testat folgte die Pleite'). Daher erhebt sich die Frage, wie der Beruf des Wirtschaftsprüfers — gleichgültig ob er als Einzel-Wirtschaftsprüfer oder als angestellter Wirtschaftsprüfer in einer Wirtschaftsprüfungsgesellschaft oder in einem Verband tätig ist — fortentwickelt werden kann, um ähnliche Fehlentscheidungen, wenn nicht total auszuschließen, wohl aber auf ein Minimum zu reduzieren.

VII. Ursachen der Fehlleistungen

Die im ersten Kapitel dieser Schrift aufgelisteten Zusammenbrüche im Genossenschaftssektor sowie bei den prüfungspflichtigen Kapitalgesellschaften (bevor das Bilanzrichtlinien-Gesetz erlassen wurde) haben das Bild der Wirtschaftsprüfer getrübt. Galten sie bisher als die unangefochtenen Experten, so werden sie heute als teure und überflüssige ‚Freistempler' bezeichnet.[1] Welches sind die Ursachen für diese Fehlleistungen?

1. Die Fehlleistungsfelder

Die den (uneingeschränkten) Testaten der Wirtschaftsprüfer folgenden Zusammenbrüche haben viele Ursachen: Sie reichen von den Fehlleistungen des Abschlußprüfers über Manipulationen im geprüften Unternehmen — es sei nur auf den Devisenskandal bei VW verwiesen — bis hin zu extremen Marktveränderungen. Nur im konkreten Einzelfall wird man — sofern überhaupt — eine Trennung der einzelnen Faktoren vornehmen können.

In diesem Zusammenhang sollen uns lediglich diejenigen Faktoren interessieren, die den Wirtschaftsprüfer und seine Prüfungstätigkeit betreffen, d.h., es handelt sich um eine bewußte Einengung der Ursachen bei einem Zusammenbruch des geprüften Unternehmens. Unseres Erachtens kann man die auf die Prüfung folgenden Zusammenbrüche auf die folgenden Ursachen zurückführen:

(1) *Unzureichender Prüfungsauftrag:* Weder der bisherige aktienrechtliche noch der durch das Bilanzrichtlinien-Gesetz formulierte Prüfungsauftrag beinhaltet die Prüfung der Ordnungsmäßigkeit der Geschäftsführung und die der wirtschaftlichen Lage des Unternehmens. Im Gegenteil: Dieser Eindruck wird in der Öffentlichkeit durch das Bilanzrichtlinien-Gesetz erweckt, entspricht aber nicht dem Prüfungsinhalt und dem sich daraus ergebenden Prüfungsbericht. Hieraus ergibt sich ein zu hoher Erwartungshorizont, der Fehleinschätzungen beim Vorstand, Aufsichtsrat, den Gesellschaftern und unter Umständen sogar bei den Kreditgebern verursachen kann. Es handelt sich nicht um eigentliche Fehlleistungsfelder des Abschlußprüfers, dennoch können sich hieraus negative Konsequenzen ergeben.

(2) *Überbewertung des Testats:* Bei den geprüften Unternehmen, noch mehr aber in der breiten Öffentlichkeit — so zum Beispiel in der Tagespresse — wird die Bedeutung des (uneingeschränkten) Testats überschätzt, da unterstellt oder erwartet wird, daß es eine Aussage über die wirtschaftliche Lage des Unternehmens enthält. Tatsächlich handelt es sich aber nur um ein Formal-Testat. Auch handelt es sich nicht um Fehlleistungen des

---

[1] So in der Zeitschrift ‚Capital', Heft 5 (1984), S. 240.

Abschlußprüfers, sondern um Fehleinschätzungen, die gleichfalls negative Folgen verursachen können, weil zum Beispiel sich der Aufsichtsrat nicht mehr verpflichtet fühlt, einer intensiven Überwachung des Vorstandes nachzugehen.

(3) *Mangelnde Sachkenntnis des Prüfers:* Es ist nicht auszuschließen, daß trotz der umfassenden Ausbildung der (Wirtschafts-)Prüfer in einzelnen Fällen eine mangelnde Sachkenntnis vorliegt. Dieses kann daran liegen, daß die rechtlichen, wirtschaftlichen und technischen Sachverhalte immer komplexer und komplizierter werden, so daß sie vom Prüfer in der ihm zur Verfügung stehenden Zeit nicht durchschaut werden können, zumal nur eine Stichprobenprüfung erfolgen kann. Bei großen Wirtschaftsprüfungsunternehmen dürften Spezialisten für nahezu sämtliche Aufgabenbereiche zur Verfügung stehen, bei kleinen Sozietäten oder Einzel-Wirtschaftsprüfern sind diese Gefahren größer.

(4) *Keine Prüfung krimineller Handlungen:* Aus der gesetzlichen Aufgabenstellung ergibt sich, daß die Jahresabschlußprüfung keine Kreditwürdigkeits-, Organisations-, Steuer-, Rentabilitäts-, Kostenrechnungs- und Preisprüfung ist. Wegen der dafür anzuwendenden besonderen Prüfungstechnik ist sie auch keine Unterschlagungs- oder Veruntreuungsprüfung, es sei denn, daß der Abschlußprüfer bei der ordnungsmäßigen Durchführung der Jahresabschlußprüfung auf Unregelmäßigkeiten stößt. Beispiel hierfür ist der VW-Devisenskandal. Auch in diesem Fall handelt es sich weniger um Fehlleistungen des Abschlußprüfers als vielmehr darum, daß nur ein begrenzter Prüfungsauftrag vorliegt, aus dem sich Fehleinschätzungen ergeben können.

(5) *Mangelnde Unabhängigkeit des Prüfers:* Die mangelnde Sachkenntnis wird durch eine mangelnde Unabhängigkeit des Prüfers verstärkt. Diese mangelnde Unabhängigkeit kann bei den Prüfungsverbänden darin bestehen, daß die zu prüfenden Mitgliedsunternehmen auch zugleich den Verband und damit seine Angestellten (auch die Prüfer) finanziert und sozial absichert (zum Beispiel Altersversorgung); bei den ‚freien' Wirtschaftsprüfern und Wirtschaftsprüfungsgesellschaften wählt das zu prüfende Unternehmen seinen Abschlußprüfer und entscheidet über die Auftragserteilung bzw. -versagung über die Gebühreneinnahmen. Wenn dann noch die Wirtschafts- und Steuerberatung hinzukommen, dann kann sich durch die Wahl eines neuen Abschlußprüfers — die zugleich die Abwahl des bisherigen Prüfers beinhaltet — ein (unausgesprochener) ökonomischer Druck ergeben, der die Unabhängigkeit des Prüfers beeinträchtigt. Hier kann es sich um Fehlleistungen handeln, die ausschließlich beim Abschlußprüfer liegen.

Bei einer Systematisierung komplexer Sachverhalte kommt man nicht umhin, diese isoliert aufzuzählen bzw. darzustellen, obgleich Überschneidungen und Interdependenzen vorhanden sind. Außerdem ist zu beachten, daß diese

Sachverhalte nicht nur von Fall zu Fall variieren, sondern auch im Zeitablauf Änderungen erfahren. Diese Systematisierung ist somit nicht unbedingt als ein Abbild der Wirklichkeit zu verstehen, sondern dient in erster Linie der Strukturierung komplexer Sachverhalte.

2. Die Erweiterung des Bestätigungsvermerks

Mit dem Bilanzrichtlinien-Gesetz ist zwar der Bestätigungsvermerk um den Hinweis auf die Vermögens-, Finanz- und Ertragslage erweitert worden (§ 322 HGB), aber damit keineswegs eine Beurteilung der wirtschaftlichen Lage bzw. der Ordnungsmäßigkeit der Geschäftsführung verbunden. Im Gegenteil, es „läßt sich nicht ausschließen, daß mit dem expliziten Hinweis auf ein ‚den tatsächlichen Verhältnissen entsprechendes Bild der Vermögens-, Finanz- und Ertragslage' bei den Adressaten des Bestätigungsvermerks bestehenden, teilweise *falschen Vorstellungen* über die Möglichkeiten des Abschlußprüfers eher *verstärkt* statt abgebaut werden".[2] Die Erwartungslücke ist durch die neueste Gesetzgebung nicht geschlossen, sondern möglicherweise noch ausgeweitet worden. Es erscheint daher sinnvoll, den Prüfungsauftrag bzw. -inhalt zu erweitern, um die mit dem Bestätigungsvermerk verbundenen Erwartungen zu erfüllen.

Während sich die (aktienrechtliche) Jahresabschlußprüfung ausschließlich auf die Feststellung der Ordnungsmäßigkeit der Buchführung, des Jahresabschlusses und des Geschäfts- / Lageberichtes bezieht, hat die Jahresabschlußprüfung bei öffentlichen Unternehmen, bei Genossenschaften und gemeinnützigen Wohnungsunternehmen eine erweiterte Zielsetzung:[3]

(1) *Öffentliche Unternehmen:* Es handelt sich um juristische Personen des öffentlichen Rechts und privatrechtliche Unternehmen mit maßgeblicher Beteiligung der öffentlichen Hand. Die Jahresabschlußprüfung bezieht sich bei diesen Unternehmen regelmäßig auf die Feststellung der wirtschaftlichen Verhältnisse und in den meisten Fällen auf die Ordnungsmäßigkeit der Geschäftsführung. Die Prüfungsberichte müssen diesen erweiterten Zielsetzungen Rechnung tragen.

(2) *Genossenschaften und gemeinnützige Wohnungsunternehmen:* Die Pflichtprüfung dient der Feststellung der wirtschaftlichen Verhältnisse und der Geschäftsführung. Zu diesem Zweck sind die Einrichtungen, die Vermögenslage sowie die Geschäftsführung zu prüfen. Im Prüfungsbericht ist auf die wirtschaftlichen Verhältnisse und auf die (technischen) Einrichtungen einzugehen. Bei Prüfung der Geschäftsführung — die der bei öffentlichen Unternehmen ähnlich ist — sind die speziellen Vorschriften

---

[2] WP-Handbuch 1985/86, Bd. II, S. 559 (Hervorhebung erfolgte durch uns, Jk.).

[3] Ebenda, S. 604ff.

des Genossenschaftsgesetzes (zum Beispiel der Förderungszweck) zu berücksichtigen.

In den ‚Grundsätzen für die Prüfung von Unternehmen nach § 53 Haushaltsgrundsätzegesetz'[4] wird darauf hingewiesen, daß die handelsrechtliche Abschlußprüfung grundsätzlich keine Prüfung der Geschäftsführung beinhaltet. Folglich „führt eine Prüfung der Ordnungsmäßigkeit der Geschäftsführung nach § 53 Abs. 1 Nr. 1 HGrG im Prinzip zu einer nicht unwesentlichen *Erweiterung des Prüfungsumfangs* gegenüber § 317 HGB".[5] Es wird aber nicht eine Prüfung der gesamten Geschäftsführung der Gesellschaft, sondern nur deren ‚Ordnungsmäßigkeit' verlangt. Hierbei bilden § 93 Abs. 1 Satz 1 AktG bzw. § 43 Abs. 1 GmbHG den Maßstab, d. h.: „Der Prüfer hat festzustellen, ob die Geschäfte der Gesellschaft im abgelaufenen Geschäftsjahr mit der erforderlichen Sorgfalt, d. h. auch mit der gebotenen Wirtschaftlichkeit, und in Übereinstimmung mit den Gesetzen, der Satzung, den Beschlüssen der Haupt- oder Gesellschafterversammlung, des Aufsichtsrats und seiner Ausschüsse sowie der Geschäftsordnung für den Vorstand geführt worden sind. Insbesondere soll in diesem Zusammenhang geprüft werden, ob ungewöhnliche, risikoreiche oder nicht ordnungsgemäß abgewickelte Geschäftsvorfälle und erkennbare Fehldispositionen vorliegen. . . . Es ist nicht Aufgabe der Prüfung der Ordnungsmäßigkeit der Geschäftsführung, den Entscheidungsprozeß in seinen Einzelheiten zu prüfen. Es kommen nur wesentliche, grobfehlsam oder mißbräuchliche kaufmännische Ermessensentscheidungen oder vergleichbare Unterlassungen in Betracht."[6]

Hinsichtlich der Berichterstattung enthält § 53 Abs. 1 Nr. 1 HGrG keine besonderen Bestimmungen. Werden Verstöße gegen die Ordnungsmäßigkeit der Geschäftsführung festgestellt, so ist hierauf im Prüfungsbericht einzugehen, damit dem Berichtsleser eine entsprechende Würdigung des Sachverhalts möglich wird; ist eine Wertung nicht möglich, so ist dies anzugeben und der Sachverhalt im Prüfungsbericht darzustellen. „Im allgemeinen gehört es nicht zum Inhalt dieser Ordnungsmäßigkeitsprüfung, daß der Prüfer auch zur Geschäftspolitik der Gesellschaft ein Urteil abgibt."[7] In diesen ‚Grundsätzen' werden elf Punkte genannt, auf die in der Berichterstattung insbesondere einzugehen ist (so zum Beispiel: Zahl der Aufsichtsratssitzungen, ob das Rechnungswesen der Struktur des Unternehmens angepaßt und ob eine interne Revision erforderlich ist, Bedenken zum Gewinnverwendungsvorschlag, ungewöhnliche, risikoreiche oder nicht ordnungsgemäß abgewickelte Geschäftsvorfälle sowie erkennbare Fehldispositionen, Prüfung der Investitionen und deren Finanzierung usw.).

---

[4] Abgedruckt im Ministerialblatt des Bundesministers der Finanzen und des Bundesministers der Wirtschaft, Nr. 8 (1987) Anlage 3, S. 263-265.

[5] Ebenda, S. 263 (Hervorhebung erfolgte durch uns, Jk.).

[6] Ebenda, S. 263.

[7] Ebenda, S. 264.

Neben der Prüfung der Ordnungsmäßigkeit der Geschäftsführung sieht § 53 Abs. 1 Nr. 2 HGrG ausdrücklich eine *Berichterstattung* über folgende Punkte vor:[8]

„a) die Entwicklung der Vermögens- und Ertragslage sowie die Liquidität und Rentabilität der Gesellschaft,

b) verlustbringende Geschäfte und die Ursachen der Verluste, wenn diese Geschäfte und die Ursachen für die Vermögens- und Ertragslage von Bedeutung waren,

c) die Ursachen eines in der Gewinn- und Verlustrechnung ausgewiesenen Jahresfehlbetrages."

Diese Aufgabenstellung überschneidet sich teilweise mit der Abschlußprüfung (§ 321 HGB). Sofern die Prüfung der Ordnungsmäßigkeit der Geschäftsführung keine besonderen Feststellungen ergeben, könnte in die *Schlußbemerkung des Prüfungsberichts* etwa folgender Absatz aufgenommen werden:[9]

„Wir haben bei unserer Prüfung auftragsgemäß die Vorschriften des § 53 Abs. 1 und HGrG beachtet. Dementsprechend haben wir auch geprüft, ob die Geschäfte ordnungsgemäß, d. h. mit der erforderlichen Sorgfalt und in Übereinstimmung mit den einschlägigen handelsrechtlichen Vorschriften, den Satzungsbestimmungen und der Geschäftsordnung für den Vorstand geführt worden sind. Über die in dem vorliegenden Bericht gebrachten Feststellungen hinaus hat unsere Prüfung keine Besonderheiten ergeben, die nach unserer Auffassung für die Beurteilung der Ordnungsmäßigkeit der Geschäftsführung von Bedeutung sind."

Diese Hinweise auf die ‚Grundsätze für die Prüfung von Unternehmen nach § 53 Haushaltsgrundsätzegesetz' machen deutlich, daß ein umfangreicher Aufgabenkatalog für den Abschlußprüfer vorhanden ist, der über die handelsrechtliche Abschlußprüfung weit hinausgeht. Da eine derart umfangreiche Prüfung und Berichterstattung nicht frei von Problemen ist, hat es hierüber in der Literatur zahlreiche Ausführungen gegeben.[10]

Trotz aller Bedenken und Vorbehalte sollten die Prüfung der wirtschaftlichen Lage sowie die der Ordnungsmäßigkeit der Geschäftsführung zum Bestandteil

---

[8] Ebenda, S. 264.

[9] Ebenda, S. 265.

[10] Siehe hierzu: Erich Potthoff: Die Möglichkeit der Geschäftsprüfung, in: Die Wirtschaftsprüfung, Heft 20/21 (1966), S. 586-591; Derselbe: Prüfung der Ordnungsmäßigkeit der Geschäftsführung, WIBERA-Fachschriften, N.F., Bd. 11, Stuttgart—Berlin—Köln—Mainz 1982; Heinz Bolsenkötter: Prüfung der wirtschaftlichen Verhältnisse und der Ordnungsmäßigkeit der Geschäftsführung bei öffentlichen Unternehmen, in: Die Wirtschaftsprüfung, Heft 18 (1981), S. 505-515; Konrad Mose: Prüfung der Ordnungsmäßigkeit der Geschäftsführung bei Genossenschaften, Beiheft 9 zu Marburger Schriften zum Genossenschaftswesen, Marburg 1984; Dietrich Ohlmeyer: Die Prüfung der Ordnungsmäßigkeit der Geschäftsführung in Genossenschaften und die Durchsetzung von Maßnahmen, Vorträge des Instituts für Genossenschaftswesen der Universität Münster, Heft 9, Münster 1986.

sämtlicher Pflichtprüfungen werden. Diese erweiterte Zielsetzung der Abschlußprüfung müßte auch in den Bestätigungsvermerk aufgenommen werden, so daß die Lücke zwischen der Erwartungshaltung und der tatsächlichen Aussage des zur Zeit gültigen Formal-Testats geschlossen oder zumindest kleiner wird.

Gegenüber den möglichen Einwendungen, daß eine derartige Erweiterung der Prüfung bzw. der Berichterstattung nicht praktikabel oder nicht realistisch sei, wird erwidert, daß das, was bei den öffentlichen Unternehmen, den Genossenschaften und gemeinnützigen Wohnungsunternehmen bereits seit Jahrzehnten als selbstverständlich akzeptiert wird, bei anderen prüfungspflichtigen Unternehmen nicht undurchführbar sein kann. Mit anderen Worten: Wenn zum Beispiel ein Wirtschaftsprüfer gemäß § 53 HGrG die Ordnungsmäßigkeit der Geschäftsführung prüft und hierüber berichtet bzw. diese bestätigt, warum kann dieses nicht auch für eine Aktiengesellschaft möglich sein? Unseres Erachtens gibt es kein überzeugendes Argument gegenüber einer derartigen Erweiterung des gesetzlichen Prüfungsauftrages.

Es muß allerdings davor gewarnt werden, daß mit einer solchen gesetzlichen Erweiterung des Prüfungsauftrages nunmehr eine absolute Sicherheit gegenüber Zusammenbrüchen von Unternehmen (‚Nach dem Testat folgte die Pleite') gegeben sein würde. Die eingangs zitierten wirtschaftlichen Schwierigkeiten bei Genossenschaften haben deutlich gemacht, daß die Prüfung der wirtschaftlichen Lage und der Geschäftsführung Krisen und Zusammenbrüche nicht vermeiden, wohl aber minimieren kann. So problematisch auch ein Vergleich ist: Die Krebsvorsorgeuntersuchung kann eine Krebserkrankung nicht vermeiden, wohl aber zur Früherkennung beitragen und die Heilungschancen erhöhen. Mehr kann man auch nicht von der Erweiterung des gesetzlichen Prüfungsauftrages, der Berichterstattung und einer Aufnahme einer entsprechenden Aussage im Bestätigungsvermerk erwarten, d. h., die gegenwärtig im Prüfungsbericht enthaltenen (kritischen) Hinweise — die der interessierten Öffentlichkeit nicht zur Kenntnis gelangen, da sie nicht den Prüfungsbericht erhalten — würden dann in dem zu veröffentlichenden Bestätigungsvermerk aufgenommen werden und für alle Adressaten zugänglich sein.

Die zwischen dem Abschlußprüfer und der interessierten Öffentlichkeit (Aktionäre, Presse) vorhandene Erwartungslücke könnte geschlossen werden.

3. Spezialisierung der Wirtschaftsprüfer

Unter den zahlreichen Ursachen, die die Pleite nach dem Testat begünstigen, dürfte auch gehören, daß der Wirtschaftsprüfer trotz seiner hohen Qualifikation nicht über die ausreichenden Spezialkenntnisse verfügt. Hierbei ist auch zu berücksichtigen, daß die rechtlichen, wirtschaftlichen und politischen Änderungen — insbesondere bei international operierenden Unternehmen — sich zum Teil sehr rasch vollziehen. So zum Beispiel können die politischen Rahmenbedingungen, die primär nichts mit dem zu prüfenden Unternehmen zu tun haben, ein positives Bild in ein negatives umwandeln. Der unerwartete Sturz des Schahs von Persien ist ein Beispiel derartiger Ereignisse.

In diesem Zusammenhang sollen aber derartige politische Faktoren nicht betrachtet werden, sondern es soll der Frage nachgegangen werden, ob das heute noch gültige Ausbildungssystem und Berufsbild des Wirtschaftsprüfers den Anforderungen gerecht wird.

Bereits die Voraussetzungen für die Zulassung von Bewerbern zum WP-Examen sind sehr hoch:[11] Es wird ein betriebs- bzw. volkswirtschaftliches, juristisches oder landwirtschaftliches Studium und eine mindestens fünfjährige praktische Tätigkeit — davon wenigstens vier Jahre im Prüfungswesen — vorausgesetzt. Liegt kein Studium vor, dann muß wenigstens eine zehnjährige Tätigkeit als Mitarbeiter bei einem Wirtschaftsprüfer nachgewiesen werden.[12] Neben dieser Vorbildung (§ 8 WPO) muß der Bewerber wenigstens zwei Jahre Prüfungstätigkeit — materielle Buch- und Bilanzprüfungen nach betriebswirtschaftlichen Grundsätzen — in fremden Unternehmen durchgeführt haben (§ 9 WPO). Außerdem muß noch die charakterliche Voraussetzung gegeben sein; d. h., es darf keine strafrechtliche Verurteilung und es dürfen keine körperlichen oder geistige Gebrechen vorliegen, die wirtschaftlichen Verhältnisse müssen geordnet sein (§ 10 WPO). Das WP-Examen gilt zu den schwierigsten Prüfungen, die abgelegt werden können; die Durchfallquote ist hoch.

Es besteht kein Zweifel, daß ein Wirtschaftsprüfer über eine hohe fachliche Qualifikation verfügt. Dennoch muß die Frage aufgeworfen werden, ob angesichts der explosionsartigen Erweiterung der Wissenschaften sowie der rapiden Veränderungen[13] der *‚Einheits-Wirtschaftsprüfer‘* noch angemessen ist:

In anderen Wissenschaften bzw. Berufen — so zum Beispiel bei den Medizinern — ist es seit Jahrzehnten üblich, daß es Spezialisten gibt, die dieses auch in ihrer Berufsbezeichnung zum Ausdruck bringen. Bei den Ärzten gibt es neben dem für Allgemeinmedizin (früher: praktischer Arzt) die Fachärzte für innere Krankheiten, für Orthopädie, für Chirurgie usw. Die Spezialisierung geht in jüngster Zeit noch weiter, denn es gibt orthopädische, Gehirn-, Herzchirurgen usw. Man mag diese Spezialisierung bedauern und darauf hinweisen, daß es den ‚alten Hausarzt‘ (den praktischen Arzt) nicht mehr gibt, man kann es aber nicht mehr verhindern, daß die Ausweitung der medizinischen Wissenschaften es wohl unmöglich machen, daß ein Allgemeinarzt in der Lage ist, Erkältungen zu behandeln, Herztransplantationen durchzuführen und Psychoanalyse zu betrei-

---

[11] Siehe § 5ff. WPO.

[12] Es wird — vereinfachend — vom ‚Wirtschaftsprüfer‘ gesprochen. Gemeint sind auch die Wirtschaftsprüfungsgesellschaften, genossenschaftlichen Prüfungsverbände, Prüfungsstellen der Sparkassen und Giroverbände. Siehe § 8 WPO.

[13] Man schätzt, daß in den Geisteswissenschaften das Wissen in 10 bis 15 Jahren, in den Naturwissenschaften in 7 bis 10 Jahren und im Computerbereich in etwa 5 Jahren veraltet oder sogar überholt ist. Man lernt nicht mehr für das Leben, sondern man lernt ein Lebenlang.

ben. Wann immer ein Patient besondere Krankheitsbilder vermutet oder hat, wird ihn sein praktischer Arzt zum Spezialisten überweisen und dessen Spezialkenntnisse in Anspruch nehmen. Diese Spezialisierung gilt nicht nur für die Medizin, sondern auch für die Technik, wo man zum Beispiel zwischen Stark- und Schwachstrom-Ingenieuren, zwischen Hoch- und Tiefbau-Ingenieuren, zwischen Architekten für den Wohnungs-, Bürohausbau usw. unterscheidet. Diese Spezialisierung geht immer weiter. So zum Beispiel ist der Studiengang Informatik erst rund zehn Jahre alt; bereits heute gibt es unter den Informatikern Fachrichtungen.

Diese in nahezu allen Wissenschaften selbstverständliche (manchmal auch bedauerliche) Entwicklung scheint für die Wirtschaftsprüfer nicht zu gelten; denn es gibt nur ‚den' Wirtschaftsprüfer, der offensichtlich alles weiß und kann: Er kann mit gleicher Qualität Industrie- und Handelsunternehmen, Banken, Versicherungen, Bausparkassen, Werften, Winzer- und Molkereigenossenschaften, Betriebe der öffentlichen Hand, Groß- und Kleinbetriebe, Aktiengesellschaften, Körperschaften des öffentlichen Rechts usw. prüfen.

Daher geht der Vorschlag dahin, daß es neben ‚dem' Wirtschaftsprüfer (vergleichbar dem Arzt für Allgemeinmedizin) *speziell ausgebildete Wirtschaftsprüfer* für bestimmte Wirtschafts-(Prüfungs-)bereiche geben soll.

Nachdem es bereits den Wirtschaftsprüfer im Genossenschaftswesen gab[14], könnte man daran denken, nicht nur diese Spezialisierung wieder aufleben zu lassen (wie es auch mit den vereidigten Buchprüfern geschehen ist), sondern weitere *‚Spezial-Wirtschaftsprüfer'* einzuführen. Man könnte an solche für Industrie- bzw. Handelsunternehmen, für das Kredit- und Versicherungsgewerbe, für öffentliche Betriebe usw. denken. Wie bei den Fachärzten müßte nach dem WP-Examen eine zusätzliche Spezialausbildung von drei bis fünf Jahren folgen, woran sich dann eine Zusatzprüfung anschließen müßte. Der Wirtschaftsprüfer müßte dann seine Spezialisierung in der Berufsbezeichnung führen (§ 18 WPO). Es wird nochmals und mit Nachdruck darauf hingewiesen, daß es auch weiterhin den ‚allgemeinen' Wirtschaftsprüfer geben soll, wie es den Allgemeinmediziner gibt.

Es ist zu erwarten, daß dieser Vorschlag sowohl bei den Wirtschaftsprüfern als auch bei der Wirtschaftsprüferkammer auf lebhaften Widerstand stoßen wird. Unter anderem dürfte argumentiert werden, daß es — innerhalb der großen Wirtschaftsprüfungsgesellschaften — bereits Spezialisierungen und Spezialisten gibt, denn ein Bankenprüfer wird wohl kaum bei der Prüfung eines Stahlwerkes, einer Werft oder eines Kaufhauses eingesetzt werden.

Das Gegenargument lautet: Wenn es bereits faktisch Spezialisierungen gibt, warum soll man dann nicht legalisieren und offenlegen? So wie ein Infarktpa-

---

[14] Wie weiter oben dargestellt, ist durch die Wirtschaftsprüferordnung vom 24. Juli 1961 auch das Gesetz über Wirtschaftsprüfer im Genossenschaftswesen vom 17. Juli 1952 aufgehoben worden (so § 139, Ziff. 12 WPO).

tient kaum von einem Orthopäden oder Augenarzt behandelt wird (ein akuter Infarkt dürfte die Ausnahme bilden), so wird man kaum einen Genossenschaftsprüfer mit der Prüfung eines Chemiewerks oder einer Werft beauftragen. Daß selbst innerhalb der vorgeschlagenen Spezialisierung noch weitergehende Unterteilungen notwendig sein dürften, kann am Beispiel des Genossenschaftsprüfers gezeigt werden; denn es gibt Unterschiede zwischen der Konsum-, Wohnungs-, Kredit-, Winzer- und Molkereigenossenschaft. Dieses gilt auch für die Industrie, den Handel, das Kredit- und Versicherungsgewerbe usw.

Mit der von uns vorgeschlagenen Spezialisierung soll der wirtschaftlichen und rechtlichen Entwicklung Rechnung getragen werden, d.h., die spezialisierten Branchen sollen durch spezialisierte Wirtschaftsprüfer geprüft werden. Selbstverständlich bleibt es dem Auftraggeber frei, sich des Allgemein-Wirtschaftsprüfers zu bedienen, wie der Allgemein-Arzt weiterhin seine Praxis betreibt.

Es ist allerdings davor zu warnen, daß mit der Einführung der Spezial-Wirtschaftsprüfer die eingangs zitierten Zusammenbrüche von Unternehmen vermieden würden. Aber es kann die Vermutung geäußert werden, daß hierdurch die ‚Wirtschaftsinfarkte' früher erkannt und zumindest teilweise vermieden werden können; auch Spezialärzte können den Tod nicht ausschließen. So problematisch auch Vergleiche sind (sie ‚hinken' immer!): Das spezialisierte medizinische Wissen hat die (menschliche) Lebenserwartung in den letzten Jahrzehnten erhöht — könnte dieses nicht auch für die zu prüfenden Wirtschaftsunternehmen gelten?

4. Verbesserung der Unabhängigkeit der Wirtschaftsprüfer

Eine weitere Ursache für die eingangs zitierten Fehlleistungen — dem Testat folgt die Pleite — kann die mangelnde Unabhängigkeit der Wirtschaftsprüfer sein, obgleich sich durch das gesamte Berufsrecht die Forderung nach der Unabhängigkeit und Unbefangenheit zieht. „Ungeachtet der Geltendmachung der Besorgnis der Befangenheit durch Dritte und der hiermit verbundenen richterlichen Überprüfung legt § 49 WPO dem Wirtschaftprüfer die Berufspflicht auf, abzuwägen, ob die Besorgnis der Befangenheit von Dritten aus sachlich vernünftigem Grund gegen sein Tätigwerden geltend gemacht werden kann, d.h., seine Tätigkeit zu versagen ist. Einem sachlichen Vorhalt kann der Wirtschaftsprüfer nicht entgegenhalten, er fühle sich nicht befangen und sei innerlich frei. Maßgeblich ist, ob ein Dritter bei vernünftiger Würdigung aller Umstände Anlaß haben könnte, an der Unvoreingenommenheit und der objektiven Einstellung des Abschlußprüfers zu zweifeln. So hat der Wirtschaftsprüfer bei der Übernahme eines Auftrages stets festzustellen, ob der Annahme des Auftrages berufsrechtliche oder aktienrechtliche Bestimmungen entgegenstehen."[15]

[15] WP-Handbuch 1985/86, Bd. I, S. 41.

Es besteht kein Zweifel, daß sowohl der Gesetzgeber als auch der Berufsstand Regeln aufgestellt hat, in denen die Besorgnis der Befangenheit eindeutig festgelegt ist, es besteht aber auch kein Zweifel, daß es eine ‚Grauzone' gibt, in der diese nicht eindeutig fixiert werden kann und daher hierüber unterschiedliche Meinungen vorliegen. Die im Zusammenhang mit den Steuersparmodellen erstatteten Gutachten und Stellungnahmen sind Beispiele dafür, daß entweder die Unabhängigkeit oder Unbefangenheit oder aber die erforderliche Sachkenntnis nicht immer gegeben waren. Auch wenn es sich nur um Ausnahmefälle handelt, so haben diese doch das Image des gesamten Berufsstandes beschädigt.

Dürrhammer[16] hat die beiden Fälle Boswau und Knauer AG in Düsseldorf sowie der Pintsch-Bamag AG in Butzbach nachgezeichnet und dargelegt, daß „die Bewertungsrichtlinien im Aktiengesetz es dem Abschlußprüfer möglich (machen), bei Wertansätzen nach unten eine harte oder weiche, d.h. dem Auftraggeber gefälligere Linie zu verfolgen, wenn die Lage der Gesellschaft eine ungünstige ist."[17] Unabhängig von diesem Ermessensspielraum — dem der Vorstand der Gesellschaft durch die Wahl eines anderen Abschlußprüfers Nachdruck verleihen kann — ist zwischen der inneren und äußeren Freiheit des Wirtschaftsprüfers zu unterscheiden:[18]

(1) *Innere Freiheit:* Bei der inneren Freiheit oder Abhängigkeit handelt es sich um eine charakterliche Frage, die „sich auch durch institutionelle Regelungen letztlich nicht völlig lösen (läßt). . . . Am besten kommt man dieser Befangenheitsursache freilich bei Sicherung eines möglichst hohen Ausbildungs- und Qualitätsstandards bei".[19]

(2) *Äußere Abhängigkeit:* Die Identität von Prüfungs- und Beratungsobjekt bzw. die Befangenheit bei unterschiedlichem Prüfungs- und Beratungsobjekt im gleichen Unternehmen führt über die potentielle wirtschaftliche Abhängigkeit des Prüfers zu Konfliktmöglichkeiten. Bei isolierter Betrachtungsweise kann man zum Schluß kommen, daß Prüfung/Beratung einander ausschließen. Eine solche Trennung wird aber von Jacobs abgelehnt, da die Nachteile überwiegen würden.[20]

Wir stimmen Jacobs zu, daß die *innere Freiheit* (oder Abhängigkeit) nicht gesetzlich normiert oder in eine Art Gewissensprüfung kontrollierbar gemacht werden kann. Sicherlich kann durch einen hohen Ausbildungs- und Qualitätsstandard die innere Freiheit gestärkt, aber keineswegs gesichert werden, zumal sich Charaktereigenschaften im Laufe eines Lebens positiv oder negativ ändern können. Wissen und Können sind keineswegs mit charakterlicher Stärke gleichzusetzen. Durch eine entsprechende Auswahl, Berufsethos, Ehrengerichte

---

16 Dürrhammer, S. 47ff.

17 Ebenda, S. 62.

18 Jacobs, S. 2237ff.

19 Ebenda, S. 2240.

20 Ebenda, S. 2238.

usw. kann man lediglich die Rahmenbedingungen für die innere Unabhängigkeit in einer Berufsgruppe begünstigen, aber keineswegs sichern.

Im Prinzip gilt dieses auch für die *äußere Abhängigkeit*, obgleich hier die von den Rahmenbedingungen ausgehenden Einflüsse größer sein dürften:

Im Zusammenhang mit den Beratungen der Übernahme der EG-Richtlinie in das nationale Recht (das zum Bilanzrichtlinien-Gesetz führte), hat es eine lebhafte Kontroverse zwischen den Wirtschaftsprüfern und Steuerberatern darüber gegeben, ob die letzteren auch Pflichtprüfungen durchführen dürfen.[21] Moxter[22] kritisiert, daß im Gesetzgebungsverfahren vorgesehen war, daß mittelgroße Gesellschaften mit beschränkter Haftung durch den neu zu schaffenden ‚prüfungsberechtigten Steuerberater' geprüft werden sollten, da diese bereits die bevorzugten Ratgeber in allen wirtschaftlichen und steuerlichen Fragen sind. Es würde sich aber um ein Danaergeschenk handeln, denn „die Bundesratsmitglieder können aber unmöglich wollen, daß die gesetzliche Abschlußprüfung wegen *fehlender Prüferobjektivität* zur Selbstprüfung degeneriert". Diese fehlende Prüferobjektivität begründet Moxter damit, daß die Steuerberater maßgeblich an der Aufstellung des (steuerlichen) Jahresabschlusses beteiligt sind, den sie dann selbst prüfen würden. Moxter kommt zum Ergebnis: „Würde der Bundesratsvorschlag Gesetz, so verdeutlichte dieses Gesetz, daß an Pflichtprüfer künftig ihrer Objektivität und ihrer betriebswirtschaftlichen Kompetenz wegen generell nur sehr begrenzte Anforderungen gestellt werden. An Objektivität und betriebswirtschaftliche Kompetenz des Abschlußprüfers zu rühren heißt, die gesetzliche Wirtschaftsprüfung in ihrer Wurzel zu zerstören."

Dieser Auffassung hat Flämig widersprochen:[23]

Der Wirtschaftsprüfer gilt als ein Garant für die Richtigkeit und Wahrheit der von ihm geprüften Abschlüsse, er ist der ‚Schutzengel der Aktionäre'. Es liegt aber eine Überschätzung der Funktion der Wirtschaftsprüfung vor; denn der Bestätigungsvermerk ist nur ein Formaltestat. Sodann geht Flämig auf Moxters Kritik ein und stellt fest:

> In der Tat bestehen zwischen Abschlußprüfung und Steuerberatung erhebliche strukturelle Unterschiede. Der gesetzliche Prüfungsauftrag ist ein *„Mißtrauensantrag"* (U. Leffson), wohingegen der (Steuer-)Beratungsauftrag ein *„Vertrauensauftrag"* ist (der Mißtrauensauftrag obliegt der finanzbehördlichen Außenprüfung!). Hiernach ist es mit dem Anspruch des gesetzlich zum Mißtrauen verpflichteten Abschlußprüfers, nicht private Interessen, sondern öffentliche, zu besonderer Objektivität verpflichtende Aufgaben wahrzunehmen, prinzipiell nicht vereinbar, neben der gesetzlichen Abschluß-

---

[21] Aus der umfangreichen Diskussion siehe WPK-Mitteilungen, Nr. 111 vom 22. Juni 1984; Wilhelm Strobel: Die neue EG-Prüfungsrichtlinie und ihre berufsständische Bedeutung, in: Betriebs-Berater, Heft 15 (1984), S. 951-961.

[22] Adolf Moxter: Wirtschaftsprüfung nur zum Schein?, in: Frankfurter Allgemeine Zeitung vom 1. September 1983.

[23] Christian Flämig: Wirtschaftsprüfung nur zum Schein? — Eine Entgegnung, in: Frankfurter Allgemeine Zeitung vom 7. Oktober 1983.

prüfung auch noch Beratung zu betreiben. ... Immerhin ist zumindest für eine interessierte Öffentlichkeit nicht unbekannt geblieben, daß die Verquickung von Abschlußprüfer und (Steuer-)Berater in einer Person wiederholt als Grund für das schiefe Licht, in das Angehörige des wirtschaftsprüfenden Berufs geraten sind, angeführt worden ist. Selbstverständlich gewährt die Verknüpfung von Prüfung und Beratung — so etwa mit der Möglichkeit der Kompensation von Ertragsschwankungen — dem Wirtschaftsprüfer erhebliche wirtschaftliche Vorteile. Dennoch sind die *Nachteile*, die sich aus dem starken Engagement der Wirtschaftsprüfer im Beratungsgeschäft ergeben, gewichtiger als die ökonomischen Vorteile einer Prüfung und Beratung aus einem Guß („full service"). Die leider schon im Aktiengesetz vorprogrammierte Solidarisierung von Geprüften und Prüfern („Schweigende Mitwisser") ist bei Übernahme von Beratungsaufgaben kaum noch tolerierbar, geht sie doch oftmals zu Lasten der auf die Bestellung des Abschlußprüfers keinen Einfluß habenden Kleinaktionäre und Gläubiger, die sich mit einem Prüfer zufriedengeben müssen, der der Koalition aus Mehrheitsgesellschafter und Vorstand genehm ist. Aus „Feldwebeln der Wirtschaft" (E. Schmalenbach) sind die Wirtschaftsprüfer mit Rücksicht auf die Stetigkeit ihrer Prüfungsaufträge Berater und Freunde der von ihnen zu prüfenden Unternehmensvorstände geworden. So ist es auch verständlich, daß der Bundesgerichtshof in dem Urteil vom 17. März 1975 den Beruf des Wirtschaftsprüfers dahingehend versteht, daß dieser „die wirtschaftlichen Interessen bestimmter Auftraggeber zu vertreten habe" und die „Zweifel in die persönliche Unabhängigkeit" eine Sozietät mit einem Notar ausschlössen.

Nach dieser Kritik an der Verquickung von (objektiver) Prüfung und (interessenorientierter) Steuerberatung — dieser subjektive Charakter wird bei der Vertretung beim Finanzamt oder vor dem Finanzgericht noch deutlicher — schlägt Flämig vor, „das Übel an der Wurzel zu packen und Prüfung und Beratung rigoros zu trennen". Dann würde dem Wirtschaftsprüfer ausschließlich die gesetzliche Abschlußprüfung obliegen und die Steuerberater würden sich der Hilfe in Steuersachen und zusätzlich betriebswirtschaftlicher Beratungen einschließlich der Erstellung des Jahresabschlusses widmen.

Im Grundsatz schließen wir uns Fläming an, sind aber — wie weiter dargelegt — der Auffassung, daß eine weitergehende Unterscheidung notwendig ist:

Die Beratung — die in der Regel nicht in der Öffentlichkeit erfolgt — sollte auch den Wirtschaftsprüfern zugebilligt werden, dagegen sollte die (steuerliche) *Interessenvertretung* entweder den Steuerberatern oder den Rechtsanwälten obliegen, da es sich um *weisungsgebundene* Pflichten handelt, die nicht mit der Objektivität eines Abschlußprüfers vereinbar sind. Diejenigen Wirtschaftsprüfer, die zugleich Steuerberater sind[24], müßten sich entscheiden, welchen Beruf sie ausüben wollen.

Mit diesem Vorschlag dürfte die von Jacobs geforderte äußere Unabhängigkeit des Wirtschaftsprüfers gestärkt werden. Zugleich würde auch eine klare

[24] Aus prüfungsökonomischen Gründen wird häufig zuerst das Examen als Steuerberater und anschließend das des Wirtschaftsprüfers abgelegt. Es handelt sich somit nicht um einen qualitativen Unterschied, sondern um eine Prüfung in zwei Abschnitten statt in einem Schritt.

Funktionstrennung zwischen den Wirtschaftsprüfern und Steuerberatern erfolgen. Wenn diese nicht erfolgen sollte, dann sieht Flämig ohnehin die Gefahr, daß eines Tages der Gesetzgeber auf den Plan gerufen werden könnte: „Die *Solidarisierung der Wirtschaftsprüfer* mit dem Management der geprüften Unternehmen sowie der schon jetzt außerordentlich hohe *Konzentrationsgrad* von Pflichtprüfungen bei wenigen Wirtschaftsprüfungs-Gesellschaften (rund 75 Prozent aller Prüfungsaufträge sind in den Händen der ‚Big Eight') haben in weiten Teilen der interessierten Öffentlichkeit unbestreitbar zu einem *Glaubwürdigkeitsverlust* gegenüber dem wirtschaftsprüfenden Beruf geführt. Bei einem Ausbau des Pflichtprüfungsmonopols durch die Übertragung der GmbH-Pflichtprüfung dürften die Wirtschaftsprüfer — vor allem mehr in wirtschaftlichen Krisenzeiten bei sich häufenden Insolvenzen — immer mehr in das Schußfeld der Kritik geraten. Vor allem könnte eine weitere Monopolisierung gesetzlicher Abschlußprüfungen bei einem Berufsstand, der sich im Hinblick auf das Engagement im Beratungsgeschäft als unfähig erweist, seine ‚Objektivität' zu sichern, den Gesetzgeber auf den Plan rufen." Bei diesen Vorschlägen, die die *äußere* Unabhängigkeit des Wirtschaftsprüfers stärken sollen, muß man sich darüber im klaren sein, daß nur die Rahmenbedingungen beeinflußt und gestaltet werden. Damit ist aber noch keineswegs die *innere* Unabhängigkeit garantiert. Hierbei handelt es sich um eine im subjektiven Bereich liegende Problematik, die sich einer gesetzlichen oder standesrechtlichen Normierung entzieht. Wie in anderen Berufen — Ärzten, Juristen, Pfarrer, Professoren — wird man Fehlleistungen und Fehlverhalten niemals vollständig ausschließen können.

VIII. Vor- und Nachteile der Verbandsprüfung und der ‚freien' Wirtschaftsprüfung

Zwischen der (genossenschaftlichen) Verbandsprüfung und der ‚freien' Wirtschaftsprüfung[1] bestehen nicht nur historisch, sondern auch organisatorische und strukturelle Unterschiede:

Die Genossenschaften, gemeinnützigen Wohnungsunternehmen (auch in anderer Rechtsform als die Genossenschaften) sowie die Sparkassen[2] gehören als Pflichtmitglieder einem Prüfungsverband an, der den gesetzlichen Auftrag hat, seine Mitglieder zu prüfen, d.h., es besteht keine Möglichkeit, den Abschlußprüfer zu wählen. Alle anderen prüfungspflichtigen Unternehmen haben das Recht und die Pflicht, ihren Abschlußprüfer selbst zu wählen (§ 318 HGB). Da die Wahlen vor Ablauf des Geschäftsjahres erfolgen sollen, auf das

---

[1] Darunter verstehen wir die Einzel-Wirtschaftsprüfer sowie diejenigen Wirtschaftsprüfer, die außerhalb der Prüfungsverbände bei Wirtschaftsprüfungsgesellschaften angestellt sind.

[2] Es handelt sich um Prüfungsstellen der Sparkassen und Giroverbände, deren Leiter Wirtschaftsprüfer sein müssen. Siehe WP-Handbuch 1985/86, Bd. I, S. 362.

sich die Prüfungstätigkeit erstreckt, handelt es sich faktisch um eine jährlich zu erneuernde Wahl. Es stehen sich somit zwei Kategorien von Abschlußprüfern gegenüber: Die *,permanenten Pflichtprüfer'* auf Grund einer Pflichtmitgliedschaft im Prüfungsverband und die *,wechselnde freie Prüferwahl'* bei allen übrigen prüfungspflichtigen Unternehmen. Welches sind die Vor- und Nachteile dieser beiden Systeme?

1. Die Verbandsprüfung

Wir haben bereits dargelegt, daß zwischen der genossenschaftlichen Pflichtprüfung und der Abschlußprüfung von Kapitalgesellschaften (früher: aktienrechtliche Prüfung, nunmehr durch das Bilanzrichtlinien-Gesetz im HGB geregelt) inhaltlich erhebliche Unterschiede bestehen. Auf diese Unterschiede soll nicht erneut eingegangen, wohl aber die Frage aufgeworfen werden, ob und ggf. welche Vor- bzw. Nachteile die Verbandsprüfung hat.

Für die Pflichtmitgliedschaft der Genossenschaften bzw. gemeinnützigen Wohnungsunternehmen in anderer Rechtsform gelten die folgenden gesetzlichen Bestimmungen:[3]

(1) *§ 54 Abs. 1 GenG:* „Die Genossenschaft *muß* einem Verband angehören, dem das Prüfungsrecht verliehen ist (Prüfungsrecht).“

(2) *§ 14 WGG:* „Das Wohnungsunternehmen[4] *muß* einem Prüfungsverband von Wohnungsunternehmen angehören, der den Vorschriften des Genossenschaftsgesetzes entspricht und vom Reichsarbeitsminister hierfür bestimmt (zugelassen) worden ist.“

Sowohl nach dem Genossenschafts- als auch nach dem Wohnungsgemeinnützigkeitsgesetz liegt somit eine *Pflichtmitgliedschaft* beim jeweiligen (regionalen) Prüfungsverband vor. Gemäß § 11 Abs. 2 Ziff. 3 GenG setzt die Anmeldung bzw. Eintragung durch das Genossenschaftsregister voraus, daß eine Bescheinigung sowie eine gutachtliche Äußerung des Prüfungsverbandes vorgelegt wird, „ob nach den persönlichen oder wirtschaftlichen Verhältnissen, insbesondere der Vermögenslage der Genossenschaft, eine Gefährdung der Belange der

---

[3] Die Prüfung der Sparkassen durch die Prüfungsstellen der Sparkassen- und Giroverbände wurde erstmalig durch den Preußischen Minister für Wirtschaft und Arbeit in seinem Erlaß vom 29. November 1933 geregelt. Mit der aufsichtsbehördlichen Prüfung der öffentlichen Sparkassen sind nach dem Erlaß des Reichs- und Preußischen Wirtschaftsministers vom 2. Februar 1937 die provinziellen Sparkassen- und Giroverbände beauftragt. Die Sparkassenaufsichtsbehörden der Länder haben 1969 Erlasse zur Prüfung der öffentlich-rechtlichen Sparkassen mit weitgehend übereinstimmenden Texten veröffentlicht. Siehe WP-Handbuch 1951, S. 303f.; WP-Handbuch 1985/86, Bd. I, S. 362ff.

[4] Damit sind diejenigen Wohnungsunternehmen gemeint, die gemäß § 1 WGG als gemeinnützige Wohnungsunternehmen — unabhängig von ihrer Rechtsform — anerkannt sind.

Genossen oder der Gläubiger der Genossenschaft zu besorgen ist". Eine vergleichbare Funktion hat der gemeinnützigkeitsrechtliche Prüfungsverband nicht, da die Prüfung der Voraussetzungen für die Anerkennung als gemeinnütziges Wohnungsunternehmen der vom Land zu bestimmenden Anerkennungsbehörde — in Flächenstaaten in der Regel der Regierungspräsident — obliegt (§ 16 WGG). Allerdings muß ein gemeinnütziges Wohnungsunternehmen einem Bedürfnis entsprechen (§ 15 WGG). Stellt die Anerkennungsbehörde — nicht der Prüfungsverband — fest, daß für den Fortbestand eines gemeinnützigen Wohnungsunternehmens ein volks- oder wohnungswirtschaftliches Bedürfnis nicht besteht, so kann sie eine Verschmelzung mit einem anderen Unternehmen und — sofern das Unternehmen dieser Aufforderung nicht nachkommt — die Anerkennung als gemeinnütziges Wohnungsunternehmen entziehen (§ 18 WGGDV). Dieser Unterschied berührt aber nicht den Inhalt und den Umfang der Prüfung gemeinnütziger Wohnungsunternehmen; denn gemäß § 26 Abs. 4 WGG findet das Genossenschaftsgesetz auf (Wohnungsbau-)Genossenschaften unmittelbar und auf Wohnungsunternehmen in anderer Rechtsform (insbesondere Kapitalgesellschaften) sinngemäß Anwendung.[5] Vereinfacht kann man feststellen, daß für beide Unternehmensgruppen nahezu gleichartig Prüfungsbedingungen bestehen; dieses gilt insbesondere für die Pflichtmitgliedschaft in den Prüfungsverbänden.

Es ist die Frage aufgeworfen worden, ob nicht die Pflichtmitgliedschaft im Prüfungsverband gegen Artikel 9 GG verstößt, der die Vereinigungs- bzw. Koalitionsfreiheit garantiert. Eine Zwangsmitgliedschaft in öffentlich-rechtlichen Verbänden ist zulässig, soweit diese gegründet werden, um legitime öffentliche Aufgaben wahrzunehmen.[6] Dietrich[7] gelangt zum Ergebnis,[8] daß „die Revisionstätigkeit der genossenschaftlichen Prüfungsverbände als legitime Staatsaufgabe zu qualifizieren (ist), weil der Staat in Verfolgung sozialstaatlicher Ziele die Genossenschaften tatsächlich fördert und ihm daher die Kompetenz der Kontrolle, ob die Förderungsmittel zieladäquat eingesetzt werden, zufällt. Die Delegation der Prüfungsaufgabe auf die mit Anschlußpflicht ausgestatteten Prüfungsverbände ist verfassungs- und beleihungsrecht-

---

[5] Zur speziellen Problematik der gemeinnützigkeitsrechtlichen Prüfungsverbände siehe Alice Riebandt-Korfmacher: Genossenschaftliche Prüfungsverbände von Wohnungsunternehmen im Spannungsfeld des Wohnungsgemeinnützigkeitsrechtes, in: W. W. Engelhardt / Th. Thiemeyer (Herausgeber): Gesellschaft, Wirtschaft, Wohnungswirtschaft (Festschrift für Helmut Jenkis), Schriften zum Genossenschaftswesen und zur Öffentlichen Wirtschaft, Bd. 18, Berlin 1987, S. 291-317.

[6] So Ingo von Münch: Kommentar zu Art. 9 GG, in: Grundgesetz-Kommentar, herausgegeben von I. v. Münch, Bd. I, 3. Aufl., München 1985, S. 439-477, insbesondere S. 447 (Stichwort: Negative Vereinigungsfreiheit).

[7] Karl-Heinz Dietrich: Die Rechtsstellung der genossenschaftlichen Prüfungsverbände im Bereich der Prüfung, Veröffentlichungen des Forschungsinstituts für Genossenschaftswesen an der Universität Erlangen—Nürnberg, Bd. 11 (Dissertation), Erlangen 1974.

[8] Ebenda, S. 178 ff.; Zitat S. 240 f. (Hervorhebung erfolgte durch uns, Jk.).

lich *nicht* zu beanstanden, wenn Zwangsbeiträge lediglich zur Sicherstellung der Prüfungstätigkeit erhoben werden und der mögliche Einfluß, der durch die übrigen erlaubten Tätigkeiten des Verbandes sowie die Verflechtung zwischen Verband und Genossenschaft auf die Prüfung entstehen kann, verbandsorganisatorisch ausgeschlossen wird".

Damit ist nicht nur die verfassungsrechtliche Frage der Pflichtmitgliedschaft geklärt, sondern auch zugleich darauf hingewiesen worden, daß bei der ‚Doppelnatur' der Prüfungsverbände (siehe weiter oben) die Prüfungsabteilung gegenüber der Interessenvertretung unabhängig sein muß. Wie weiter oben dargelegt, ist durch Art. 25 EinfG z. HGB vorgeschrieben, daß ab 1. Januar 1990 — vereinfacht ausgedrückt — mindestens ein Wirtschaftsprüfer als gesetzlicher Vertreter gemäß § 26 BGB dem Vorstand des genossenschaftlichen bzw. gemeinnützigkeitsrechtlichen Prüfungsverbandes angehören muß. Damit ist die Unabhängigkeit der Prüfungsabteilung und ihrer Prüfungsaufgaben gewährleistet.

Diese Regelung ist aber unseres Erachtens nicht konsequent: Wenn ein Nicht-Wirtschaftsprüfer (Allein-)Vorstand des Prüfungsverbandes ist, dann muß ein Wirtschaftsprüfer zum (Mit-)Vorstand bestellt werden. Ist dagegen ein Wirtschaftsprüfer (Allein-)Vorstand, dann muß ein weiteres Vorstandsmitglied nicht berufen werden. Das bedeutet, daß ein Wirtschaftsprüfer auch dann ‚objektiv' bleibt, wenn er als Vertreter des Interessenverbandes auftritt. Wir sind daher der Ansicht, daß in *jedem* Falle einem Prüfungsverband *zwei* Vorstandsmitglieder — ein Wirtschaftsprüfer und ein Nicht-Wirtschaftsprüfer — vorstehen sollten.

Die Pflichtmitgliedschaft in den Prüfungsverbänden kann dazu führen, daß ein Prüfer bzw. ein Prüfungsteam über längeren Zeitraum dasselbe Unternehmen prüft. Diese Praxis hat Vor- und Nachteile: Erfahrungsgemäß braucht ein Prüfer — insbesondere bei größeren Unternehmen mit komplizierten rechtlichen, wirtschaftlichen und organisatorischen Problemen — mindestens ein bis zwei Jahresabschlüsse, um sich mit den speziellen Verhältnissen dieses Unternehmens vertraut zu machen. Je häufiger die Wiederholungsprüfungen, desto größer ist der Rationalisierungseffekt. Diesem Vorteil steht aber der Nachteil gegenüber, daß die Gefahr der Betriebsblindheit zunimmt oder sogar eine — ungewollte — Identifikation mit dem zu prüfenden Unternehmen erfolgt. Hier liegt eine Gefahr, die aber nicht nur für die genossenschaftlichen und gemeinnützigkeitsrechtlichen Prüfungsverbände, sondern auch für die (‚freien') Wirtschaftsprüfer gelten, die wiederholt zum Abschlußprüfer bestellt werden. Es ist daher dem Parlamentarischen Untersuchungsausschuß ‚Neue Heimat' der Hamburgischen Bürgerschaft zuzustimmen, der vorgeschlagen hat, daß „ein Wechsel des Prüfers spätestens alle fünf Jahre vorzuschreiben (ist)".[9] Gleiches sollte auch für die ‚freien' Wirtschaftsprüfer gelten.

---

[9] PUA — Hamburg, S. 983 — Es ist der Prüfer vor Ort, nicht der Prüfungsträger (Verband) gemeint.

Selbst diese Vorkehrungen schließen nicht aus, daß gegenüber der Pflichtmitgliedschaft in den Prüfungsverbänden Vorbehalte gemacht werden, da den zu prüfenden Unternehmen (Genossenschaften bzw. gemeinnützige Wohnungsunternehmen) kein Wahlrecht zusteht, d. h., der Prüfungsträger — der Verband — ist durch die Pflichtmitgliedschaft festgelegt, lediglich die Prüfer wechseln spätestens alle fünf Jahre (so der PUA-Hamburg). Auch diesem System haften Vor- und Nachteile an: Die Vorteile bestehen darin, daß die genossenschaftliche Pflichtprüfung als Betreuungsprüfung[10] wesentlich umfangreicher ist als die aktienrechtliche Prüfung (nunmehr auf Grund des Bilanzrichtliniengesetzes: Prüfung von Kapitalgesellschaften, §§ 316-318 HGB): „So besteht das Recht auf unmittelbare Unterrichtung des Aufsichtsratsvorsitzenden (§ 57 Abs. 3 GenG), das Recht auf Einladung einer gemeinsamen Sitzung von Vorstand und Aufsichtsrat (§ 57 Abs. 4 GenG), das Recht auf Teilnahme an der Sitzung beider Organe, in der über das Ergebnis der Prüfung beraten wird (§ 58 Abs. 3 GenG), das Recht auf Teilnahme an der Generalversammlung (§ 59 Abs. 3 GenG), das Recht auf Nachschau und Weiterverfolgung von Beanstandungen (abgeleitet aus § 60 Abs. 1 GenG), das Recht auf Einberufung einer außerordentlichen Generalversammlung mit dem Beratungsgegenstand ‚Beseitigung festgestellter Mängel' (§ 60 Abs. 1 GenG), das Recht auf Anordnung oder Vornahme außerordentlicher Prüfungen (§ 57 Abs. 1 GenG), das Recht der Unterrichtung zentraler Geschäftsanstalten des Genossenschaftswesens (§ 62 Abs. 3 GenG) und dergleichen. Die meisten dieser Rechte werden vielfach schlagwortartig in dem Begriff des *Prüfungsverfolgungsrechts* zusammengefaßt. ... Es liegt auf der Hand, daß ihre Anwendung (gemeint ist die Betreuungsprüfung, Jk.) z. B. auf Aktiengesellschaften problematisch und auch nie oder kaum praktisch geworden ist."[11]

Es ist offensichtlich, daß eine Betreuungsprüfung mit dem darin enthaltenen Prüfungsverfolgungsrecht nur dann funktionieren kann, wenn das zu prüfende Unternehmen sich gerade in kritischen Phasen dieser Prüfungsverfolgung nicht dadurch entzieht, indem es den Abschlußprüfer neu wählt und damit den bisherigen abwählt. Mit anderen Worten: Das Prüfungsverfolgunsgrecht macht es geradezu notwendig, die *Un*abwählbarkeit — die dauerhafte Pflichtmitgliedschaft — festzuschreiben, da sonst insbesondere diejenigen Prüfer abgewählt werden, die besonders ‚scharf' prüfen. Daß aber auch dieses Prüfungssystem Zusammenbrüche nicht verhindern kann, haben die eingangs zitierten Fehlleistungen belegt.

Als *Nachteile* der Pflichtmitgliedschaft könnte angeführt werden, daß trotz des Prüferwechsels zwischen dem zu prüfenden Unternehmen und dem Prüfungsverband auf Grund der langjährigen personellen Verbindungen eine

---

[10] Siehe den bereits zitierten Beitrag von Karl Schneider: Die Prüfungen in der Wohnungswirtschaft, S. 205-230, insbesondere S. 211 f.

[11] Ebenda, S. 212 (Hervorhebung erfolgte durch uns, Jk.). Die von Schneider zitierten Paragraphen entsprechen dem Gesetzgebungsstand Anfang der 60er Jahre.

‚Kameraderie' entstehen kann, die die Prüfungsneutralität beeinträchtigt. Derartige, im subjektiven Bereich liegende Tendenzen sind weder bei den Prüfungsverbänden noch bei den ‚freien' Wirtschaftsprüfern auszuschließen,[12] zumal Erhebungen darüber angestellt werden müßten, wieviel Jahresabschlußprüfungen von Großunternehmen von derselben Wirtschaftsprüfungsgesellschaft durchgeführt werden. Möglicherweise gibt es auch ohne gesetzliche Vorschriften ‚Dauerprüfer'. Sowohl bei den Prüfungsverbänden als auch bei den ‚freien' Wirtschaftsprüfern kann die *innere Freiheit* (so Jacobs) des Abschlußprüfers nicht gesetzlich normiert werden; dieses ist letztlich eine charakterliche Eigenschaft, die nicht von einer Rechtsform abhängt.

Berücksichtigt man den erweiterten Prüfungsumfang und Inhalt der genossenschaftlichen Prüfung — Einbeziehung der wirtschaftlichen Lage, Ordnungsmäßigkeit der Geschäftsführung, Betreuungsprüfung, Prüfungsverfolgungsrecht usw. — so wird man bei einer Güterabwägung zwischen Vor- und Nachteilen der Pflichtmitgliedschaft und Pflichtprüfung durch die genossenschaftlichen bzw. gemeinnützigkeitsrechtlichen Verbände zum Ergebnis gelangen, daß unter Berücksichtigung der durch das Bilanzrichtlinien-Gesetz festgelegten organisatorischen Trennung des Prüfungs- vom Interessenverbands dieser Struktur gegenüber der jährlichen Prüferwahl der Vorzug zu geben ist. Die ‚innere Freiheit' des Prüfers ist unseres Erachtens nicht gesetzlich fixierbar und stellt kein Spezialproblem der genossenschaftlichen Prüfungsverbände dar.

2. Die ‚freie' Wirtschaftsprüfung

Bereits im Zusammenhang mit der genossenschaftlichen Pflichtmitgliedschaft und Prüfung durch die Verbände sind zum Teil Probleme angesprochen worden, die auch für die ‚freie' Wirtschaftsprüfung gelten. Dieses gilt insbesondere für die innere Freiheit des (Wirtschafts-)Prüfers, die — um es zu wiederholen und zu unterstreichen — kein Gesetz- und Verordnungsgeber normieren kann; denn zwischen fachlichen (betriebswirtschaftlichen) Kenntnissen und Charaktereigenschaften besteht nur ein begrenzter Zusammenhang.

Gegenüber der Pflichtmitgliedschaft in den Prüfungsverbänden wird als Vorteil der zu prüfenden Unternehmen angeführt, daß diese gemäß § 318 HGB (jährlich) den Abschlußprüfer wählen. Die (positive) Wahlmöglichkeit beinhaltet im Umkehrschluß (negativ) die Abwahl des bisherigen Prüfers. Unausgesprochen steht dahinter die Annahme, durch diese Wahlmöglichkeit einen Wettbewerb zwischen den Abschluß-(Wirtschafts-)prüfern zu erreichen und daß hierdurch der beste Prüfer ausgwählt wird. Gegenüber diesem *‚Wettbewerbskonzept'* sind aber erhebliche Bedenken anzumelden:

---

[12] Die Versicherungsstelle für wirtschaftliche Prüfungs- und Treuhandwesen in Wiesbaden hat in ihrem Nachrichtenblatt Nr. 1/1987 darauf hingewiesen, daß Bilanzmanipulationen und damit das Haftungsrisiko bei langjährigen Prüfungsmandaten auftreten. Ebenda, S. 6.

Auf dem Güter- und Dienstleistungsmarkt sucht der Nachfrager (Konsument) bei gegebenem Preis die bestmögliche Versorgung, d.h., die höchste Qualität und die größte Quantität. Dieses gilt aber nicht für Prüfungen; denn weder von einem Schüler noch von einem Studenten wird man erwarten können, daß er sich den besten (‚schärfsten') Prüfer aussuchen wird, um entweder das Examen nicht zu bestehen oder aber eine schlechte Note zu erhalten. Im Prinzip gilt dieses auch für ein zu prüfendes Unternehmen: Warum sollte es innerhalb des gesetzlich vorgeschriebenen Prüfungsauftrages den ‚schärfsten' Wirtschaftsprüfer wählen, um negative Feststellungen im Prüfungsbericht oder sogar einen Zusatz zum (und im Extremfall einen negativen) Bestätigungsvermerk zu erhalten? Eine derartige Einstellung widerspricht der ‚normalen' menschlichen Haltung. Allerdings werden renommierte Unternehmen sich auch nicht den ‚schwächsten' Prüfer aussuchen, da dieses das Prestige — zum Beispiel bei den Kreditinstituten — beeinträchtigen würde.

Das unter der jährlichen (Ab-)Wahl des Abschlußprüfers stehende Wettbewerbsmodell mag für den Güter- und Dienstleistungssektor zutreffen, nicht aber für die Wirtschaftsprüfung. Im Gegenteil: Insbesondere dann, wenn ein Großunternehmen einen erheblichen Anteil am Gebührenaufkommen des Wirtschaftsprüfers hat, kann durch die Wahl eines neuen Abschlußprüfers — die zugleich die Abwahl des bisherigen Prüfers bedeutet — die materielle Basis dieses Wirtschaftsprüfers beeinträchtigen. Gemäß § 319 Abs. 2 Ziff. 8 HGB dürfen die Gebühreneinnahmen aus Prüfung und Beratung eines Unternehmens nicht 50% überschreiten. Die Nennung dieses Anteils ist gegenüber der bisher nicht vorhandenen Beschränkung ein Fortschritt, unseres Erachtens aber immer noch zu hoch. Wir schlagen daher vor, daß eine Begrenzung auf etwa 25% vorgenommen wird, wobei man Berufsanfängern eine Anlaufzeit von etwa fünf Jahren zubilligen sollte.

Gegenüber der jährlichen Wahl bzw. Abwahl des Abschlußprüfers steht der Vorschlag, daß ein *obligatorischer Prüferwechsel* erfolgt:

Luik[13] hat sich mit den Vor- und Nachteilen des obligatorischen Prüferwechsels beschäftigt und sieht als Argument für diesen Vorschlag, daß eine langjährige Zusammenarbeit zwischen Prüfer und dem zu prüfenden Unternehmen ein besonderes Vertrauensverhältnis entstehen kann, daß möglicherweise die Unabhängigkeit und Unbefangenheit des Wirtschaftsprüfers einschränken kann, aber nicht muß; des weiteren wird auf die Gefahren der Betriebsblindheit verwiesen. Gegenüber diesen Gefahren — die für einen obligatorischen Prüferwechsel sprechen — bestehen sowohl für das geprüfte Unternehmen als auch für den Wirtschaftsprüfer Nachteile. Durch den obligatorischen Prüferwechsel würden dem Unternehmen zusätzliche Kosten entstehen, da die Erstprüfung durch einen neuen Wirtschaftsprüfer in der Regel länger ausfällt. Der Gefahr der Betriebsblindheit wird dadurch vorgebeugt, indem zwar der

---

[13] Hans Luik: Ist ein obligatorischer Prüferwechsel für Aktiengesellschaften sinnvoll?, in: Betriebs-Berater, Heft 6 (1976), S. 237-239; Leffson, S. 108-111.

Abschlußprüfer nicht, wohl aber das Prüfungsteam vor Ort wechselt. Ein obligatorischer Prüferwechsel würde sich insbesondere für Einzelwirtschaftsprüfer, kleinere Sozietäten und Wirtschaftsprüfungsgesellschaften negativ auswirken, da die Gefahr besteht, daß sie keine Ersatz-Aufträge erhalten. Für größere Prüfungsgesellschaften dürften die Auswirkungen des Prüferwechsels weniger negativ sein.

Luik[14] gelangt zum Ergebnis, daß die für den obligatorischen Prüferwechsel vorgetragenen Argumente wenig überzeugend sind. „Eine zusätzliche Stärkung der Unabhängigkeit des Wirtschaftsprüfers wird durch einen zwangsweisen Prüferwechsel kaum erreicht werden können. ... Ein Abwägen von Vorteilen, soweit solche von Gewicht überhaupt festzustellen sind, und Nachteile aus einem zwangsweisen Wechsel des Abschlußprüfers fällt daher eindeutig gegen einen Wechsel aus.“

Richter[15] hat für den Zeitraum 1965 bis 1970 festgestellt, daß mit Zunahme der Unternehmensgröße (Bilanzsumme) die Häufigkeit des Wechsels der Prüfer abnahm[16]: Bei Unternehmen mit einer Bilanzsumme unter 1 Mill. DM lag bei 73,4% der Unternehmen kein Wechsel vor, bei Unternehmen über 500 Mill. DM in 91,5% der Fälle. Ohne Zweifel ist die Häufigkeit des tatsächlich durchgeführten Wechsels ein wichtiger Indikator, dagegen ist nicht erfaßt (und wahrscheinlich auch nicht erfaßbar), ob ein angedeuteter oder angekündigter Prüferwechsel nicht bereits den bisherigen Prüfer zu einer ‚konziliantere‘ Haltung veranlaßt haben kann. Dieses kann insbesondere dann der Fall sein, wenn der Abschlußprüfer auch zugleich Berater ist und vor allen Dingen die steuerrechtlichen Interessen des Mandanten wahrnimmt, zumal diese für das Unternehmen besonders gravierend sein können.

Um die Unabhängigkeit des Abschluß-(Wirtschafts-)prüfers zu stärken, sind zahlreiche Vorschläge gemacht worden, die hier nicht im einzelnen nachgezeichnet werden sollen[17]. Es sei lediglich auf das von Richter geforderte Aktienamt verwiesen[18].

Unter *‚Aktienamt‘* versteht Richter Vorschläge, daß „bestimmte Aufgaben, die eigentlich von der Aktiengesellschaft und ihren Organen erfüllt werden sollten, auf staatliche Behörden übertragen“ werden.[19] Das Aktienamt soll zusätzlich zur Jahresabschlußprüfung durch Wirtschaftsprüfer errichtet werden und die folgenden Funktionen übernehmen:[20]

[14] Luik, S. 239.

[15] Martin Richter: Die Sicherung der aktienrechtlichen Publizität durch ein Aktienamt, Schriftenreihe Annales Universitatis Saraviensis, Bd. 83, Köln—Berlin—Bonn—München 1975.

[16] Ebenda, S. 114.

[17] Siehe hierzu Richter, S. 99ff.

[18] Ebenda, S. 245ff.

[19] Ebenda, S. 245 (Fußnote 1).

[20] Ebenda, S. 258.

„(1) Kontrolle der Publizität,
(2) Interpretation und Fortentwicklung der Publizitätsnormen,
(3) Überwachung der Wirtschaftsprüfer in ihrer öffentlich-rechtlichen Funktion als Wirtschaftsprüfer,
(4) Führung des Zentralhandelsregisters für Aktiengesellschaften."

In diesem Zusammenhang soll lediglich auf die Sicherung einer wirksamen Jahresabschlußprüfung eingegangen werden.[21] Richter fällt über die Wirtschaftsprüfer und deren Prüfungen kein günstiges Urteil:[22] „Die zutage getretenen Unzulänglichkeiten in der Arbeit der Wirtschaftsprüfer als Abschlußprüfer lassen sich durch eine intensivere fachliche Beaufsichtigung ihrer Tätigkeit und durch eine Stärkung ihrer Unabhängigkeit beheben, worin eine weitere Aufgabe des Aktienamtes liegen sollte. Die Unzulänglichkeiten in der Arbeit der Wirtschaftsprüfer berechtigen in keiner Weise, das Prüfungswesen zu entprivatisieren. Ein solch schwerwiegender Eingriff in bestehende (privatrechtliche) Strukturen, wie sie die Übertragung der Jahresabschlußprüfung vom öffentlich bestellten Wirtschaftsprüfer auf eine staatliche Behörde darstellen würde, wäre erst dann zu rechtfertigen, wenn keine ‚mildere' Maßnahme die mit der Jahresabschlußprüfung verfolgten Zwecke gewährleisten könnte."[23]

Nach Richter lassen sich nämlich bei der Überprüfung von Jahresabschluß, Geschäftsbericht (nunmehr: Lagebericht) und Prüfungsbericht verschiedene Fehler des Abschlußprüfers erkennen und korrigieren. Zugleich würde diese staatliche Aufsicht über die Wirtschaftsprüfer dazu beitragen, daß die Gefahr der Nachgiebigkeit in der Durchsetzung gesetzlicher Normen verringert wird. „Schließlich wird die Häufigkeit und Art der festgestellten Fehler Hinweise geben, ob ein Wirtschaftsprüfer seiner Aufgabe gewachsen ist, z.B. ob *spezifische Branchenkenntnisse* ausreichend vorhanden sind. In mangelnder fachlicher Kompetenz liegt nämlich eine der ernstesten Bedrohung für eine wirksame Prüfung."[24] Die Problematik der unzulänglichen Branchenkenntnisse wollen wir dadurch auflösen, indem man — wie bei den Ärzten — zum Fach-Wirtschaftsprüfer übergeht (siehe weiter oben). Unseres Erachtens ist dieses ein besserer Weg als die Einführung eines Aufsichtsbeamten in der Form des Aktienamtes.

Trotz der umfangreichen Diskussion über das Thema ‚Aktienamt' ist der Gesetzgeber diesen Überlegungen im Bilanzrichtlinien-Gesetz nicht gefolgt, d.h., daß in absehbarer Zeit keine Aussicht besteht, ein staatliches Aufsichtsamt — vergleichbar dem für das Kredit- und Versicherungswesen — zu schaffen.

---

[21] Ebenda, S. 270-274.

[22] Ebenda, S. 270.

[23] Aufgrund dieses Urteils verwundert es nicht, daß das Institut der Wirtschaftsprüfer bzw. die Wirtschaftsprüferkammer Richters spätere Untersuchung über die Unabhängigkeit der Wirtschaftsprüfer — wie dargestellt — nicht freudig begrüßte.

[24] Richter, S. 271 (Hervorhebung erfolgte durch uns, Jk.).

Ein weiterer Vorschlag, der die Unabhängigkeit der ‚freien' Wirtschaftsprüfung stärken soll, ist die Einführung des in den USA bekannten *Peer Review:*[25]

Im Englischen bedeutet ‚Peer' der Gleiche, der Ebenbürtige, der Gefährte oder Kamerad. Beim Peer Review handelt es sich somit um die kritische Beurteilung bzw. Rezension durch einen Ebenbürtigen, d.h., durch einen anderen Wirtschaftsprüfer. Diesen Grundsatz gibt es zum Beispiel auch in der Militärgerichtsbarkeit, danach darf ein bestimmter Dienstgrad nur unter der Mitwirkung von gleichrangigen Beisitzern gerichtet werden. Eine Einführung dieses Prinzips für die Wirtschaftsprüfer würde bedeuten, daß nur ein Wirtschaftsprüfer über einen anderen Wirtschaftsprüfer urteilen darf.

In den 70er Jahren kritisierte die amerikanische Öffentlichkeit die Wirtschaftsprüfer, da ein Vertrauensschwund in der Öffentlichkeit vorlag (dieser manifestierte sich in zahlreichen Schadensersatzansprüchen) und der amerikanische Kongreß mit seinen Untersuchungen breite Aufmerksamkeit erlangte und den Berufsstand alarmierte; im Repräsentantenhaus wurde ein Gesetzentwurf eingebracht, der in etwa ein Aktienamt vorsah[26]. „Hinter all diesen Vorwürfen — seien sie nun in der Presse erhoben oder im Gerichtssaal — scheint indirekt die Behauptung zu stehen, die amerikanischen Kollegen hätten ihre Aufgabe nicht fachgerecht wahrgenommen."[27] Diese Kritik ist deshalb bemerkenswert, weil es seit Dezember 1974 den in einem besonderen Gutachten niedergelegten Prüfungsgrundsatz der ‚Quality-Control' gibt. (1979 durch das Statement of Auditing Standards ersetzt.) Das Gutachten enthält unter anderem Richtlinien für die Wahrung der Unabhängigkeit des Abschlußprüfers; die Auswahl, den Einsatz und die Beaufsichtigung von Mitarbeitern; den fachlichen Meinungsaustausch zwischen Kollegen in einer Firma und das obligatorische Einholen der Zustimmung eines zweiten Partners vor Erteilung des Bestätigungsvermerks. Trotz dieser Regelungen — die den deutschen Grundsätzen der Gewissenhaftigkeit entsprechen — ist es zu Schadensersatzprozessen gekommen. Dadurch entstand in der Öffentlichkeit der Eindruck, daß diese Grundsätze nicht eingehalten worden seien. Aus diesem Grunde wurde der Peer Review als obligatorische Überwachung von außen vorgeschlagen.

In den USA unterscheidet man zwischen Einzelpersonen (Local Firms) und den Groß-Firmen (National Firms): Die National Firms haben über das ganze Land verteilte Niederlassungen, die durch ‚Inter-Office-Inspection-Programs' überwacht bzw. geprüft werden. 1969 wurde der Vorschlag durch American Institute of Certified Public Accountants (AICPA) gemacht, ein Programm zur Überprüfung der Local Firms zu entwickeln, d.h., das System des Peer Review

[25] Siehe hierzu R.J. Niehus: Prüfung durch die Prüfer — ‚Peer Review' in den USA, in: Die Wirtschaftsprüfung, Heft 6 (1980), S. 149-160; Heinrich Nücke: Entwicklung des Peer Review in den USA, ebenda, Heft 2 (1982), S. 30-33.

[26] Niehus, S. 149f.

[27] Ebenda, S. 150.

einzuführen. Ein solches Peer Review-Programm steht für die Local Firms seit 1971 auf freiwilliger Basis zur Verfügung. Als bei den Big-Eight-Firmen[28] Mängel auftraten, hat das amerikanische Institut 1973 einen Review durch eine andere der Big-Eight-Firmen durchführen lassen. 1974 hat eine der Big Eight angekündigt, daß sie einen Peer Review bei sich veranlassen würde; andere Big Eight Firmen folgten 1976 bis 1977.

Als Reaktion auf die Kritik der Wirtschaftsprüfer in der Öffentlichkeit hat das AICPA (American Institute of Certified Public Accountants) reagiert und eine ‚Firmen-Mitglieds-Abteilung' (AICPA Division of Firms) eingerichtet. Diese Abteilung hat zwei Klassen: Einmal diejenigen Wirtschaftsprüfer, die sich dem Peer Review zu den strengen Bedingungen und in der Form unterwerfen, wie sie von der SEC erwartet werden (SEC Practice Section of the AICPA Division for CPA Firms), zum anderen diejenigen Wirtschaftsprüfer, die für nicht der SEC-Aufsicht unterliegende Gesellschaften tätig sind (Private Companies' Practice Section of the AICPA Division of the CPA Firms). „Die Mitgliedschaft in beiden Unterabteilungen ist freiwillig. Aber die praktische Notwendigkeit, den Gütestempel eines erfolgreich bestandenen ‚Peer Review'-Examens zu erhalten, kommt einer de facto Zwangsmitgliedschaft gleich."[29] Man hoffte, mit dieser Erweiterung von der Mitgliedschaft natürlicher Personen zur Firmen-Mitgliedschaft eine der fundamentalen Schwächen der Satzung des AICPA zu beseitigen. Während in der Bundesrepublik Deutschland[30] nicht nur die natürlichen Personen, sondern auch die Wirtschaftsprüfungsgesellschaften der Wirtschaftsprüferkammer angehören, war dieses in den USA bis 1977 nur für die natürlichen Personen der Fall, so daß die Berufsgrundsätze auch nur für die Einzelprüfer galten. Da in den USA der Prüfungsbericht nicht mit dem Namen des Abschlußprüfers und unter Angabe der Berufsqualifikation unterschrieben wird, sondern lediglich die Firma genannt wird, war in der Öffentlichkeit nicht erkennbar, ob der Abschlußprüfer Mitglied in der Selbstverwaltungskörperschaft des amerikanischen Berufsstandes war und dessen Berufsgrundsätzen unterlag. Daher mußten die Firmen (Wirtschaftsprüfungsgesellschaften) in den Berufsstand einbezogen werden.

Für die Aufnahme als Mitglied in der SEC Practice Section sind zahlreiche Voraussetzungen zu erfüllen[31], dazu gehört auch, daß sich diese Firmen im Turnus von drei Jahren einem Peer Review unterziehen müssen; daß jeder

---

[28] Zu den ‚Big-Eight' werden die acht größten Prüfungsgesellschaften der USA gezählt: Arthur Andersen & Co.; Arthur Joung & Co.; Coopers & Lybrand; Ernst & Ernst; Deloitte Haskins & Sells; Peat Marwick Mitchell & Co.; Price Waterhouse & Co.; Touche Ross & Co.

[29] Ebenda, S. 151.

[30] In diesem Zusammenhang sei darauf hingewiesen, daß gemäß § 58 WPO nicht nur die Wirtschaftsprüfer (als natürliche Personen), sondern auch die Wirtschaftsprüfungsgesellschaften (WPG) der Wirtschaftsprüferkammer angehören.

[31] Niehus, S. 151f.

Prüfungsbericht vor seiner Freigabe von einem weiteren Partner — der nicht für die Prüfung direkt zuständig war — überprüft (reviewed) wird; daß offengelegt wird, wieviel vom Gesamtumsatz auf die Jahresabschlußprüfung bzw. auf die Steuer- und Unternehmensberatung entfällt und daß die Unternehmensberatung bei Mandanten, die der SEC-Aufsicht unterliegen, nur unter bestimmten Bedingungen übernommen werden dürfen, d.h., die Beratungstätigkeit darf nicht die Unabhängigkeit der Abschlußprüfung beeinträchtigen und sie darf nicht kommerzieller Natur sein.

Auch wenn die Organisation des Berufsstandes der Wirtschaftsprüfer und Wirtschaftsprüfergesellschaften in der Bundesrepublik Deutschland anders als in den Vereinigten Staaten geregelt ist, so sollte man doch die Regelung übernehmen, daß die Mitglieder der Wirtschaftsprüferkammer jährlich berichten, welche Anteile des Gesamtumsatzes auf Pflichtprüfungen, freiwillige Prüfungen, Unternehmens- und Steuerberatung entfallen. Unter Umständen sollten nicht die absoluten Werte, sondern nur die Prozentzahlen genannt werden. Aus diesen Angaben könnte dann im Wege eines externen Betriebsvergleichs ermittelt (und veröffentlicht) werden, wie sich die Umsätze zusammensetzen. Hieraus könnte man dann ablesen, ob ökonomische Faktoren möglicherweise die Unabhängigkeit des Abschlußprüfers beeinträchtigen können. Ohne auf die weiteren Einzelheiten des Peer Review in den USA einzugehen[32], sei lediglich angemerkt, daß nach Nücke[33] „bei dem relativ hohen Vertrauen in den deutschen Wirtschaftsprüfer die Forderung nach einem Peer Review in der Bundesrepublik in absehbarer Zukunft nicht zu erwarten sein (dürfte)". Ob diese Selbsteinschätzung nach den eingangs zitierten ‚Fällen' noch in vollem Umfange zutrifft, muß bezweifelt werden; denn Tatsache ist, daß trotz der Qualifikation des Berufsstandes der Wirtschaftsprüfer Fehlleistungen aufgetreten sind und wahrscheinlich auch in Zukunft auftreten werden.

IX. Die Fortentwicklung und die Grenzen der Wirtschaftsprüfung

Sowohl die genossenschaftliche Verbandsprüfung als auch die (freie) Wirtschaftsprüfung haben ihre Vor- und Nachteile. Wenn über die Fortentwicklung der Wirtschaftsprüfung nachgedacht wird, dann sollte man nicht in den Fehler verfallen und annehmen, daß durch die Änderung des bisher gültigen Systems mit einem Schlage sämtliche Unzulänglichkeiten beseitigt werden könnten. Vielmehr kann es sich nur darum handeln, die bewährten Strukturen zu erhalten und diese schrittweise so zu verändern bzw. zu verbessern, daß die Effizienz und die Qualität der Wirtschaftsprüfung erhöht werden. Dieses gilt insbesondere für die Stärkung der Unabhängigkeit der Wirtschaftsprüfer. Allerdings muß man

[32] Siehe Niehus, S. 152ff.

[33] Nücke, S. 32.

auch erkennen, daß auch für die Wirtschaftsprüfer — wie für alle Menschen und Institutionen — Grenzen gesetzt sind, d.h., man sollte nicht von diesem Berufsstand mehr erwarten als von anderen Menschen.

1. Von der Vergangenheits- zur Vorausschauprüfung

Es besteht kein Zweifel, daß die Wirtschaftsprüfer — wie weiter oben dargelegt — eine hohe Meinung von sich haben. Moxter[1] weist darauf hin, daß eine kleine Elite der ersten Stunde nicht nur das Berufsbild geprägt, sondern „in der Folgezeit ebenso tüchtige, integre Köpfe attrahiert und so über Jahrzehnte eine Elite in der Elite stabilisiert" hat[2]. Allerdings meldet Moxter Zweifel an, ob das „in der Welt einmalige Berufsniveau" auch in der Zukunft gesichert werden kann, da der Zeitgeist elitefeindlich ist und das aristokratische Berufsbild der Wirtschaftsprüfer nicht mehr in unsere Zeit paßt. Außerdem wird über eine bedingungslose Öffnung des Berufsstandes (im Zusammenhang mit der Umsetzung der EG-Richtlinien) diskutiert, die zu einer Senkung der Qualifikation führen würde. Und Moxter fragt:[3] „Werden die nächsten 50 Jahre also einen qualitativen Zerfall des Berufsstandes mit sich bringen?"

Der Beruf der Wirtschaftsprüfer begann 1931, als die Grundlagen der alten Gesellschaft — die auf Vertrauen beruhte — ins Wanken gerieten; heute hält man ein exzessives Mißtrauen für ein Zeichen der Klugheit. Mit der Ausweitung des Argwohns wuchsen die Aufgaben der Wirtschaftsprüfer, selbst die systematische Prüfung der Prüfer (Peer Review) wird erwogen. Während die allgemeine Tendenz — so auch das EG-Recht — immer mehr Unternehmen der Pflichtprüfung unterwirft, sollte der umgekehrte Weg beschritten werden, d.h., weniger Unternehmen müßten intensiver geprüft werden. Im Interesse der *Konkursvorsorge* sollte die wirtschaftliche Lage des Unternehmens analysiert und der Aufsichtsrat bzw. Vorstand unterrichtet werden. „Wer wirksame Konkursvorsorge betreiben will, kommt an einer Finanzplanung (Vorschaurechnung) nicht vorbei.... Der Berufsstand muß die noch sehr verbreitete, in mancher Hinsicht auch sehr begreifliche Scheu vor solchen (zukunftsorientierten) Planungsrechnungen und ihrer ‚Prüfung' überwinden.... Bittere Erfahrungen haben gezeigt, daß reine ‚Bilanzrevisionen' zur Vertrauenssicherung heute nicht mehr ausreichen."[4]

Moxter fordert daher, daß das vergangenheitsbezogene Testat über die Prüfung des Jahresabschlusses durch ein Testat über die Ordnungsmäßigkeit der Planung ergänzt wird. Seines Erachtens wäre der Bundesgerichtshof durchaus in

---

[1] Adolf Moxter: Wirtschaftsprüfung und Zeitgeist, in: Die Wirtschaftsprüfung, Heft 19/20 (1981). S. 579-582.

[2] Ebenda, S. 579.

[3] Ebenda, S. 579.

[4] Ebenda, S. 581.

der Lage, zwischen einem ‚Kunstfehler' bei der Bilanzrevision und einem solchen bei der Planungsprüfung zu unterscheiden.

Auch Strobel[5] ist der Auffassung, daß § 166 II AktG 1965 zwar an Klarheit mangelt, daß aber die Prüfer sich primär mit der Abschlußprüfung, nicht aber mit der Zukunftsanalyse befassen:[6]

Die zukunftsbezogene Krisenformation kann nur bruchstückhaft und indirekt im Rahmen der Abschlußprüfung genommen werden. Eine wesentliche Voraussetzung ist, daß der Abschlußprüfer plananalytisch qualifiziert ist. „Geht der Abschlußprüfer mit der erforderlichen Qualifikation an die Dinge heran, so ergibt sich in vielen — sicherlich nicht in allen — Fällen ein so deutliches Zukunftsbild, daß darin eine Krisensituation erkennbar ist. Da diese Zukunftsvorstellung aus bestimmten Bedingungen (Hinweisen) heraus begründet ist, kann der Abschlußprüfer eine Konditionalfeststellung treffen bzw. eine mehrwertige *Konditionalprognose* abgeben."[7] Es ist Strobel zuzustimmen, daß Prognosen auf ‚Wenn ... Dann ... Sätzen' beruhen, d.h., in der Annahme (‚Wenn') sind bereits die (richtigen oder falschen) Ergebnisse (‚Dann') enthalten. Es kann sich somit nicht um definitive (‚wahre') Aussagen handeln, zumal eine Prognose — und das ist ihr eigentliches Ziel — das Verhalten der Prognoseempfänger — Vorstand und Aufsichtsrat — ändern soll, um die vorausgesagte Krise zu vermeiden; dieses ist der Fall der sich selbst zerstörenden Prognose (self-destruction of prophecy). Wird dagegen eine positive Prognose gestellt, so kann diese dazu beitragen, daß der eingeschlagene Weg fortgesetzt und verstärkt wird, um das ohnehin gute Ergebnis noch zu verbessern; es ist die sich selbst bestätigende Prognose (self-fulfilment of prophecy).

Wie die Abschlußprüfung, so ist auch die Krisenwarnung eine Aufgabe des Aufsichtsrates. Der Prüfer ist der neutrale, verantwortliche und qualifizierte Außenstehende, der mit dafür Sorge tragen muß, daß diese Aufsichtsfunktion auch erfüllt wird. Die Krisenwarnung durch den Wirtschaftsprüfer dient somit der Verbesserung der Arbeit des Aufsichtsrates. Es genügt aber nicht, nur vor der Krise zu warnen, sondern es muß auch zur Krisenvermeidung beitragen. Strobel[8] schlägt vor, daß in den (vergangenheitsbezogenen) Prüfungsbericht ein *besonderer Berichtsteil* eingefügt wird, der sich mit der *Krisenwarnfunktion* befaßt. Insofern widerspricht Strobel dem Fachgutachten 2/1977 des IdW[9].

---

[5] Wilhelm Strobel: Das Krisenwarnproblem des Wirtschaftsprüfers nach § 116 II AktG, in: Der Betrieb, Heft 46 (1977), S. 2153-2156.

[6] Ebenda, S. 2155ff.

[7] Ebenda, S. 2156 (Hervorhebung erfolgte durch uns, Jk.).

[8] Ebenda, S. 2156.

[9] Das IdW (Institut der Wirtschaftsprüfer) gibt Fachgutachten heraus. „Die von den Fachausschüssen des IdW abgegebenen Fachgutachten und Stellungnahmen legen die Auffassung des Berufs zu fachlichen Fragen, insbesondere der Prüfung und Bilanzierung, dar oder tragen zu ihrer Entwicklung bei. Der WP hat daher sorgfältig zu prüfen, ob die Grundsätze eines Fachgutachtens oder einer Stellungnahme in dem von ihm zu

Er erkennt, daß eine solche Krisenwarnfunktion dazu führen könnte, daß der so kritisierte Vorstand diesen Wirtschaftsprüfer (mit anderen Argumenten) nicht erneut zum Abschlußprüfer vorschlägt. Hier zeigt es sich, daß der nichtabwählbare genossenschaftliche Pflicht-(Verbands-)prüfer eine stärkere Position hat. Um dieser Gefahr zu begegnen, schlägt Strobel vor, daß die Krisenwarnung in erster Linie an den Aufsichtsrat, nicht aber an den Vorstand gerichtet wird[10]. Wenn aber — wie von Strobel gefordert — in den traditionellen Prüfungsbericht ein besonderer Krisen-Berichtsteil aufgenommen wird und wenn ferner realistisch unterstellt wird, daß dieser Bericht auch an die Banken geht, dann besteht die Gefahr, daß selbst Konditionalaussagen das Verhalten der Kreditgeber (negativ) beeinflussen und die unter bestimmten Annahmen prognostizierte Krise verstärken und letztlich das Unternehmen in den Ruin treiben (self-fulfilment of prophecy). Aber genau das kann doch nicht Sinn und Ziel der Krisenwarnfunktion sein.

Diesem Dilemma kann der Wirtschaftsprüfer nur dadurch entgehen, indem er entweder einen *besonderen* Krisenwarnbericht fertigt, der nur dem Aufsichtsrat (unter Umständen auch dem Vorstand) zugänglich gemacht wird oder aber im Rahmen der Redepflicht des Abschlußprüfers (siehe BGH-Urteil vom 15. Dezember 1954) zu diesen Fragen nur mündlich berichtet wird, da zu vermuten ist, daß gerade die Banken darauf Wert legen, den ‚geheimen' Krisenwarnbericht zu erhalten.

Auch an diesem Beispiel wird deutlich, daß ein Verbesserungsvorschlag nicht nur Vorteile, sondern — ungewollt — Neben- oder Negativeffekte haben kann, die die positiven Elemente des Vorschlages kompensieren oder sogar überwiegen.

An diesem Beispiel wird deutlich, daß es zwar relativ einfach ist, den gegebenen Ist-Zustand zu kritisieren und Forderungen für einen Soll-Zustand zu erheben. Bei der Umsetzung dieser Forderungen wird häufig deutlich, daß man zwar Unzulänglichkeiten des Ist-Zustandes beseitigt, zugleich aber neue Probleme — vielleicht noch größere — schafft. Trotz dieser Vorbehalte wird man Clemm[11] zustimmen, daß man vom Abschlußprüfer nicht nur ein Urteil

---

bearbeitenden Fall anzuwenden sind. ... Der WP hat bei Erfüllung seiner Aufgaben die Gesetze und die fachlichen Regelungen zu beachten. Den von den Fachausschüssen des IdW abgegebenen Fachgutachten und Stellungnahmen kommt hierbei eine besondere Gewichtung zu. Diese Fachgutachten und Stellungnahmen zu Grundsätzen ordnungsmäßiger Buchführung, Bilanzierung, Berichterstattung und Prüfung hat sich der WP bei seinen eigenverantwortlichen Entscheidungen stets vor Augen zu halten." So WP-Handbuch 1985/86, Bd. I, S. 43 bzw. S. 44.

In diesem Zusammenhang sind die Fachgutachten 1/1977 (Grundsätze ordnungsmäßiger Buchführung von Abschlußprüfungen) und Fachgutachten 2/1977 (Grundsätze ordnungsmäßiger Berichterstattung bei Abschlußprüfungen) von Bedeutung.

[10] Siehe hierzu Reinhard Goerdeler: Zur Überwachungsfunktion des Aufsichtsrats, in: Die Wirtschaftsprüfung, Heft 2 (1982), S. 33-35.

[11] Clemm, S. 645ff.

über die Gesetz- und Ordnungsmäßigkeit der Rechnungslegung der Unternehmensleitung, sondern ein solches auch über die (künftige) wirtschaftliche Lage erwartet. „Ich (Clemm) meine, daß wir dieser Erwartung künftig noch mehr Beachtung schenken sollten als bisher, wenn wir nicht das Ansehen des Berufsstandes, vielleicht sogar seine Existenz, gefährden wollen.“[12]

Wie aber könnte eine solche künftige Aufgabenstellung für die Wirtschaftsprüfer — gleichgültig, ob als genossenschaftliche oder freie Prüfer — aussehen?

2. Vorschläge für die Fortentwicklung der Wirtschaftsprüfung

Ob — wie von Moxter angenommen — die Wirtschaftsprüfer eine Elite darstellen, mag man bezweifeln, zumal er diesen Begriff nicht definiert.[13] Wenn es sich aber tatsächlich um eine (Wirtschafts-)Elite handeln sollte, dann hätten die eingangs zitierten Fehlleistungen nicht auftreten dürfen.

In Ergänzung zu den weiter oben bereits gemachten kritischen Anmerkungen und den darin enthaltenen Vorschlägen soll nunmehr gewagt werden, einige konkrete Anregungen zu machen, die sicherlich nicht in allen Punkten die Zustimmung des Berufsstandes finden werden:

(1) *Funktionstrennung zwischen Wirtschaftsprüfer und Steuerberater:* Der Wirtschaftsprüfer soll in erster Linie Abschlußprüfer, nicht aber die Interessen des Mandanten gegenüber Dritten vertreten. Die Wirtschaftsberatung[14] soll zulässig sein, hinsichtlich der Steuerberatung kann man bereits Bedenken anmelden. Dagegen soll die Vertretung in steuerrechtlichen Angelegenheiten gegenüber der Finanzverwaltung und den Finanzgerichten unzulässig sein, da dann der Wirtschaftsprüfer von den

---

[12] Ebenda, S. 655.

[13] „Am Elitebegriff fällt zunächst eine merkwürdige Zwiespältigkeit auf. Er bezeichnet eine Minderheit, also etwas Zahlenmäßiges, aber eine durch Qualität ausgezeichnete. Mit dieser Verbindung quantitativer und qualitativer Gesichtspunkte ist der Grund gelegt zu einer schwer auflösbaren Mischung exakt angebbarer Definitionsmerkmale mit weitverzweigten Emotionen. So klingt Elite nach geheimnisvoller Auserlesenheit, die zur Anerkennung stimmt und gleichzeitig wegen ihrer Undurchsichtigkeit Unbehagen weckt; Elite läßt an Leistung und Vorbild denken, aber auch an Kaste und Privilegien, und vor allem, wo sie einer „Masse“ gegenübergestellt wird, an den Hochmut des Odi profanum vulgus. Die assoziative Nähe zu Tugend und Askese ist zu begrüßen, aber der Elitebegriff verbindet damit einen abschätzigen Seitenblick auf diejenigen, die diese Qualitäten nicht haben (oder denen sie zumindest abgesprochen werden), und damit wird alle Tugend wieder fragwürdig.“

So Walter Tröger: Elitenbildung — Überlegungen zur Schulreform in der demokratischen Gesellschaft, München, Basel 1968, S. 11 (Einleitung).

[14] Josef Klook (Die Wahl von Jahresabschlußprüfern für die GmbH, in: Der Betrieb, Heft 19 (1975), S. 845-851, insbesondere S. 847) unterscheidet zwischen der prüfungsstützenden und der nicht-prüfungsstützenden Beratungstätigkeit. Nach Klook soll nur die prüfungsstützende Beratung durch den Wirtschaftsprüfer zulässig sein. Allerdings ist eine klare Trennung zwischen diesen beiden Beratungsarten kaum möglich.

Weisungen des Mandanten abhängig ist. Diese Aufgabe soll den Steuerberatern vorbehalten bleiben, die nicht Abschlußprüfer sein können. Dieses wäre eine klare Funktionstrennung.

(2) *Gebührenaufkommen:* Die in § 319 Abs. 2 Ziff. 8 HGB enthaltene Begrenzung der Gebühreneinnahmen auf 50% von einem Mandanten erscheint zu hoch. Eine Begrenzung auf 25% erscheint angebracht, wobei fünf Anlaufjahre neu zugelassenen Wirtschaftsprüfern zugebilligt werden müssen. Diese Stärkung der materiellen Unabhängigkeit begünstigt die fachliche (geistige) Unabhängigkeit. Als erster Schritt könnten — wie beim amerikanischen Peer Review — die Wirtschaftsprüfer verpflichtet werden, prozentuale Angabe über die Zusammensetzung des gesamten Gebührenaufkommens der Wirtschaftsprüferkammer zu machen, um festzustellen, ob und in welchem Umfange eine Verlagerung zur Wirtschaftsberatung bzw. zur Steuerberatung vorliegt.

(3) *Fach-Wirtschaftsprüfer:* Der ‚Einheits-Wirtschaftsprüfer' soll durch den ‚Fach-Wirtschaftsprüfer' ergänzt werden, da die in der Wirtschaft eingetretenen und noch zu erwartende Spezialisierung besondere Fach- bzw. Branchenkenntnisse erfordert. Die in großen Wirtschaftsprüfungsgesellschaften bereits vorhandene Spezialisierung soll — ähnlich wie bei den Ärzten — zum ‚Wirtschaftsprüfer für ...' führen, d.h., daß das WP-Examen durch eine zusätzliche fachspezifische Prüfung ergänzt werden soll.

(4) *Wahl des Abschlußprüfers für fünf Jahre:*[15] Auf Grund der gegenwärtigen Rechtslage (§ 318 HGB) wird der Abschlußprüfer jährlich gewählt. Damit kann jährlich — gewollt oder ungewollt — ein moralischer Druck auf unbequeme (‚scharfe') Wirtschaftsprüfer ausgeübt werden. Um diesen Druck zu mindern, sollte ein Abschlußprüfer automatisch für die Prüfung von fünf Jahresabschlüssen gewählt werden (so wie zum Beispiel der Bundespräsident für eine Amtsperiode gewählt wird). Hierdurch wird die materielle und fachliche Unabhängigkeit des Wirtschaftsprüfers gesichert. Im Todesfall muß selbstverständlich ein neuer Abschlußprüfer gewählt werden. Bei Meinungsverschiedenheiten über die Qualität der Prüfungshandlungen zwischen dem Wirtschaftsprüfer und dem zu prüfenden Unternehmen ist das Institut der Wirtschaftsprüfer und/oder die Wirtschaftsprüferkammer anzurufen, die abschließend entscheidet.

(5) *Erweiterung des Prüfungsinhalts:* Wie bei den Genossenschaften, den gemeinnützigen Wohnungsunternehmen in anderer Rechtsform und den öffentlichen Betrieben ist die Pflichtprüfung auf die wirtschaftliche Lage des Unternehmens und auf die der Ordnungsmäßigkeit der Geschäftsführung auszudehnen; der Bestätigungsvermerk ist entsprechend

---

[15] Siehe Richter, S. 112f.

zu erweitern. Damit würde dem Erwartungshorizont der breiten Öffentlichkeit entsprochen werden.

(6) *Prüfungsverfolgungsrecht:* Das Genossenschaftsgesetz gibt dem Verband und seinen Prüfern ein umfassendes Prüfungsverfolgungsrecht. Eine gleichartige Regelung für Kapitalgesellschaften erscheint zu weitgehend. Dennoch sollte man — wie bei den Genossenschaften — den Abschlußprüfer verpflichten, das vorläufige Ergebnis der Prüfung dem Aufsichtsrat (oder seinem Prüfungsausschuß) und der Geschäftsführung mündlich mitzuteilen (sogenannte *Schlußbesprechung*)[16], dem Abschlußprüfer das Recht einzuräumen, an der gemeinsamen Sitzung von Geschäftsführung und Aufsichtsrat teilzunehmen, in der der Prüfungsbericht behandelt wird. In diesen mündlichen Berichten können problematische Tatbestände umfassender und kontrovers diskutiert werden, ohne daß kritische Hinweise in den schriftlichen Bericht aufgenommen werden, der auch an außenstehende Stellen (zum Beispiel Banken) geht. Dieses würde dem Rederecht der Wirtschaftsprüfer gemäß BGH-Urteil vom 15. Dezember 1954 entsprechen.

Das Ziel dieser Vorschläge geht dahin, die vorhandene Sachkompetenz der Wirtschaftsprüfer zu erhöhen, sie von der Weisungsgebundenheit durch den Mandanten in steuerlichen Angelegenheiten zu befreien, die von der materiellen Abhängigkeit ausgehende Einflußnahme zu reduzieren und schließlich — in Anlehnung an das Genossenschafts- bzw. Haushaltsgrundsätzegesetz — den Prüfungsinhalt (wirtschaftliche Lage und Ordnungsmäßigkeit der Geschäftsführung) sowie die mündliche Berichtsmöglichkeit vor dem Vorstand und Aufsichtsrat zu erweitern. Man muß sich aber bewußt bleiben, daß trotz der Einführung dieser und anderer gesetzlicher Bestimmungen menschliche Unzulänglichkeiten, das Zusammentreffen mit unglücklichen Umständen oder Mißverständnisse Fehlleistungen nicht ausschließen. Raffinierte kriminelle Handlungen (wie die Devisenspekulationen bei VW) unter Einsatz des Computers können bei ‚normalen' Abschlußprüfungen nicht immer aufgedeckt werden, da es sich nicht um spezielle Unterschlagungsprüfungen handelt. Gegen derartige Fälle bietet weder Peer Review-System noch die Vorausschauprüfung eine Sicherheit. Daher sind Kunstfehler, menschliches Versagen oder die Fehleinschätzung künftiger Entwicklung nicht auszuschließen. Der Gesetzgeber kann lediglich die Rahmenbestimmungen so gestalten, daß nach menschlichem Ermessen die Fehlerquote zwar nicht restlos beseitigt, wohl aber auf ein vertretbares Minimum reduziert wird.[17]

---

[16] „Außer im Genossenschaftsrecht, in den Eigenbetriebsrechten und im Sparkassenrecht ist die Abhaltung einer Schlußbesprechung gesetzlich nicht vorgeschrieben. Dennoch entspricht es allgemeiner Berufsübung, mit dem Vorstand und den sonstigen zuständigen Personen zu besprechen, sofern der Abschlußprüfer nicht bereits während der Prüfung in ständigem Kontakt mit den zuständigen Stellen der Gesellschaft gestanden hat, so daß sich eine Wiederholung erübrigt."
So WP-Handbuch 1985/86, Bd. I, S. 998.

Damit werden aber bereits die Grenzen der Wirtschaftsprüfung angesprochen.

3. Die Grenzen der Wirtschaftsprüfung

Die Wirtschaftsprüfer galten als die Garanten für die von ihnen geprüften und mit einem Testat versehenen Jahresabschlüsse, sie genossen und sie genießen in der Wirtschaft, bei den Kreditinstituten sowie in der breiten Öffentlichkeit ein hohes Ansehen. Dieses Image haben die Wirtschaftsprüfer — wie nicht anders zu erwarten — gepflegt. Anspruch und Wirklichkeit stimmen aber seit Mitte der 70er Jahre nicht mehr überein. Als Zäsur kann man den Zusammenbruch der Herstatt-Bank bezeichnen. Seitdem grassieren die Schlagworte ‚Mehr geglaubt als geprüft' oder ‚Nach dem Testat folgte die Pleite'. Sowohl die genossenschaftliche als auch die aktienrechtliche Pflichtprüfung sind ‚Kinder der Not', d. h., sie wurden in Zeiten von wirtschaftlichen Krisen, unseriösen Handlungen und Zusammenbrüchen geschaffen:

Die Gründerkrise führte auch und gerade zu Zusammenbrüchen in der noch jungen Genossenschaftsbewegung, zumal das Genossenschaftsgesetz von 1868 nur die unbeschränkte Haftpflicht kannte. Um einer drohenden Kommunal- oder Staatsaufsicht zu entgehen, haben die Genossenschaften sich zur Einführung der Revision entschlossen, die in das Genossenschaftsgesetz von 1889 aufgenommen wurde. Der Inhalt der *Genossenschaftsprüfung* und die fachliche Kompetenz der Prüfer vor nahezu hundert Jahren ist nicht mit der in der Gegenwart zu vergleichen, da das Prüfungswesen — wie die gesamte Betriebswirtschaftslehre — in den letzten Jahrzehnten einen bis dahin unbekannten Aufschwung genommen hat. Den entscheidenden qualitativen Entwicklungssprung brachte die Genossenschaftsnovelle 1934, in die wiederum die (negativen) Erfahrungen der Weltwirtschaftskrise einflossen. Nicht nur das genossenschaftliche Prüfungswesen — regional zuständige Prüfungsverbände, Pflichtmitgliedschaft usw. — wurde reorganisiert und gestrafft, sondern auch der spezielle ‚Wirtschaftsprüfer im Genossenschaftswesen' eingeführt, der aber praktisch nicht zum Zuge kam und mit der Wirtschaftsprüferordnung 1961 ausgelaufen ist. In der Nachkriegszeit hat es Ergänzungen durch die Genossenschaftsnovelle 1974 und schließlich durch das Bilanzrichtlinien-Gesetz gegeben, die aber die seit 1934 bestehende Struktur der genossenschaftlichen Pflichtprüfung nicht maßgeblich verändert hat.

---

[17] Fragen an Bilanztheoretiker und -praktiker haben ergeben, daß durch das Bilanzrichtlinien-Gesetz die Unternehmensanalyse nicht einfacher geworden ist. Siehe den Bericht hierzu: Die Unternehmensanalyse ist aufwendiger geworden, in: FAZ Blick durch die Wirtschaft vom 23. Juni 1988. In diesem Bericht bemerkt Carl Zimmerer (Geschäftsführender Gesellschafter der Interfinanz GmbH in Düsseldorf): „Ich habe noch nie einen Vorstand getroffen, der an der Entschleierung interessiert war, und noch nie einen Steuerberater oder Wirtschaftsprüfer, der ihm nicht dabei geholfen hätte, die echten Sachverhalte zu verdunkeln."

Bemerkenswert ist, daß die genossenschaftliche Prüfung nicht nur älter, sondern auch umfassender als die aktienrechtliche ist; denn es ist auch die wirtschaftliche Lage des Unternehmens und die Ordnungsmäßigkeit der Geschäftsführung zu prüfen. Außerdem steht dem Prüfungsverband das sogenannte ‚Prüfungsverfolgungsrecht' zu, d.h., er kann an Organsitzungen teilnehmen und diese sogar einberufen, um den Prüfungsbericht zu behandeln. Trotz dieses erweiterten Prüfungsumfanges und trotz dieses Prüfungsverfolgungsrechts sind auch im Genossenschaftssektor in jüngster Zeit erhebliche Verluste eingetreten, die durch den genossenschaftlichen Solidaritäts- oder Feuerwehrfonds aufgefangen wurden, so daß es nicht zu Zusammenbrüchen kam.

Auch die *aktienrechtliche Pflichtprüfung* ist ein ‚Kind der Not', der Weltwirtschaftskrise:

Die Prüfung wirtschaftlicher Vorgänge ist alt, die aktienrechtliche Pflichtprüfung wurde aber erst 1931 eingeführt und damit der Beruf ‚Wirtschaftsprüfer' geschaffen. Der von den Wirtschaftsprüfern zu erteilende Bestätigungsvermerk — der bei den geprüften Unternehmen und in der Öffentlichkeit ein hohes Ansehen genießt — war im Aktiengesetz 1937 noch nicht vorgeschrieben, sondern vom Institut der Wirtschaftsprüfer festgelegt worden. Das Aktiengesetz 1965 sowie das Bilanzrichtlinien-Gesetz haben den (uneingeschränkten) Bestätigungsvermerk vorgeschrieben, der aber keine Aussagen über die wirtschaftliche Lage und / oder die Ordnungsmäßigkeit der Geschäftsführung enthält, d.h., es wird lediglich bestätigt, daß der Jahresabschluß richtig aus den Büchern entwickelt wurde. Zwar haben der BGH und das Bilanzrichtlinien-Gesetz die Redepflicht des Abschlußprüfers erweitert — wenn zum Beispiel der Bestand des Unternehmens gefährdet ist oder seine Entwicklung wesentlich beeinträchtigt werden könnte —, aber den Formalcharakter des Bestätigungsvermerks nicht aufgehoben.

Die genossenschaftlichen und gemeinnützigkeitsrechtlichen Prüfungsverbände haben eine Doppelnatur, da sie einerseits Pflichtprüfungen durchführen und andererseits die Interessen dieser Mitglieder vertreten. Im Prinzip gilt dieses auch für die Wirtschaftsprüfer, denn sie erfüllen nicht nur einen gesetzlichen Prüfungsauftrag, sondern beraten die Mandanten auch in wirtschaftlichen und steuerlichen Angelegenheiten. Während die Beratung die zur Verfügungstellung von Sach- und Fachkunde bedeutet und in der Regel nicht in der Öffentlichkeit erfolgt, führt die Vertretung in steuerlichen Fragen vor den Finanzbehörden und Finanzgerichten zur weisungsgebundenen Abhängigkeit des Wirtschaftsprüfers von seinem Mandanten; die Grenzen ziehen gesetzliche Schranken. Diese Abhängigkeit wird noch dann verstärkt, wenn die Gebührenaufkommen aus der Beratung und Vertretung gegenüber dem aus der Pflichtprüfung hoch ist und somit auch eine materielle Beeinflussung oder Abhängigkeit entstehen kann. Um diese Einflußmöglichkeit zu reduzieren, sollte eine Trennung zwischen den Funktionen der Wirtschaftsprüfer und denen der Steuerberater erfolgen.

Zwischen den genossenschaftlichen und gemeinnützigkeitsrechtlichen Prüfungsverbänden einerseits und den ‚freien' Wirtschaftsprüfern andererseits, besteht ein gravierender Unterschied, da die Verbände (permanente) Pflichtmitglieder haben, die Wirtschaftsprüfer aber von prüfungspflichtigen Unternehmen jährlich gewählt werden. In der Pflichtmitgliedschaft mag man die Gefahr sehen, daß eine zu starke personelle Verflechtung zwischen dem Prüfer und dem zu prüfenden Unternehmen entsteht, demgegenüber kann ein Wirtschaftsprüfer dann unter ökonomische Pression gelangen, wenn ein namhafter Mandant den Abschlußprüfer wechselt. Beide Systeme haben ihre Vor- und Nachteile: Generelle Aussagen, welcher dieser Lösungen der Vorrang zu geben ist, erscheint nicht möglich, da es auf den konkreten Einzelfall und die handelnden Personen ankommt; die fachliche Qualifikation sagt noch nicht unbedingt über die charakterlichen Eigenschaften etwas aus. Der Gesetz- und Verordnungsgeber sowie die Standesorganisation kann Normen aufstellen, letztlich aber fachliche Irrtümer, menschliche Schwächen oder sogar ein Fehlverhalten nicht ausschließen. Es ist lediglich möglich, die Rahmenbedingungen für die ‚äußere Freiheit' der Wirtschaftsprüfer — gleichgültig ob als Einzel-Wirtschaftsprüfer oder angestellter Wirtschaftsprüfer bei einer Gesellschaft oder bei einem Verband — zu schaffen, nicht aber die ‚innere Freiheit' garantieren. Hier sollte man nicht höhere oder gar zu hohe Erwartungen an die Wirtschaftsprüfer stellen, die man an vergleichbare freie Berufe (Ärzte oder Anwälte) stellt.

Damit werden die *Grenzen der Wirtschaftsprüfung* deutlich:

Es scheint, daß die breite Öffentlichkeit bis etwa Mitte der 70er Jahre — bis zum Herstatt-Fall — so gut wie keine Kenntnis von der Aufgabenstellung der Wirtschaftsprüfer nahm, im Gegenteil diese als die ‚Wächter' und ‚Garanten' der Wirtschaft ansah. Nach diesen Zusammenbrüchen schlug zum Teil die öffentliche (oder veröffentlichte) Meinung um: Die Wirtschaftsprüfer wurden als ‚Hakelmacher' und als ‚Freistempler' disqualifiziert, selbst kriminelle Handlungen wie der VW-Devisenhandel werden den Prüfern angelastet. Wurden die Prüfer überbewertet, so werden sie nunmehr unterbewertet. Bei diesem negativen Urteil wird aber übersehen, daß sich die Wirtschaftsprüfer in einem doppelten Dilemma befinden: Einmal verfügen sie trotz ihrer Qualifikation nicht über prognostische Gaben, die über die der Unternehmensleiter hinausgehen und zum anderen stehen sie vor der Frage, ob sie mit einem kritischen Bericht oder mit einer Einschränkung bzw. Versagung des Bestätigungsvermerks den Exitus des Unternehmens herbeiführen, obgleich es noch Überlebenschancen hatte oder aber hierauf vertrauen und dann den nachträglichen Vorwurf erhalten, daß dem Testat die Pleite folgte. Im ersten Fall wird kritisiert, daß der Wirtschaftsprüfer voreilig dem Unternehmen keine Überlebenschance gab und es ‚kaputt prüfte', im zweiten Fall wird dagegen der Vorwurf erhoben, daß Glaubensstärke und nicht Wissen die Prüfungshandlungen bestimmte. Ausgestattet mit den in der Zwischenzeit eingetretenen Erkenntnissen ist es immer leicht, die eine wie die andere Haltung oder Entscheidung zu loben oder zu kritisieren.

Die Grenzen der Wirtschaftsprüfung werden auch daran deutlich, daß die Wirtschaftsprüfer auf die in der Öffentlichkeit (nachträglich) erhobenen Vorwürfe nicht oder gar nicht sachbezogen antworten können, da sie der Verschwiegenheit unterliegen und nicht aus den in den Prüfungshandlungen erlangten Kenntnissen zitieren dürfen. Diese Pflicht zur Verschwiegenheit erweckt den Eindruck, daß der Prüfer gegenüber den festgestellten Sachverhalten oder den möglichen Entwicklungen ‚blind' war, obgleich es sachlich oder rechtliche Gründe für bestimmte Feststellungen in den Prüfungsberichten gab bzw. der Bestätigungsvermerk — da es sich um ein Formal-Testat handelt — nicht eingeschränkt oder versagt werden konnte. Da man aus überzeugenden Gründen diese Verschwiegenheitspflicht nicht aufheben kann, wird dieses Dilemma weiterhin bestehen.

Diese Grenzen dürfen aber den Blick nicht vor dem Tatbestand verstellen, daß es — wie auch in anderen Berufen — Fehlverhalten und Fehlleistungen gegeben hat und auch in Zukunft geben wird. Das Fehlverhalten bestand zum Beispiel darin, daß Wirtschaftsprüfer bei Steuerspar-(Bauherren-)modellen ihren guten Namen für zum Teil dubiose Projekte hergaben und damit die Gutgläubigkeit der Anleger mißbrauchten; Fehlleistungen lagen dann vor, wenn die von den Unternehmen vorgelegten Zahlen unkritisch in den Prüfungsbericht übernommen und mit dem Siegel des Wirtschaftsprüfers einen ‚amtlichen' Charakter erhielten. So bedauerlich auch derartige Vorgänge sind, sie werden auch in Zukunft nicht vollends auszuschließen sein.

Gegenüber diesen kritischen Bemerkungen ist allerdings auch darauf hinzuweisen, daß die Wirtschaftsprüfer in aller Stille und nicht vor den Augen der Öffentlichtkeit auf Grund ihrer Qualifikation manchem Unternehmen Ratschläge erteilten, durch die das Unternehmen, die Gesellschafter, Kreditgeber usw. vor Schaden bewahrt wurden. Die verhinderten Konkurse können und werden nicht genannt, die trotz der Prüfung eingetretenen Konkurse aber den Wirtschaftsprüfern angelastet. Während man (nachträglich) die Fehlleistungen erkennt und kritisch beurteilt, werden die positiven Leistungen — die Krisen oder sogar Konkurse der geprüften Unternehmen verhinderten — entweder gar nicht wahrgenommen oder als selbstverständlich betrachtet. Selbst eine Fortentwicklung des Prüfungsauftrages und des Berufsrechts der Wirtschaftsprüfer kann an diesem Dilemma nichts ändern.

Die Aufgabe des Gesetzgebers und der Berufsorganisation besteht aber darin, das Konfliktpotential zwischen Pflichtprüfung, Beratung und (steuerlicher) Interessenvertretung abzubauen, um die Unabhängigkeit der Wirtschaftsprüfer zu stärken.

Literaturverzeichnis

Adler / Düring / Schmaltz: Rechnungslegung und Prüfung der Aktiengesellschaften, Bd. 2, 4. Aufl., Stuttgart 1971.

Arbeitsgemeinschaft wohnungswissenschaftlicher Institute: Stellungnahme zur Beschlußempfehlung des 3. Untersuchungsausschusses ‚Neue Heimat'.

Autorenkollektiv: Ökonomisches Lexikon, Bd. III, 3. Aufl., Ost-Berlin 1980.

Bernsdorf, Wilhelm: Artikel ‚Autorität', in: Wörterbuch der Soziologie, Stuttgart 1969.

Binz, Hans-Bert: Kritik an deutschen Wirtschaftsprüfern — ein Glaubwürdigkeitsproblem? — Reihe: Steuer, Wirtschaft und Recht, Bd. 4, 2. Aufl., Bergisch-Gladbach—Köln 1985.

Bolsenkötter, Heinz: Prüfung der wirtschaftlichen Verhältnisse und der Ordnungsmäßigkeit der Geschäftsführung bei öffentlichen Unternehmen, in: Die Wirtschaftsprüfung, Heft 18 (1981).

Brönner, Herbert / *Busch,* Kurt: 50 Jahre Wirtschaftsprüfer in Deutschland, in: Die Wirtschaftsprüfung, Heft 19 / 20 (1981).

Bundesgerichtshof: Urteil vom 4. 11. 1987, in: Betriebs-Berater, Heft 3 (1988).

Bundesminister der Justiz (Herausgeber): Zur Reform des Genossenschaftssektors — Referate und Materialien, Bonn, Bd. I 1956, Bd. II 1958, Bd. III 1959.

Bundesministerium für innerdeutsche Beziehungen (Herausgeber): DDR-Handbuch, 3. Aufl., Köln 1985, Bd. II.

Clemm, Hermann: Erwartungen an die Abschlußprüfung, in: Die Wirtschaftsprüfung, Heft 23 / 24 (1984).

Deutsche Genossenschafts-Bank: Die Genossenschaften in der Bundesrepublik Deutschland 1987 — Statistik, Frankfurt 1987.

Deutscher Bundestag: Beschlußempfehlung und Bericht des 3. PUA Bonn, Drucksache 10 / 6779.

Dieterich, Wilhelm: Kernfragen der Entwicklung des Wirtschaftsprüferberufs, in: Die Wirtschaftsprüfung, Heft 19 / 20 (1981).

Dietrich, Karl-Heinz: Die Rechtsstellung der genossenschaftlichen Prüfungsverbände im Bereich der Prüfung, Veröffentlichung des Forschungsinstituts für Genossenschaftswesen an der Universität Erlangen—Nürnberg, Bd. 11, 1974.

Diewitz, Heinz: Die Prüfung der eingetragenen Erwerbs- und Wirtschaftsgenossenschaften nach dem Reichsgesetz vom 30. 10. 1934, Leipziger Dissertation, Dresden 1935.

Dürrhammer, W. W.: Unabhängigkeit des Abschlußprüfers im Aktiengesetz und in der Praxis, in: Der Betrieb, Düsseldorf, 1971.

Eisfeld, Curt: Zur Entstehungsgeschichte des Wirtschaftsprüferberufes, in: Die Wirtschaftsprüfung, Heft 19/20 (1956).

Erlenbach, Erich: Volksbanken im Gegenwind, in: Frankfurter Allgemeine Zeitung vom 23. 11. 1985.

Eschenburg, Theodor: Artikel ‚Autorität' in: Meyers Enzyklopädisches Lexikon, Band 3, Mannheim—Wien—Zürich, 1971.

Flämig, Christian: Wirtschaftsprüfung nur zum Schein? — Eine Entgegnung, in: Frankfurter Allgemeine Zeitung vom 7. 10. 1983.

Forster, Karl-Heinz: Werden Bilanzen richtig geprüft?, in: Münchener Merkur vom 12./13. Mai 1979.

Friedemann, Jens: Prüfer, Pflichten und Prozesse — Schatten in Amerika, in: Frankfurter Allgemeine Zeitung vom 30. 7. 1985.

Gesamtverband gemeinnütziger Wohnungsunternehmen: Stellungnahme der gemeinnützigen Wohnungswirtschaft zu den Empfehlungen des ‚Neue Heimat'-Untersuchungsausschusses, in: Materialien, Heft 17, Köln 1987.

Gerhard, Karl-Heinz: Wirtschaftsprüferordnung, Textausgabe, Köln—Berlin—Bonn—München, 1961.

— Zur Geschichte des Wirtschaftsprüferberufes und seiner Organisation, in: Mitteilungsblatt der Wirtschaftsprüferkammer, Nr. 123 vom 2. 12. 1986.

Girgensohn, Werner: Der Aufgabenbereich des aktienrechtlichen Abschlußprüfers, in: Die Wirtschaftsprüfung, Heft 7 (1955).

Gross, Gerhard: Zur Fortentwicklung der Grundsätze über die Erteilung von Bestätigungsvermerken und Bescheinigungen durch Wirtschaftsprüfer, in: Die Wirtschaftsprüfung, Heft 9 (1979).

Großfeld, Bernhard/*Noelle,* Thomas: Stellung und Funktion der genossenschaftlichen Verbandsprüfung, in: Betriebs-Berater, Heft 33 (1985).

Hess, Josef: Wirtschaftsprüfer — Die Verantwortung ist groß, in: Handelsblatt vom 11. 10. 1983.

Henzler, Reinhold: Prüfungsverbände, Hamburg, 1956.

Hunger, Joe R.: Die deutschen Wirtschaftsprüfer — Image und Selbstverständnis einer Profession, in: Schriftenreihe des Seminars für allgemeine Betriebswirtschaftslehre und für Wirtschaftsprüfung der Universität Köln, Düsseldorf, 1981.

Institut der Wirtschaftsprüfer: Nach dem Testat der Pleite?, in: Frankfurter Allgemeine Zeitung vom 4. 2. 1987.

— Wirtschaftsprüfer-Jahrbuch, Ausgabe 1951, Düsseldorf, o. J.

— Wirtschaftsgesetz nach Änderung durch das Bilanzrichtlinien-Gesetz, Düsseldorf 1986.

— Wirtschaftsprüfer-Handbuch 1985/86, Bd. I und Bd. II, Düsseldorf 1985/1986.

Jacobs, Otto H.: Zur Frage der Vereinbarkeit von Jahresabschlußprüfung und Beratung, in: Der Betrieb, Heft 48 (1975).

Jäger, Wilhelm: Genossenschaftsdemokratie und Prüfungsverband. Zur Frage der Funktion und Unabhängigkeit der Geschäftsprüfung, in: Zeitschrift für das gesamte Genossenschaftswesen, Heft 1 (1985).

Janssen, Carl: Überlegungen zum ‚Going Concern Concept', in: Die Wirtschaftsprüfung, Heft 13 (1984).

Jenkis, Helmut: Sinkt die Fachkompetenz der Verbandsprüfung? — Kritische Anmerkungen zu den Thesen von W. Jäger, in: Gemeinnütziges Wohnungswesen, Heft 5 (1987).

— Das genossenschaftliche Organigramm — ein realistisches Konzept? — Anmerkungen zu W. Jägers Thesen, in: Zeitschrift für das gesamte Genossenschaftswesen, Bd. 37, 1987.

— Die Doppelnatur der genossenschaftlichen und gemeinnützigkeitsrechtlichen Prüfungsverbände, in: Betriebs-Berater, Heft 28 (1982).

— Genossenschaftlicher Förderungsauftrag und Wohnungsgemeinnützigkeit — ein Widerspruch?, Hamburg 1986.

— Die Pflichtprüfung von gemeinnützigen Wohnungsunternehmen — keine Besonderheit?, in: Die gemeinnützige Wohnungswirtschaft zwischen Markt- und Sozialbindung, Berlin 1985.

Karoli, Richard / *Tomfohrde,* Klaus: Zweifelsfrage zum Bestätigungsvermerk nach neuem Aktienrecht, in: Die Wirtschaftsprüfung, Heft 7 (1967).

Klook, Josef: Die Wahl von Jahresabschlußprüfern für die GmbH, in: Der Betrieb, Heft 19 (1975).

Kresse, Werner / *Kotsch-Fasshauer,* Lieselotte / *Leuz,* Norbert: Neues Bilanzieren, Prüfen und Buchen nach dem Bilanzrichtlinien-Gesetz, Stuttgart—Bad Wörishofen 1986.

Krüger, Heinz J.: Die Notwendigkeit der Prüfung von Wohnungsunternehmen, Beiträge und Untersuchungen des Instituts für Siedlungs- und Wohnungswesen der Westfälischen Wilhelm-Universität Münster, Bd. 51, Köln 1958.

Kruk, Max: Die Verantwortung des Wirtschaftsprüfers, in: Frankfurter Allgemeine Zeitung vom 22. 10. 1974.

Leffson, Ulrich: Wirtschaftsprüfung, 3. Aufl., Wiesbaden 1985.

Letschert, Reinhold: Die genossenschaftliche Pflichtprüfung, 5. Aufl., Wiesbaden 1951.

Ludewig, Rainer: Die Darstellung der wirtschaftlichen Lage im Bericht über die aktienrechtliche Jahresabschlußprüfung, Schriftenreihe des Instituts der Wirtschaftsprüfer, Bd. 12, Düsseldorf 1955.

Luik, Hans: Die Aufgabe des Abschlußprüfers wird falsch verstanden, in: Frankfurter Allgemeine Zeitung / Blick durch die Wirtschaft v. 13. 10. 1983.

— Ist ein obligatorischer Prüferwechsel für Aktiengesellschaften sinnvoll?, in: Betriebs-Berater, Heft 6 (1976).

Mann, Gerhard: Die Vereinbarkeit der Prüfungs- und Beratungstätigkeit der Genossenschaftsverbände, in: Zeitschrift für das gesamte Genossenschaftswesen, Bd. 19 (1969).

Marcus, Bernd: Die Pflichtmitgliedschaft bei Genossenschaftsverbänden als Prüfungs-, Betreuungs- und Interessenverbänden, in: Kooperations- und genossenschaftliche Beiträge, Bd. 12, Münster 1985.

Martens, Hans-Jürgen: Der Aussagewert des Bestätigungsvermerks nach neuem Aktienrecht, in: Die Wirtschaftsprüfung, Heft 20 (1967).

Mose, Konrad: Die genossenschaftliche Verbandsprüfung — Aspekte und Perspektiven, in: Zeitschrift für das gesamte Genossenschaftswesen, Bd. 36 (1986).

— Prüfung der Ordnungsmäßigkeit der Geschäftsführung bei Genossenschaften, Beiheft 9 zu Marburger Schriften zum Genossenschaftswesen, Marburg 1984.

Moxter, Adolf: Der Aufgabenbereich des aktienrechtlichen Abschlußprüfers, in: Die Wirtschaftsprüfung, Heft 11/12 (1957).

— Wirtschaftsprüfung nur zum Schein?, in: Frankfurter Allgemeine Zeitung vom 1. 9. 1983.

— Wirtschaftsprüfung und Zeitgeist, in: Die Wirtschaftsprüfung, Heft 19/20 (1981).

v. Münch, Ingo: Kommentar zu Art. 9 GG, in: Grundgesetz-Kommentar, 3. Aufl., 1985.

Nahlik, Wolfgang: Der Bestätigungsvermerk — Erwartungshaltung und Wirklichkeit, in: Zeitschrift für das gesamte Kreditwesen, Heft 14 (1985).

Niehus, R. J.: Prüfung durch die Prüfer — ‚Peer Review' in den USA, in: Die Wirtschaftsprüfung, Heft 6 (1980).

Nücke, Heinrich: Entwicklung des Peer Review in den USA, in: Die Wirtschaftsprüfung, Heft 2 (1982).

Ohlmeyer, Dietrich/*Rau,* Hanns-Adolf: Stellung und Aufgaben eines genossenschaftlichen Prüfungsverbandes — Erwiderung zu den Ausführungen von Wulz und Weber, in: Die Wirtschaftsprüfung, Heft 17 (1985).

— Die Prüfung der Ordnungsmäßigkeit der Geschäftsführung in Genossenschaften und die Durchsetzung von Maßnahmen, Vorträge des Instituts für Genossenschaftswesen der Universität Münster, Heft 9, Münster 1986.

Parisius/Crüger: Das Reichsgesetz, betreffend die Erwerbs- und Wirtschaftsgenossenschaften (Kommentar), 11. Aufl., Berlin—Leipzig 1928.

Parlamentarischer Untersuchungsausschuß (PUA): Bürgerschaft der Freien und Hansestadt Hamburg: Bericht des PUA zur Überprüfung der Aufsichtstätigkeit der Unternehmensgruppe Neue Heimat vom 7. Mai 1986, Drucksache 11/5900.

Patera, Mario: Perspektiven der Genossenschaftsrevision (Festschrift für Prof. Dr. Wilhelm Weber), Wiener Studien des Forschungsinstituts für Genossenschaftswesen, N.F., Bd. 5, Wien 1986.

Potthoff, Erich: Die Möglichkeiten der Geschäftsprüfung, in: Die Wirtschaftsprüfung, Heft 20/21 (1966).

— Prüfung der Ordnungsmäßigkeit der Geschäftsführung, WIBERA-Fachschriften, N.F., Bd. 11, Stuttgart—Berlin—Köln—Mainz 1982.

Richter, Martin: Die Unabhängigkeit des Wirtschaftsprüfers — Ergebnisse einer schriftlichen Befragung von Wirtschaftsprüfern und Wirtschaftsjournalisten, Saarbrücken, Juli 1976.

— Die Sicherung der aktienrechtlichen Publizität durch ein Aktienamt, Schriftenreihe Annales Universitatis Saraviensis, Bd. 83, Köln—Berlin—Bonn—München 1975.

Riebandt-Korfmacher: Der Wirtschaftsprüfer im Genossenschaftswesen, in: Gemeinnütziges Wohnungswesen, Heft 8 (1952).

— Genossenschaftliche Prüfungsverbände von Wohnungsunternehmen im Spannungsfeld des Wohnungsgemeinnützigkeitsrechts, in: W. W. Engelhardt / Th. Thiemeyer (Herausgeber): Gesellschaft, Wirtschaft, Wohnungswirtschaft (Festschrift für Helmut Jenkis), Schriften zum Genossenschaftswesen und zur öffentlichen Wirtschaft, Bd. 18, Berlin 1987.

Roller, Peter: Nackenschläge für die Volksbanken — Spektakuläre Schieflagen durch falsch verstandenen Ehrgeiz, in: Hannoversche Allgemeine Zeitung vom 8. 9. 1984.

Russ, Wolfgang / *Schmitz,* Johannes: Zur Saisonabhängigkeit von Wirtschaftsprüfungsunternehmen — Ergebnisse einer empirischen Untersuchung, in: Die Wirtschaftsprüfung, Heft 6 (1982).

Saage, Gustav: Das Testat des Wirtschaftsprüfers aus der Sicht der Kreditgeber, in: Der Betrieb, Heft 22 (1975).

Seyffert, Rudolf: Betriebswirtschaftslehre, Geschichte der ..., in: Handwörterbuch der Betriebswirtschaft, 3. Aufl., Stuttgart 1956.

Schirmacher, Albert: Was Wirtschaftsprüfer noch wert sind: Freistempler, in: Capital, Heft 5 vom 27. 4. 1984.

Schluchter, Wolfgang: Aspekte bürokratischer Herrschaft — Studien zur Interpretation der fortschreitenden Industriegesellschaft, in: List Taschenbücher der Wissenschaft, Bd. 1601, München 1972.

Schneider, Karl: Die Prüfungen in der Wohnungswirtschaft, in: Beiträge zu den Grundlagen eines Wohnungswirtschaftsgesetzes, Schriftenreihe des Bundesministers für Wohnungswesen und Städtebau, Bd. 22, Hamburg 1967.

Schultz, Reinhard / *Zerche,* Jürgen: Genossenschaftslehre, Sammlung Göschen 2007, 2. Aufl., Berlin—New York 1983.

Schultzke, Jürgen: Was werden? — Der lange Weg ins Berufsleben, in: Frankfurter Allgemeine Zeitung vom 4. 6. 1984.

Schultze-Delitzsch: Materialien zur Revision des Genossenschafts-Gesetzes, Leipzig 1883.

Strobel, Wilhelm: Zwischen beiden Kammern wächst die Konkurrenz — 25 Jahre Steuerberater- und Wirtschaftsprüferkammer, in: FAZ / Blick durch die Wirtschaft vom 6. November 1986.

— Das Krisenwarnproblem des Wirtschaftsprüfers nach § 116 II AktG, in: Der Betrieb, Heft 46 (1977).

— Die neue EG-Prüfungsrichtlinie und ihre berufsständische Bedeutung, in: Betriebs-Berater, Heft 15 (1984).

Stupka, Johannes: Objekte und Leistungen der genossenschaftlichen Verbandsprüfung, Veröffentlichungen der Akademie für Wirtschaft und Politik in Hamburg, Tübingen 1962.

Thümmel, Manfred: Vorwort, in: Gesetz über eine Berufsordnung der Wirtschaftsprüfer, 2. Aufl., Düsseldorf 1986.

Trescher, Karl: Möglichkeiten und Grenzen der Prüfung der Geschäftsführung, in: Zeitschrift für das gesamte Genossenschaftswesen, Bd. 18 (1968).

Tröger, Walter: Elitenbildung — Überlegungen zur Schulreform in der demokratischen Gesellschaft, München, Basel 1968.

Vormbrock, Friedrich: Die Prüfung der gemeinnützigen Wohnungsunternehmen (Münsteraner Dissertation), Münster 1939.

Wirtschaftsprüferkammer: Mitteilungsblatt der Wirtschaftsprüferkammer Nr. 98 vom 17. 2. 1982.

— Mitteilungsblatt Nr. 11 vom 22. 6. 1984.

— Keine Ausweitung der Prüfungsbefugnis, Stellungnahme zum Entwurf eines Artikels 25 EG HGB (Artikel 11 Nr. 2 des Entwurfs eines Bilanzrichtlinien-Gesetzes — BT-Drucksache 10/317).

— Mitteilungsblatt Nr. 122 vom 9. 10. 1986.

— Richtlinien für die Berufsausübung der Wirtschaftsprüfer und vereidigten Buchprüfer, Stand: März 1987, Düsseldorf 1987.

Wulz, Günter / *Weber*, Wolfgang: Sind Genossenschaften Teil eines verbandsgesteuerten Konzerns?, in: Die Wirtschaftsprüfung, Heft 11 (1985).

Zirwas, Reinhold / *Buchholz*, Paul: Das genossenschaftliche Prüfungswesen — Grundzüge des genossenschaftlichen Prüfungs- und Berufsrecht, in: Der Wirtschaftsprüfer, N. F., Heft 3, Berlin 1938.

O. V.: Mehr geplant als geprüft, in: Der Spiegel, Heft 11 vom 10. März 1975, S. 54-65.

O. V.: Risiken minimieren, in: Wirtschaftswoche, Heft 46 vom 8. 11. 1985.

O. V.: Wer prüft die Prüfer, in: Wirtschaftswoche, Heft 31 vom 24. 7. 1987.

O. V.: Ermäßigter Umsatzsteuersatz nur für berufstypische Tätigkeit von Wirtschaftsprüfern (BFH-Urteil vom 4. 12. 1980), in: Betriebs-Berater, Heft 6 vom 28. 2. 1981.

O. V.: Steuerberater: Richtig oder falsch, in: Spiegel Nr. 4 (1984).

O. V.: Es gibt zu viele Prüfer — aber zu wenig Spezialisten, in: Frankfurter Allgemeine Zeitung vom 21. 3. 1987.

O. V.: Zur Prüfungs- und Berichterstattungspflicht sowie zur Haftung des Abschlußprüfers einer Aktiengesellschaft, in: Die Wirtschaftsprüfung, Heft 6 (1955).

Kolibri 360 GmbH
Ferdinand-Jühlke-Straße 7
99095 Erfurt, Deutschland
produktsicherheit@kolibri360.de

Druck:
CPI Druckdienstleistungen GmbH
im Auftrag der
Kolibri 360 GmbH
Ferdinand-Jühlke-Str. 7
99095 Erfurt